（2020—2021 · 文旅卷）

中国乡村振兴战略发展进程蓝皮书

贺　艳◎主　编

刘大明　郭春甫　陈丽丹　谢太平◎副主编

知识产权出版社
全国百佳图书出版单位
—北京—

图书在版编目（CIP）数据

中国乡村振兴战略发展进程蓝皮书 . 2020-2021. 文旅卷/贺艳主编；刘大明等副主编 . —北京：知识产权出版社，2022. 9

ISBN 978-7-5130-8332-4

Ⅰ. ①中… Ⅱ. ①贺… ②刘… Ⅲ. ①农村经济发展—研究报告—中国—2020-2021 ②乡村旅游—旅游文化—旅游业发展—研究报告—中国—2020-2021 Ⅳ. ①F320. 3 ②F592. 3

中国版本图书馆 CIP 数据核字（2022）第 158779 号

责任编辑： 栾晓航　　**责任校对：** 谷　洋

封面设计： 杨杨工作室 · 张　冀　　**责任印制：** 孙婷婷

中国乡村振兴战略发展进程蓝皮书（2020—2021 · 文旅卷）

主　编　贺　艳

副主编　刘大明　郭春甫　陈丽丹　谢太平

出版发行： 知识产权出版社有限责任公司　　**网　址：** http://www.ipph.cn

社　址： 北京市海淀区气象路 50 号院　　**邮　编：** 100081

责编电话： 010-82000860 转 8382　　**责编邮箱：** luanxiaohang@cnipr.com

发行电话： 010-82000860 转 8101/8102　　**发行传真：** 010-82000893/82005070/82000270

印　刷： 北京九州迅驰传媒文化有限公司　　**经　销：** 新华书店、各大网上书店及相关专业书店

开　本： 720mm×1000mm　1/16　　**印　张：** 14. 75

版　次： 2022 年 9 月第 1 版　　**印　次：** 2022 年 9 月第 1 次印刷

字　数： 300 千字　　**定　价：** 78. 00 元

ISBN 978-7-5130-8332-4

/目 录/

第一章　组织振兴促进文旅融合

政策篇

乡村振兴战略是习近平总书记2017年10月18日在党的十九大报告中提出的战略。十九大报告指出，当前，农业农村农民中存在的问题是关系到国计民生的根本性问题，因而必须把解决好“三农”问题作为开展各项工作的首要任务，认真贯彻实施乡村振兴战略。乡村振兴主要包括产业振兴、人才振兴、文化振兴、生态振兴、组织振兴这五部分内容，其中组织振兴是乡村振兴的保障条件，其主要目标是培养造就一批意志坚定、工作认真负责、敢于行动、优秀的农村基层党组织和优秀的农村基层党组织书记，建立更加高效、富有创新活力的乡村治理新机制。而组织振兴促进文旅融合主要的内容是通过组织去将文化和旅游相结合，从更为广泛的角度通过文化去提升旅游的水平，使得人们在旅游过程中除了欣赏美景、享受美食，还能有更好的文化体验。这种方式，不仅能丰富旅游内容，还能通过文化更好地去带动旅游经济的发展，进而实现文化和旅游的协同发展。从历史沿革的角度来看，文化和旅游相互融合在以往就已存在，已经不是一个新的发展手段，旅游本身的存在就有一定的文化基础，例如旅游景区的各种博物馆、历史文物古迹、红色旅游等，这些都是属于文旅融合。对文旅融合这一命题的加倍重视是在2018年3月国家旅游局和文化部合并成为文化和旅游部之后。鉴于此，本书旨在从组织振兴促进文旅融合这一角度，去分析文旅融合的发展，提出促进两者更好融合的对策建议，进而为乡村振兴发展提供可行的方法手段。[1]

一、组织振兴促进文旅融合的政策沿革

（一）改革开放初期，旅游政策主要关注收入问题

改革开放之初，人民群众温饱问题都没有解决，当然谈不上旅游休闲。因此，我

[1] 中共中央 国务院关于实施乡村振兴战略的意见［EB/OL］.（2018-05-02）［2022-02-19］. 中国政府网. http://www.mofcom.gov.cn/article/b/g/201805/20180502738498.shtml.

国旅游业发轫于入境接待，目标是为国创汇。

1978 年 10 月 9 日，在党的十一届三中全会召开两个月前，邓小平同志在会见美国泛美航空公司董事长西威尔后，同民航和旅游系统的相关负责人说："民航、旅游这两个行业很值得搞；利用外资建旅馆可以干，应该多搞一些。"他亲自算了一笔账：一个旅行者花费 1000 美元，一年接待 1000 万旅行者，就可以赚 100 亿美元，就算接待一半，也可以赚 50 亿美元。1978 年，据统计中国接待的入境旅游人数仅为 72 万人，创造的收益为 2.6 亿美元。而 1987 年，接待的入境旅游人数则超过了 1000 万人。在这之后，我国每年接待的入境旅游人数逐年增多，所增加的人数间隔时间也逐年缩短，其中根据资料显示，接待人数从 4000 万到 5000 万仅用了三年时间。同时，通过旅游所带来的收益所用的时间也减少了，2007 年的旅游收益已达到 419.19 亿美元，与 2006 年的收益相比，增加了 80 亿美元。这些数据也表明了中国旅游业在世界的排名呈现不断上升的趋势。1978 年，中国接待旅游人数和收益的排名在世界前 40 名以内。1980 年，从国际范围评判，我国接待旅游人数逐步进入前 20 名，1988 年进入前 10 名，到 1999 年已进入前 5 名了。中国国际旅游收入排名，1980 年在世界仅列 34 名，1982 年进入前 30 名，1992 年进入前 20 名，1994 年进入前 10 名，2001 年进入前 5 名。在 2017 年的全球旅游总收入排名中，中国仅次于美国，位居第二。[1]

改革开放初期，由于受到经济、政策等不同方面条件的限制，国内关于旅游的政策所采取的方式是"不提倡、不宣传、不反对"，旅游处于低迷状态。直到 20 世纪 80 年代中期，改革手段的不断改进、经济的一步步发展、综合国力的逐步提升、居民收入水平的提高，国内的旅游市场才开始萌芽。1981 年，国务院第一次组织召开全国旅游工作会议，明确指出：旅游事业是一项综合性的经济事业，是国民经济的一个组成部分，是关系到国计民生的一项不可缺少的事业。1998 年，中央经济工作会议将旅游业确定为国民经济新的增长点。2001 年，国务院《关于进一步加快旅游业发展的通知》中指出："树立大旅游观念，充分调动各方面的积极性，进一步发挥旅游业作为国民经济新的增长点的作用。"2006 年，中国旅游业发展"十一五"规划纲要明确提出，要把旅游业培育成为国民经济的重要产业。1993 年，国务院办公厅转发国家旅游局《关于积极发展国内旅游业的意见》。而 2000 年开始实施的黄金周制度，使国内旅游假日期间出现"井喷"，国内游与入境旅游成为驱动中国旅游业发展的两个车轮。

自改革开放以后，我国旅游业获得了迅猛发展，经历了从萌芽到崛起到稳定发展的过程，也基本实现了从"事业型"向"产业型"的历史性转变，至此，旅游业已经

[1] 改革开放 40 年旅游业的这些变化你经历多少？［EB/OL］.（2018-12-20）［2022-02-19］. 凤凰网旅游. https://travel.ifeng.com/c/7imX2x0ZLH6.

发展成为我国经济发展新的增长点，也是发展最快、具有一定国际优势的产业之一。近几年来，中国旅游业坚持“大力发展入境旅游，积极发展国内旅游，适度发展出境旅游”的发展方针，在这一方针的带动下，也取得了不错的发展成绩，使得中国旅游大国的地位在国内外得到了巩固和提高。[1]

（二）适应“双循环”发展格局

当前，我国正在构建以国内大循环为主体、国内国际双循环相互促进的新发展格局。从我国旅游业的发展情况来看，“内循环”侧重在城市休闲、乡村度假；“双循环”则侧重在入境旅游和出境旅游发展。其中，所谓的循环就是要“转”起来，包括旅游的流动人数、收入量，旅游循环发展得越好，作用越大，越能够带动国家的整体经济水平的提升。随着旅游的不断向好发展，就需要融入更多新兴元素，而鉴于文化和旅游业是属于典型的综合性服务产业，其所包括的内容丰富、涉及面广、带动性强、创新性多这些特点，都是后续提升经济的关键因素，将二者融合发展，所能产生的效益是不可估量的。因此，在适应“双循环”发展格局下，将文化和旅游进行深度融合，寻求正确的融合方法，探索合适的融合路径，创造新的经济发展角度、发展市场，是实现我国经济高质量发展的重要助推剂。后续我国旅游业将会实现新一轮更广范围的开放，积极主动地向全世界宣传中国的旅游文化，为世界的文化旅游产业贡献中国智慧。此外，还将向世界介绍中国如何通过文化旅游融合去促进乡村振兴、如何建设生态文明旅游，传授中国经验，自觉承担起世界旅游健康可持续发展的责任，进而提升中国在世界旅游中的引领作用。

为全面贯彻落实党中央、国务院关于推动文化旅游融合发展的重要决策部署，深化文旅融合发展理念，主动适应“双循环”新发展格局，整合集聚文旅优势资源，以改革创新为动力，以融合发展为路径，打造文旅融合的典型示范。文化和旅游业对应服务消费和最终消费，对应多层次消费和可重复消费，是未来居民消费回补和消费升级的新亮点，也是促进结构转型和经济增长的新动能。在全球新冠肺炎疫情的影响下，我国目前的经济任务侧重于内需，尤其是消费需求，因此需要更进一步激活文化和旅游融合发展活力，激活文旅融合消费市场，优化文旅融合供给。在“十四五”时期，需要大力推动文化和旅游的融合发展，以及培育更多的文旅新业态、新产品，还可以联动其他产业共同发展进步。而在发展文旅融合的过程中，需要重视服务质量的提升，因为文旅产业作为重要的服务业，优质的服务质量是非常关键的。对此，一方面要提

---

[1] 改革开放 40 年旅游业的这些变化你经历多少？［EB/OL］.（2018-12-20）［2022-02-19］. 凤凰网旅游. https://travel.ifeng.com/c/7imX2x0ZLH6.

升文旅融合的服务标准，提高整体服务水平；另一方面，可以通过学习行业内的文旅标杆去带动服务品质的提升。要使得文旅融合能够逐步实现向好发展，各个环节都需要认真负责，不仅仅做到量的改变，还要促进质的提升。❶

在“双循环”的新发展格局下，文化和旅游的融合也迎来了新的发展机遇，主要体现在与文旅有关的高质量产品和服务的不断推出，产业的不断革新，文旅融合发展业态的不断升级，都为文旅融合营造了更好的发展环境。因此，在发展文旅产业中要依托更为高质量的文化资源和旅游资源，积极学习不同国家、地区的优质做法，包括文化场馆的建设、文化餐饮的改进、旅游研学的发展等，都是促进文旅融合发展的创新手段。同时，中国拥有丰富的历史文化资源、优秀的文化遗产、特色的民族文化，这些都是能够为实现文化和旅游融合创新发展的天然资源，应得到充分地利用。在“十四五”规划期间，我国的文旅融合发展需要立足一个新的发展阶段、明确新的发展理念、服务新的发展格局，把握新时代的发展机遇，充分利用数字科技手段，持续推动文化和旅游的深度融合，促进供给侧改革，实现高质量发展，力争打造更具中国特色的文旅融合产业。具体来说，首先文旅融合要充分做到“文化赋能”，将文化真正融入旅游中去，而不是做表面功夫，要实现文化和旅游的互融互通。例如，2020 年河南电视台的春节联欢晚会，就将《唐宫夜宴》搬上了荧幕，使得原本应该在博物馆的唐俑活灵活现地出现在了大众视野前，使得河南博物院火了一把。其次要升级旅游产品深度。随着人们生活水平的提高，人们更希望在旅游过程中享受更好的文化品质，这就需要各地要打造更具特色、更有吸引力的文旅产品，培育发展新的文旅消费模式、消费场景，能够更入人心。

加快构建以国内大循环为主体、国内国际双循环相互促进的新发展格局，是适应我国新发展阶段的特点而做出的主动选择。文化和旅游的融合发展要符合党和国家的政策要求，不能脱离其本身的融合意义。自新冠肺炎疫情发生以来，我国的旅游业经历了一年多以来的“急速下降—省内旅游恢复—跨省旅游恢复—部分地区控流—统筹疫情防控与复工复产”反反复复的疫情考验。根据文化和旅游部所发布的数据来看，我国 2020 年的出入境旅游市场几乎完全停滞，国内旅游人数仅为 28. 79 亿，同比下降 52. 1%；国内旅游收入仅为 2. 23 万亿元，同比下降 61. 1%。虽然为了应对由于疫情引发的各种经济问题，各级政府都出台了一系列财政补贴等政策措施，但是疫情所影响的范围广、程度深，各行业恢复时间长、疫情的反复，都是影响文旅融合发展的关键因素。从我国历史发展经验来看，在经历了每一次危机过后，都需要国家、政府、市

❶ “双循环”新发展格局下——新业态为文旅发展再添动能［EB/OL］.（2021-03-09）［2022-02-19］. 腾讯网. https://new.qq.com/omn/20210309/20210309A09SXW00.html.

场等主体各方多管齐下，因此，文化和旅游的融合发展也是如此。就当前情况而言，文旅融合发展可能有希望成为验证我们国家发展“内循环”的重要试验田，并且当下关于全面振兴文旅产业发展的各方面条件都已具备，我国的疫情防控也取得了积极成效，国内居民消费具有较大的潜力，产业转型也有较大空间。通过查阅相关资料了解到我国目前存在的3万多个景区、景点和正在开发的文旅项目，主要以观光型项目和功能型项目为主，观光型占比达到80%以上，这些项目都有休闲少、观光多、功能多、文化元素少的特点，因而这些项目的存在是不符合文旅融合发展要求的。因此，为了应对在经济逐渐恢复的情况下，中等收入群体的日益崛起、消费型社会的体验经济的到来，人们在对文旅消费、审美体验、服务质量、亲身体验等方面的精神需求会增加，而当下文旅融合市场所呈现的文化和旅游融合程度不深、文化旅游融合生硬、文化产品的消费体验不足等问题都亟待解决。❶

因此，在遵照国家政策安排下，在疫情防控常态化的基础上，对于文化和旅游的融合发展，可以延续以往有效地刺激消费的历史经验，不断释放提倡出行、发展休闲、鼓励消费的市场红利手段，在条件允许的情况下建设有利于文旅融合发展的市场环境，坚持用内循环去促动双循环，扩大消费、促进国内经济发展，同时也能够为文旅融合注入一针“强心剂”，进而拉动国内经济更为全面、更为广泛的深度发展。

（三）乡村振兴阶段，政策集中于文化与旅游结合

从2015年的中央一号文件中明确提到推进农村一二三产业融合发展开始，之后的每一年中央一号文件都明确提到三产融合。今年的中央一号文件更是将产业发展提到构建现代乡村产业体系维度，提出推进农村一二三产业融合发展示范园和科技示范园区建设，实现农村全产业链增值。由此可见，产业发展在乡村旅游发展中的奠基作用。❷

《中共中央 国务院关于全面推进乡村振兴加快农业农村现代化的意见》发布，这份文件是21世纪以来第18个指导我国“三农”工作的中央一号文件，也是在脱贫攻坚目标如期完成、农村贫困人口全部脱贫的背景下发布的中央一号文件，这份文件为我国后续乡村振兴的发展做出了重要的战略部署。一号文件提出，我们需要构建现代乡村产业体系；打造现代休闲农业和乡村文化旅游线路，完善乡村基础配套设施；推进农村产业融合发展示范村和文旅融合示范景区建设。中央一号文件的发布为我国乡

---

❶ “双循环”新发展格局下——新业态为文旅发展再添动能［EB/OL］.（2021-03-09）［2022-02-19］. 腾讯网. https://new.qq.com/omn/20210309/20210309A09SXW00.html.

❷ 文旅融合如何助推乡村振兴？［EB/OL］.（2021-09-16）［2022-02-19］. 腾讯网. https://new.qq.com/omn/20210916/20210916A0781800.html.

村文旅融合发展提供了重要的政策支持，吸引了各行业的广泛关注。文件提出，“发展乡村旅游是实施乡村振兴战略的有效途径。乡村旅游发展不仅能给农民带来就业机会和经济收入，还能促进农业现代化发展，改善农村基础设施和生活环境，有利于一揽子解决‘三农’问题，促进乡村振兴。”中国旅游研究院副院长李仲广表示，乡村旅游因其就业门槛低，产业丰富，能够更为有效地提高农村就业水平、带动农村经济发展，符合乡村振兴发展战略要求。中国旅游集团扶贫干部、贵州省黎平县副县长张万广说过，“旅游业是欠发达地区实现文化资源产业化的核心渠道。”因此，旅游业的发展能够带动一个地方行业不同程度的发展，有“一业兴百业旺”的效果，通过促进旅游业的发展，也能够达到带动第一、第二产业发展的良好成效。❶

文化融入旅游，集中体现在地方的民风民俗、民间的传统手工艺、特色戏曲文化、乡土历史建筑等方面，这种形式的文旅融合具有更强的旅游吸引力，更能引起共鸣。浙江大学管理学院教授、中国旅游研究院融合创新研究基地首席专家周玲强建议，可以通过实施乡村文化保护与旅游文化传承的活动去发展文旅融合，具有特色的就包括“五百行动”，即百种民俗风味、百种民间工艺、百种戏曲艺术、百种乡村乐趣、百种历史人物，将这“五百”进行合理发展，更能够促进农村文化旅游业的发展。文件提出，全面促进农村消费水平的提高，不仅仅需要经济条件的改善，还要完善农村各方面的服务业支持，发展具有现代数字化的服务功能，促使线上线下双发展，进而能够使得农村实现更为便利、高效、有品质地发展，在不同层面上满足消费升级的需要，吸引城市居民下乡消费。❷

文旅融合是与文化和旅游有关的不同产业的相互融入、相互补充，文化作为精神层面的重要力量，能够更好地指引文旅产业的发展，使得文旅产业更富价值、更具内涵，从而使得旅游更具有意义、也是宣传不同地方特色文化的有效手段之一。但是，文化和旅游的融合不是简单地将文化因素摆设到旅游景点中去，由于两种产业存在一定的差异性，在文化和旅游的融合过程中是会存在许多矛盾的。这种矛盾的存在，会制约文旅融合的广度与深度，从而不利于文化的传承和旅游经济的可持续发展。因此，融合文化和旅游，要解决融合过程中产生的问题与矛盾，要保证文化的融入是有一定的意义的，要避免文化的过度商业化，保证文化存在的真实性。所以，在实施乡村振兴战略发展过程中，要分别从文化、旅游的角度去看两者如何融合才能保证两者各自优势的保留？怎么融合两者才能凸显文化特色和赋予旅游更高的行动意义？这两方面

---

❶ 马思伟．充分发挥旅游优势 全面推进乡村振兴——2021 年中央一号文件引发业界热议［EB/OL］．(2021-02-05)［2022-02-19］．中国旅游报．https://mct.gov.cn/whzx/whyw/202102/t20210225_921818.htm.

❷ 马思伟．充分发挥旅游优势 全面推进乡村振兴——2021 年中央一号文件引发业界热议［EB/OL］．(2021-02-05)［2022-02-19］．中国旅游报．https://mct.gov.cn/whzx/whyw/202102/t20210225_921818.htm.

问题的解决是实现文化和旅游充分发展的关键所在。

二、组织振兴促进文旅融合的政策内容

文化是乡村振兴之魂，文化和旅游的充分融合，不仅能够带动一个地方文化和经济的发展，更能够促进乡村振兴，因而组织振兴促进文旅融合，不仅要将干部队伍分配到基层，更要贯彻振兴的政策内容，组织振兴需要认识到文旅融合发展的新理念，需要畅通文旅融合发展的新渠道，需要营造文旅融合发展的新环境。在针对新理念、新渠道、新环境相关政策的执行下，使得文化和旅游实现更好的发展。

（一）贯彻文旅融合发展新理念

文旅融合，铺就诗与远方之路。文化是旅游的灵魂，旅游是文化的载体。“读万卷书，行万里路”，一直是中华民族把文化和旅游紧密结合的生动体现。二者具有天然的互补性。探索文旅融合之道，首先要打牢融合发展的基础，推动文化和旅游快融合、深融合、真融合。既要以文促旅，用文化丰富旅游内涵、提升旅游品位；又要以旅彰文，把文化作品转化成旅游产品，把文化设施建设成旅游景点，更好地保护、利用和传承文化。只有理念融合了，才能避免文化和旅游“两张皮”现象。[1]

文旅融合是推动旅游高质量发展的必然要求。古人云：“山不在高，有仙则名；水不在深，有龙则灵。”大部分旅游景点的开发都是因其具有独特的吸引力、较高的开发价值以及独具特色的文化魅力。中国拥有丰厚的历史文化底蕴，上下五千年的文化传承，使得中国旅游本身就具有游历价值。从吴文化、金陵文化、楚汉文化、淮扬文化到昆曲、京剧、豫剧、黄梅戏再到泰山、黄山、峨眉山，都是我国文化和旅游文化融合发展的珍贵资源，都承载了过往辉煌与佳话美事。而有效发展我国文旅产业，不仅需要做到将这些特色的传统文化和秀丽的自然风光相融合，还需要将其中所蕴含的历史人文发扬光大，进而打造具有中国特色、富有独特魅力和韵味的文化旅游。对此，我们要不断改进融合发展的手段，在保留文化本身的价值意义的基础之上，将其转化为特色旅游产品，用文化去提升旅游附加值，将特色文化元素注入旅游中，创建品质旅游。文旅融合是实现文化高效能传播的必然要求。我国一向重视优秀文化的传承，而这种传承必须借助相应的渠道，旅游的存在就是传承渠道，通过在旅游中让游客感悟到优秀的文化底蕴、体会到文化价值，那么文化和旅游也就能够实现真正的融合。据统计，我国 2017 年的旅游景点中文化博物馆所接待的人数超过 9 亿人次，这表明了

---

[1] 文旅产业如何深度融合？［EB/OL］．（2021-05-12）［2022-02-19］．腾讯网．https://new.qq.com/omn/20210512/20210512A09HJU00.html.

人们对历史文化有着深厚的情感，这就说明了文化和旅游的融合是必需的，发展旅游业更应该把优秀的历史文化、名胜古迹融入其中，更应该规划、建设更多的历史文化博物馆、非遗传习所、古籍展示馆等文化场所，使得旅游内容更为丰富，进而使得旅游成为传承优秀文化的有效方式。[1]

（1）注重融合创新。尊重文化和旅游融合发展的规律，用文化内涵提升旅游品质，用旅游产业促进文化传播。创新文化旅游产品体系，从粗放低效方式向精细高效方式转变，从封闭的旅游自循环向开放的“文化+、旅游+”转变。促进以云计算、大数据等新兴技术与文旅产业的融合创新，推动产业转型升级。建立完善以市场满意度为核心，以环境、设施、产品和服务质量为主要指标的文旅质量评价体系。

（2）加强规划引领。将文旅融合理念融入城乡建设、国土空间、村庄布局等规划修编，推动农业、林业、交通、水利等相关专项规划与文化旅游规划“多规合一”，有序推进旅游项目开发建设，促进文化旅游业与各产业融合发展。在符合土地利用总体规划的前提下，支持依法利用荒地等开发文化旅游项目，支持依法利用民宅、工矿厂房等发展文化旅游。

（3）做好资源对接。全面梳理文化和旅游资源，开展文化资源再评估，对各类文化设施和文化活动进行分类整合和提升，编制宜游资源开发目录，进行宜游化改造，丰富互动体验，将文化活动空间转化为互动的文旅融合发展空间。推动建设景区、度假区、乡村旅游区、精品民宿项目、旅游集散中心、游客服务中心等旅游场所，多注入文化元素，多增加文化体验项目，成为传播文明、体验文化、展示特色的重要窗口。统筹现有文化和旅游宣传平台，实现文旅客源有效对接。[2]

（二）畅通文旅融合发展新渠道

推动文化和旅游融合发展，不能只是言语上的融合，更需要去实践。首先，搭建文旅融合平台载体。搭建平台可以依据各地所拥有的文化、旅游资源，在政策的引领下、市场主体的带动下，去创建具有融合特色的平台。比如，2021 年 10 月，文化和旅游部与江苏省共同主办的戏曲百戏（昆山）盛典，这次盛典成为有史以来国内所有戏曲剧种集中交流演出、活态展现的首创之举。这次举动通过建设中国戏曲博物馆、昆曲小镇、“百戏之林”，旨在打造出以戏曲文化为主题的文旅融合线路，努力实现戏曲文化的传承与旅游资源开发的互促共进。再比如，中央电视台推出的《国家宝藏》节

---

[1] 杨志纯．推动文旅融合发展从理念走向行动［EB/OL］．（2019-01-18）［2022-02-19］．新华日报．http://www.ce.cn/culture/gd/201901/18/t20190118_31295710.shtml.

[2] 关于加快推进文旅融合发展的实施意见［EB/OL］．（2021-05-04）［2022-02-19］．网易．https://www.163.com/dy/article/G968HDEG0545AUU1.html.

目，受到了广泛关注，吸引了大批观众，也证明了人们对国家文化存在着较强的好奇心。据数据显示，自节目开播以来，仅携程网上关于“博物馆”的搜索数据就上升到了50%以上，相关旅游线路达上千条。这些数据都表明了人们对旅游的需求是较大的，对旅游的质量也是要求较高的，因而对文旅融合线路的规划要满足游客的品质需求，完善各种文化旅游设施、丰富文旅产品、提升文旅服务水平，把不同地方的文化博物场馆打造成有品位、有特色、有故事、有体验的文化客厅。除此之外，要用好用活文化旅游公共场所。文旅场所的设定要考虑游客的感受和体验，这是做好文旅融合的重要一环，是发展现代文旅产业的必然要求，游客满意、喜欢的文旅，才能够真正促进文化的传承和旅游的发展。各地可以推动建设文旅景区、文化旅游度假区、富有传统文化韵味的精品民宿等旅游场所，并在这些场所中充分、合理地注入有关文化元素，多开展与文旅融合有关的项目体验，使得这些项目成为文化和旅游相互促进、相互融合发展的特色窗口。还可以深化文化旅游创建，这方面需要做到在旅游中彰显文化传承的价值，让游客有更深的感悟。比如，在南京有个1865创意产业园，这个产业园是在创建国家级文化产业示范基地的契机下建成的，其充分利用周边的金陵制造局旧址、清代建筑、民国建筑等文化遗址，依靠独具创意的文旅融合以及技术手段，在保护好历史文物的情况下发展旅游，是工业旅游的成功范例。在文旅融合中要建设有意义的文化旅游项目，由于网络技术的迅速发展，现在存在很多仅仅只是打卡拍照的快捷式旅游现象，这种旅游方式并不能很好地去传承这个旅游地所体现的文化价值，因而需要创建更具有吸引力的文化旅游项目，满足人们更高的旅游需求，让游客在旅游中可以静心去感受中国特色文化，同时增加游客在旅游中的文化获得感。❶

（1）精塑文旅品牌形象。提炼具有特色的文化旅游宣传口号和形象标识，明确文化旅游发展定位。探索树立体现城市品牌的文化旅游IP，加大对文化旅游品牌形象的整体策划和推广力度。统筹线上与线下、传统媒体与新媒体等宣传渠道，与媒体、旅行社、电商直播及相关企业进行联合营销和矩阵推广。

（2）创新文旅融合线路。把文旅资源链接成线，加强主题营销包装。推动文化遗产保护利用与旅游业发展相结合，依托文物资源发展红色旅游、遗产旅游、研学旅游等，重点打造以遗址文化为主的体验游，以虞姬、沈括、胡简敬、袁枚、刘清韵、吴苓生、吴印咸等名人遗迹为资源的“跟着名人游”等游线。将博物馆、非遗传习所等文化资源纳入旅游线路，将非遗传承人的创作、授教、表演等环节纳入旅游和研学活动，重点是要把淮海戏、颜集朝牌、庙头千张等非遗项目植入一日游精品线路，不断

❶ 杨志纯．推动文旅融合发展从理念走向行动［EB/OL］．（2019-01-18）［2022-02-19］．新华日报．http://www.ce.cn/culture/gd/201901/18/t20190118_31295710.shtml.

创新和丰富游客体验。

（3）加强对外交流推广。统筹规划文化和旅游对外交流合作，通过“旅游引进来”实现“文化走出去”，全面提升中国旅游文化的知名度和吸引力。推进文化和旅游产业合作，支持和组织文化旅游企业参与重要展会、论坛及活动，开展重点合作项目征集及县内外推介活动，构建交流合作新模式。❶

（三）营造文旅融合发展新环境

文化和旅游融合发展是文化建设和旅游发展的内在要求和必然结果。综观古今中外，将文化和旅游融合发展的成功案例有很多，在这方面的成效也是比较突出的。党的十八大以来，对于文化和旅游方面的工作更为重视，党中央也对文化和旅游的融合发展做出了一系列的战略部署，尤其是在深化改革的发展进程中，做出了将文化和旅游部合并，推动文旅事业、产业齐发展的重大决策。党的十九届五中全会再次做出“推动文化和旅游融合发展”的战略部署，这项战略部署定将开启在新时代中文化和旅游融合发展的新征程，同时也能够为实现中华民族伟大复兴做出新的贡献。因此，我们在文旅融合方面要进一步对两者目前的发展前景进行深入研究，创造新的融合发展环境。党的十九大报告指出，我国社会主要矛盾已经转化为人民日益增长的美好生活需要和不平衡不充分的发展之间的矛盾。这个矛盾的转变表明了人们不再只是追求物质上的满足，更希望得到精神上的充实，因此人们会更希望通过旅游等活动去丰富精神层面。据统计，在 2018 年，某省累计接待的境内外游客就达到了 7.54 亿人次，同比增长 9.6%。数据的存在，就是证明旅游业需要向好发展的最具有说服力的证据。所以，在现代旅游中，我们不仅要规划好有美食美景的自然景区，还需要将其蕴含的文化注入其中，让原来的只是“走马观花”，变为“下马看花”，让人们在景区中能够从繁华到静谧、从都市到乡间、从购物到欣赏文博戏曲。这种文化和旅游的相互融合，更能够打造出有内涵、有看头、有逛头的文旅风景区，也才能够满足人们日益增长的精神文化需求。❷

（1）完善基础设施建设。推进“厕所革命”，建立健全科学有效的旅游厕所管养机制。推进旅游交通建设，贯通“花乡绿道”旅游公路，完善旅游公交专线。建设与游客承载量相适应、分布合理、配套完善、管理科学的生态停车场。健全标准规范、指向清晰、内容完整的旅游标识体系。完善旅游咨询服务中心，优化空间布局，提升功

---

❶ 关于加快推进文旅融合发展的实施意见［EB/OL］.（2021-05-04）［2022-02-19］. 网易. https://www.163.com/dy/article/G968HDEG0545AUU1.html.

❷ 推动文化和旅游融合发展［EB/OL］.（2020-12-14）［2022-02-19］. 求是网. http://www.qstheory.cn/qshyjx/2020-12/14/c_1126856098.htm.

能品质。

（2）提升公共服务水平。坚持“补齐短板、融合共享、全域覆盖”，以旅游公共服务转型升级提升服务水平。推动公共文化设施拓展旅游服务功能，在服务好本地居民的同时面向游客开放，把具备条件的公共文化场馆打造成为“有故事、有格调、有体验”的文旅会客厅。依托游客中心、旅游集散中心等旅游公共设施，组织开展文化惠民服务，让更多游客感受本地风土人情。

（3）营造良好市场环境。培育壮大文化旅游企业，增强市场竞争力。加强文化旅游市场执法监管力度，营造统一有序、供给有效、富有活力的市场环境。完善文旅融合数字化建设，发展智慧旅游，为科学决策提供依据和参考。建立健全文化旅游诚信体系，设立文化旅游诚信榜和曝光台。依法落实旅游安全管理责任制，建立完善旅游安全保障体系和旅游应急救援体系。倡导文化旅游绿色消费，实施文化旅游能效提升计划，降低资源消耗。开展文化旅游志愿服务行动，倡导文明旅游。[1]

三、组织振兴促进文旅融合的政策要求

对于文化和旅游的融合发展，是文化部和旅游部非常看重的，我们必须深刻领悟文化和旅游的融合发展政策，明确政策要求，要注重文旅融合方式的创新，对文旅融合进行合理的规划引领，做好文旅资源的对接工作，打造有特色的文旅融合项目，而不只是借鉴，要有特色、吸引力。

（一）组织振兴要注重文旅融合创新

乡村文旅的融合有利于拓宽乡村振兴的途径，提高人民的幸福指数。首先，通过乡村旅游演艺、文创产品、旅游特色体验项目的打造等，促进文化形式进一步创新。广大游客可以通过体验文创项目进一步增强文化自信，对乡村地区的人文风貌、文化传统有了更深层次的理解。广泛传播乡村文化，有利于乡村文化的发展进而促进乡村振兴战略的实施。文旅产品的设计还应在结合当地特色的基础上充分考虑到游客的需求，打造出更具特色、更具人性化的产品。例如，周庄云谷田园利用先进的物联网技术平台，结合田园风光特色，打造出了中国首个“物联网+田园”智慧社区。其次，在旅游项目的开发中应当充分凸显以人为本的开发理念和当地的旅游特色，开发更具吸引力的文化旅游体验项目，提高游客的满意度。

突出组织振兴驱动文旅融合创新动力。通过组织振兴去促进文化和旅游的融合发

[1] 关于加快推进文旅融合发展的实施意见［EB/OL］.（2021-05-04）［2022-02-19］. 网易. https://www.163.com/dy/article/G968HDEG0545AUU1.html.

展，首要的是要把创新摆在重要位置，构建出二者融合发展的新模式、新业态，进而激发融合发展的内在动力。一是注重科技创新，引领消费升级。在数字网络发达的21世纪，必须要建立有关于文旅融合的科技创新服务平台，通过科技手段对特色文化进行规范管理、对珍贵文化遗产进行信息收集并利用科技手段进行展示，建立文旅数据库，支持文化IP项目的打造，将数字技术赋能于文化旅游，并充分利用好各经济主体力量，提升文化旅游的娱乐性、体验感。二是创新文旅产品，拓宽产业发展链条。利用“互联网+”等现代信息技术用好、用活文化旅游资源，提升文旅产品设计水平，根据地方特色因地制宜设计相关文旅产品，加快构建现代高质量发展的文旅服务体系，打造集生产、宣传、加工、营销等产业集一体的文旅特色产业链格局。三是打造文旅创新品牌，提升文旅品质内涵。对各地特色文化进行深入挖掘与了解，对各种现存的红色景点、红色文化、民间风俗等具有开发潜力和吸引力的文化资源进行融合，创建出不同地区的特色文旅品牌，实现“一村一品牌”，通过品牌创新为文旅融合发展赋能。❶

（二）组织振兴要加强规划引领

我国文旅融合的发展规模还不大，资源分布散乱的现象仍然存在。这就需要我们首先要对文化旅游资源进行合理分配，统筹规划合理开发。在旅游开发的过程中应该对相关地区进行实地考察，对当地的经济发展以及人文素养进行了解，在文旅发展的过程中应该加强监管，规范景区收费，避免不合理的收费行为影响旅游形象；其次要深挖当地人文内涵，将民俗活动、特色文化、非物质文化与旅游项目深度结合，做好市场定位，促进文化旅游的繁荣发展。

组织需完善协调机制，释放文旅融合活力。文化和旅游的相互融合需要好的顶层设计、完善的制度保障、创新的合作发展平台作为力量支撑，而这些支撑点需要政府各部门、各团体、相关组织共同完成。一是实现制度创新，助力融合机制改进。在顶层设计方面，需要完善各级领导组织协作机制，完善文旅融合发展政策体系，建立重大事项联合审议、决策制度，建成党委政府牵头、职能部门齐抓共管、社会广泛参与的协同组织机制，确保各项文旅融合发展政策落地、落实。二是共建融合发展平台，激发融合发展动力。利用经济手段将旅游的市场需求与各地自然生态资源、乡村文化特色相结合，并与农林、住宿、交通、文化等部门协作，开发文旅融合项目的便捷通道，遵照“协同发展、全面促进、社会参与、文化融入”的原则，全方位激发文化和

❶ 以农文旅融合助推乡村振兴［EB/OL］.（2019-12-04）［2022-02-19］. 光明网. https://theory.gmw.cn/2019-12/04/content_33373761.htm.

旅游融合发展活力，同时促进乡村振兴。三是统筹各方，均衡利益。对于文化和旅游的发展，既要支持各项旅游产业的合理发展行为又要规范经营行为，保证利益的均衡。同时，对于文化的融入要秉持信息公开、民主决策的方式，保护可能在融入过程中各方主体的合法权益，并给予当地人民相关政策支持，使其积极参与文旅融合发展工作，进而促进地方经济实现更进一步的发展。[1]

（三）组织振兴要做好文旅资源对接

文化资源要转化成经济效益，其间必须树立文化自信。长期以来乡村地区的农民对于自身文化缺乏认同，甚至是贬低农村文化的价值，使得乡村文旅的发展停滞不前，难以满足市场的需求、打造出特色的文旅产品。乡村文旅的融合，其核心内容是对文化的追求，宝贵的乡村文化资源要通过合理的开发和利用才能持续转化成发展的动力和优秀的价值观念，如重视传统的农耕文化，可以通过对农耕器具的还原、打造特色手工作坊的方式让人们体会到劳动的乐趣，用民俗来恢复乡村原有的风貌吸引游客的驻足，促进乡村旅游的发展。

组织振兴激发文旅要素融合引力。文化和旅游的相互融合，不是简单地将二者相加，而是需要通过融合，去释放不同地区的土地、人才、资金等要素的活力，达到组织振兴所期望的效果。一是完善土地政策，激发土地资源活力。土地是极其重要的资源，要合理规划农村土地资源，完善土地制度，以农村土地经营权融资担保和入股农业产业化经营等政策体系，创新土地流转方式，开展多种形式适度规模的文旅经营。二是创新融资机制，多维拓宽资金来源渠道。通过融资助力文化和旅游的融合发展，支持融资项目的引进，鼓励金融机构增加对文旅融合项目的资金投入，吸引民资进入文旅市场，形成有稳定资金保障、各主体大力支持的融合发展格局。三是注重文旅人才的培养，建设高素质人才队伍。鼓励支持旅游产业与高校、科研院所合作，建立研学一体化的文旅融合人才培养基地，为文化和旅游的更好融合奠定人才基础；完善人才下乡激励政策，将优质人才引入乡间，鼓励相关旅游学者、企业家等各类人才加入文旅发展队伍；发展好乡贤力量，通过乡贤人才带动各地村民发展文旅，助力乡村振兴。[2]

（四）组织振兴要打造有特色的文旅融合

文化旅游 IP 是一个系统化的庞大工程，优秀的 IP 应具有以下十大特征：主题性、

[1] 以农文旅融合助推乡村振兴［EB/OL］.（2019-12-04）［2022-02-19］. 光明网. https://theory.gmw.cn/2019-12/04/content_33373761.htm.

[2] 以农文旅融合助推乡村振兴［EB/OL］.（2019-12-04）［2022-02-19］. 光明网. https://theory.gmw.cn/2019-12/04/content_33373761.htm.

形象性、独特性、故事性、引爆性、互动性、延展性、符号性、创新性、系统性。根据地方的具体条件，因地制宜打造出具有差异化体验的旅游产业，让旅游产业进一步升级为景区文化的符号，是文化旅游项目 IP 成长的必经之路。

举办特色节庆活动。举办节庆活动要多元、丰富、共享，把节庆活动办得有特色、有人气、有影响，成为城乡居民共欢乐的节日。首先要突出特色。2019 年 3 月 30 日，浙江淳安县里商乡茶文化节，现场人山人海、人声鼎沸。围绕茶叶做文章，围绕茶叶谋发展，体现茶文化和旅游的融合发展。其次要突出参与性。2018 年 11 月 18 日淳安县夏山村举办的古道文化节，人头攒动，微雨冷风依然抵挡不住人们前往的热情。再次要突出共享。在举办节庆活动期间，安排文艺表演、美食品尝、采摘体验、参观展览等内容，让人们享受当地独特风韵，让群众具有更多的获得感，更让游客得到最佳的旅行体验。节庆活动是自觉承担举旗帜、聚民心、育新人、兴文化、展形象、促旅游的使命。以人流带动物流，推动产业发展。

做强古城文旅共融。浙江千岛湖的贺城、狮城历史悠久、人文底蕴浓厚。古城多彩的民族文化和民族风情，原真性地保存古城人的生活脉络。贺城搬迁千岛湖镇后，县政府首次重点投资对骑龙巷区块整体形象提升改造。改造以挖掘骑龙巷小区的历史人文底蕴，建立骑龙巷慢生活区，保留历史记忆，一个集休闲、娱乐、民宿、餐饮等特色小区展示在人们眼前。为城市市民休闲度假创造条件，促进旅游城市向城市旅游的转变。文渊狮城是于 2012 年 4 月央视等媒体对原狮城进行 5 天水下直播而一夜成名。2013 年 11 月把水下古城复制上岸的文渊狮城，国家 4A 级景区，以生态为底线，以文化为内核。在现有发展的基础上：一要进一步挖掘文渊狮城的文化元素，做好古城文化、商业、餐饮、旅游纪念品等合理布局，使古城的价值日益彰显。二要利用文渊狮城独特品牌效应，进一步挖掘传统文化。突出瀛山文化的内涵，对彰显朱熹理学等人文特色的瀛山书院进行保护开发，填补国学旅游的空白。弘扬章村忠孝文化，以文化踩街、文艺会演、寿星宴为载体，展现章村的特色文化品牌。传统文化与文渊古城文化相互呼应，打响特色的古文化品牌。三要利用姜家镇“浙江省旅游风情小镇”的金名片，扎实做好七彩风车节、知青文化节、摄影艺术节、采摘体验节、户外露营等特色活动。践行“文化+旅游+城镇化”的创新发展。总之，古城要以文化为核心，以文创为动力，联动传统民俗、潮流时尚，为古城注入生命力。精心谋划打造出中国各地的文化旅游新地标。

做透红色文旅共融。我国有着悠久革命历史传统和厚重的红色文化底蕴，一要深挖红色文化内涵。红色景点是常学常新的生动的课堂，蕴含着丰富的精神财富和道德滋养。挖掘中国工农红军北上抗日资源提升乡村发展内涵，以红色旅游与美丽乡村建设互动发展来拓展产业链条。二要创新红色旅游产品。在中国工农红军北上抗日先遣队纪念馆组织红色下乡活动，创新旅游产品。第一，展览加演出，唱红歌看红舞。利用当年红军领导人方志敏、寻淮洲、粟裕等留下的足迹和送架岭之战等生动场面，编成歌舞，在纪念馆、乡下等地表演，让游客体验独特的红色旅游的魅力。第二，讲述方志敏等在淳安领导抗日战争、革命斗争的故事，给游客留下深刻的记忆。第三，讲述红军万里长征从这里开始的经历过程，让游客接受革命传统教育。第四，做足县委旧址的文章。讲述在县委领导下，党员、红军战士同国民党反动派坚决斗争到底的故事。融入游客体验，以互动参与性的形式，实现从“静态展馆”到“活态传承”的转变。文化和旅游紧密结合，让游客来了留得住，有看头。三要改善交通条件。部分红色景区的交通不能满足游客需求，需要改造提升，方便游客体验需求。[1]

四、组织振兴促进文旅融合的政策保障

组织振兴不仅要完善文旅融合的政策内容，贯彻政策要求，还要实现政策保障。一个地方文化和旅游的融合发展是不容易的，需要有政策保障推动实行。近两年很多地方的文化和旅游的融合发展是没有达到实际要求的，有部分原因是欠缺政策保障。因此，组织振兴促进文旅融合，首先，要坚持党建引领。在党的带领下，才能走向发展的正确方向；其次，完善组织结构。文旅融合需要有能力的组织队伍带领群众开展，有组织才有实效；再次，要加强对文旅融合的政策支持。文旅融合才刚兴起不久，其政治基础较薄弱，需要更为有力的政策支持。最后，强化文旅融合的人才支撑。文旅融合发展需要合适的人才加入，人才可以增加文旅融合的创新度，更能实现文旅融合的向好发展。

（一）坚持党建引领

坚持“文化旅游产业发展到哪里，党组织就覆盖到哪里”的原则，推进“党建+”模式，把支部建在景区景点上、建在文旅服务上、建在文旅产业上，明确各级基层党组织目标任务，聚焦全域文化旅游融合发展，持续发力。

1.“党建+文化”打造文化品牌

多渠道探索文化旅游景点与党建元素的有机融合。深入挖掘文化底蕴，高起点高标准规划文化旅游发展蓝图。通过培训教育增强党员干部文化旅游知识，提升创业干事能力，打造党建融合文旅项目。主动占领阵地，融入党建文化元素，利用景区人流量大的特点，增强党建宣传效应。

---

[1] 文旅融合助力乡村振兴的思考.［EB/OL］（2019-07-15）［2022-02-19］. 千岛湖新闻网. http://www.qdhnews.com.cn/zhuanti/content/2019-07/15/content_8921716.html.

2. “党建+旅游”做强文旅产业

发挥“两新”党支部的战斗堡垒作用和党员先锋模范作用，形成“党员示范带动、企业诚信经营、游客从中受益”的良好产业发展格局。各乡镇党委全面负责地区全域旅游，各景区成立党支部，乡村旅游在村党支部领导下开展工作，形成了完整的全域旅游组织体系。资金、土地、人才等要素资源向文旅产业倾斜，使全域旅游变成改革创新发展、资源转型升级的核心抓手和新动能。

3. “党建+美丽乡村”增强发展活力

各级党组织根据自己的自然环境和实际情况，聚焦全域旅游任务目标，聚力乡村文化旅游，以农村环境整治为重要抓手，大力推进“厕所革命”。以河南洛阳伊滨区为例，截至 2020 年年底，一区五镇共完成厕所改造 10229 户。各镇党委以打造美丽乡村为依托，因地制宜、分类指导建设重点项目，打造有地域特色、文化传承、田园风貌、宜居宜业的新型村落。各村级党组织带领群众整治庭院环境，保持家居整洁美观，清理院内外卫生死角，种植花草蔬菜，绿化院内院外、房前屋后。持续建好美丽庭院，让群众切实成为美丽乡村建设工作和全域文化旅游融合工作的参与者、践行者、受益者。❶

（二）完善组织结构

组织力就是战斗力，乡村振兴各项工作的推进，离不开广大干部群众的共同努力奋斗，要充分发挥组织优势，充分凝聚各方力量，为文旅融合提供人才支撑和不竭动力。

一是整合资源强联动。城乡是共生、互补与共荣发展的区域共同体，要充分发挥以城带乡，以乡促城的共同体作用，助力文旅融合发展。按照抓党建促文旅融合的总体要求，从乡镇党政领导干部中选派农村党建指导员，对不同的乡镇进行行政化管理，同步建立“五个一”机制，形成抓乡促村强大合力。发挥城乡党建一体化优势，拓展“双联系四服务”内涵，整合市县两级党建资源，采取 1 个市直单位党组织+1 个县直单位党组织+1 或 2 个村级党组织的模式，动员组织各个乡镇市直机关企事业单位和县直机关单位与村镇，组建了城乡联合党组织，实现组织联建全覆盖。

二是产业集聚添动力。促进文旅融合首在振兴文旅产业。没有产业的兴旺，文旅就不可能充满生机活力。按照“围绕发展抓党建，抓好党建促发展”的思路，对农村基层党组织活动方式进行创新，让党的工作、组织工作渗透于文旅产业发展中，实现

❶ 河南洛阳伊滨区：“党建+”推进文旅融合发展［EB/OL］.（2021-03-25）［2022-02-19］. 党建网. https://dangjian.gmw.cn/2021-03/25/content_34716684.htm.

党建与富民互动，推动文旅产业高水平全面发展。通过龙头文旅企业和枢纽型组织带动，建设区域型、功能型党组织，培育村企发展联合党委，有效带动工商资本下乡，实现“组织建在产业链、党员聚在产业链、农民富在产业链”。围绕特色小镇、民宿体验、河湖湿地观光等，大力发展休闲观光农业、乡村文化旅游业、都市田园综合体等第二、三产业，通过拉动就业帮助当地居民增收致富，努力打造美丽乡村、都市乡村。

三是拓宽源头壮集体。实现文旅融合，必须大力发展农村集体经济，增强集体经济发展活力。结合推进农村“资源变资产、资金变股金、农民变股东”和集体资产股份合作制改革，探索采取合作入股、发展特色产业等多种方式，进行村级集体经济发展试点，并及时对相关试点做法进行总结，示范引领村级组织拓宽集体收入来源。同时，抓住中央、省委扶持壮大村级集体经济的有利契机，启动实施村级集体经济提升专项行动，不断加快乡村文旅融合步伐。[1]

（三）加强政策支持

政府需要积极引导，建立健全完善合理的文旅政策支持体系。第一，政府应强化政策支持，为文化和旅游的融合发展创造稳定的制度环境。一方面，要保证相关文旅政策的完整性和实用性。特别是在文旅融合发展过程中产生的新型产业，更是需要政策支持；另一方面，确保政策实施的连贯性。由于文旅融合是一个长期发展的过程，每个阶段所实施的政策是不一样的，对于下一阶段融合发展的推进，需要新的政策支持，这新政策要与旧政策进行合理衔接，以保证文旅融合的稳定发展。具体而言，这种连贯性表现在各个相关部门对于后续工作的规划，后续政策的制定以及前期工作的完善。此外，在注重政策实施的完整性与连贯性上，还要确保政策的系统执行，保证政策的实施立足于文旅融合发展现状，是符合需求的，只有这样才能最大化地发挥政策的作用。

第二，政府需要对文旅产业结构进行合理规划，规范文旅产业的发展。首先，发展文旅产业，要全面贯彻生态文明理念，要将生态环境保护放在首要位置并落实到文旅融合发展的过程中；坚持可持续发展理念，对于历史文物、优秀文化、名胜古迹等重要文旅资源要进行妥善保护，在开放参观的同时，确保文旅资源的可循环。其次，文旅融合需要立足当地文化特色，打造地方特色与旅游产业融合一体发展格局，以积极发展文旅产业带动当地就业、提升当地经济发展水平。最后，文化与旅游的融合还要重视技术手段的使用，在发展过程中充分利用信息技术手段进行大力宣传，从而实

[1] 滕常勇，李朋. 以组织振兴推动乡村全面振兴的问题与对策探究［J］. 农村经济与科技，2020，31（8）：225-226.

现文化的传播、景点知名度的提高，进而能够吸引更多资源进入，促进文旅融合的发展。

第三，文旅融合发展需要充足的资金支持。政府应积极制定相关优惠政策，鼓励各方积极参与，组织社会资本注入，通过各种融资手段解决在文旅融合发展过程中可能产生的资金链紧张的问题；同时，还可以建立文旅专项基金，用于开发不同类型的文化旅游项目，实现资金使用效果的最大化。[1]

（四）强化人才支撑

文化旅游的融合发展离不开人才的引进和招商引资。文旅融合的招商引资，首先要有好的特色项目，文化旅游项目主体首先要做好前期的准备工作，制定科学的长期规划；其次资金的引入方式也可以是多样的，可以引进国企资金，也可以由民企来开发项目；最后人才的引进也非常关键，政府要培养优秀文旅项目企业家，给予政策与资金的双重扶持。

在文旅融合和组织振兴的背景下，文化旅游业得到了较快发展，但在发展的过程中仍然面临着较多的问题，如发展模式单一、文化内涵不足、缺乏统一管理等。要想解决好这些问题，首先必须要树立文化自信，加强对文旅融合的认同感；其次要注重文旅融合内涵的挖掘，打造出文旅融合的特色产品，实现真正的文旅融合，助力乡村振兴。

文旅融合发展的人才支撑措施具体包括：一是人才荟萃聚合力。组织兴，则文旅兴；人才强，则乡村强。近年来，坚持把引进人才与培养人才通盘谋划，将留住人才与作用发挥统筹考虑，激励各类人才在乡村大施所能、大展才华、大显身手，不断强化组织振兴的人才支撑。二是创新人才培养模式。对文旅融合人才的培养不仅需要具有一定的科学文化素质、了解现代旅游相关知识，而且需要具备一定的经营管理能力。可见，文旅融合人才需要具有极强的实践性技能，不是仅仅在大学教室里就能培养出来的，因而亟待创新培养模式，加强校地协同，在培养过程中推进理论与实践的融合。三是灵活合理用好人才。伴随经济社会发展，人才在不同机构、不同地域之间的流动愈加频繁。当前，乡村在文化旅游融合等方面与城市相比，还存在诸多短板。如果脱离实际情况，试图将人才“固定”在乡村，很可能会伤害他们的“乡村情感”，打消他们建设乡村的积极性，为乡村人才队伍建设带来负面影响。因此，对人才的应用策略应更加灵活合理，秉持可“不为我有”但“必为我用”的逻辑，建设一支容纳不同

---

[1] 张祝平．乡村振兴背景下文化旅游产业与生态农业融合发展创新建议［J］．行政管理改革，2021（5）：64-70.

层次、类型、专业的文旅融合人才队伍。灵活合理用好文旅人才，既需要高校在推进学生就业工作中更加面向广大乡村，引导学生扎根乡村；也需要地方在用才时不拘形式，为文旅人才提供个性化岗位。四是重点培养文旅人才。人才是发展文旅融合的重要力量之一，要坚持优先发展人才、优先开发人才资源、建立合理的人才开发机制、提供完善的人才保障。对于已引进的文旅人才进行严格考核，发现问题并及时解决，同时提高人才培养水平，不断提升人才培养力度，不断扩充文旅人才总量、提升文旅人才质量。努力锻造、培养出一批高水平、能力优、有想法、敢行动的综合型文旅人才优质队伍，为发展更有诗意的文旅融合提供坚实的人才基础支撑。❶

总之，组织人才振兴是促进文旅融合向好发展的重要前提，只有把人力资本开发放在首要位置，多措并举强化人才支撑，让愿意留在乡村、建设家乡的人留得安心，让愿意上山下乡、回报乡村的人更有信心，才能使各类人才在农村广阔天地大施所能、大展才华、大显身手，在乡村形成人才、土地、资金、产业汇聚的良性循环。

实践篇

新时代意义下的文旅融合发展，不只是物与景的相融，更是一个国家在发展上的革新，也就是说文旅融合既是推动高质量发展、创造高品质生活的有效路径，也是“诗与远方”的有机结合。组织振兴在促进文旅融合发展的过程中，内容上，需要有政策的支持与保障，行动上，则需要各个方面的相互配合。对于组织振兴如何促进文旅融合，在组织体系方面，首先要强化组织体系建设，拥有良好的组织队伍才能发展好文旅融合；其次培养组织载体，即要建设适合文旅融合发展的空间、合适的项目，能够有丰富的文旅融合发展组织载体；最后打造与企业合作的经济组织，通过企业参与，畅通融资渠道，促进文旅融合，缓解资金压力。在队伍建设方面，首先要坚持党组织引领，紧跟党组织的发展步伐，有带头的，就必然有跟随的；其次提高基层干部队伍的水平，在党的引领下，能够有主观能动性，发挥基层优势；最后培育新乡贤，新乡贤是现代农村发展的重要力量，培育好的乡贤，能够激发基层内生动力。在提高引领力方面，首先要做到文旅的多元、特色融合；其次创新文旅融合发展路径；最后搭建文旅融合发展沟通平台，有交流才有改变、创新突破。在发展组织振兴力量方面，需

❶ 安徽铜陵：推动组织振兴 激发乡村振兴“新动能”［EB/OL］.（2019-01-04）［2022-02-19］. 中国共产党新闻网. http://dangjian.people.com.cn/n1/2019/0104/c117092-30503851.html.

要在厚度、深度、广度、强度这四个维度上推动文旅融合发展。通过上述四个方面的共同实践，使文旅融合在今后的发展中更能促进乡村振兴。

一、强化组织体系建设，推动文旅融合向好发展

（一）打破组织体系固有限制，创建文旅融合新特色

在组织体系建设方面，首先需要建立规范化乡村治理体系，打造社区党委领导下的共建共治共享的社会治理格局。对于治理格局的建设，需要统筹乡村社区群团组织，发挥组织带头作用，用乡村组织力量促进文旅融合发展。其次，推行民主决策公开制度，注重信息公开、信息透明化，积极开展乡村组织会议，吸纳民众意见，开展符合地方特色的文旅融合项目。再次，建立乡村重大事项决议制度，设立相关部门，将重要决策事项进行商讨，经过村“两委”通过会议进行初步商讨，再提交上级部门进行审议，根据审议情况对具体重要事项结果进行公开，其中所有程序都需进行全程监督。最后，强化民主监督制度，不断提高乡村监督委员会培训水平，不断规范各级干部工作职责，推动组织作用的发挥。在完善监督制度的过程中，要进一步扩大党务村务公开，规范信息公开的时间、地点以及形式，建立监督委员会严把关、基层组织严执行、乡村居民严监督的村务信息公开监督模式，以组织力量带动地方居民共同发展，不断提高乡村治理水平为乡村经济发展打好治理基础。❶

在组织规范建设方面，对于加强党组织的规范建设是内在要求，也是实施乡村振兴战略的迫切需要。一是严格管理组织工作制度，落实组织活动的开展，加强对组织成员的行为管理，强化组织纪律，不断促进组织良好作风的建设，营造和谐、规范的组织工作氛围。二是创新组织形式设置。组织的建设不需要一成不变，更需要吸纳、融入有想法、实干型的人才，更能够带动组织向好发展。三是加强阵地建设。村级阵地是农村基层组织建设的重要物质基础，加强村级阵地建设是保证组织规范工作的前提，是强化乡村治理、促进乡村振兴战略实施的重要手段。通过加强组织阵地建设，能够进一步使组织明确工作观念，使其主动参与到乡村振兴工作中，为乡村经济的后续发展积攒组织力量。❷

在组织体系改革方面，打破组织现有的顽固体系限制，创建文化与旅游融合发展的新模式。组织固有的体系是不利于创新发展的，不符合国家强调创新发展的政策要

❶ 农村基层党建创新需增强“四个力”［EB/OL］.（2019.09-27）［2022-02-22］. 求是网. http://www.qstheory.cn/llwx/2019-09/27/c_1125047332.htm.

❷ 农村基层党建创新需增强“四个力”［EB/OL］.（2019.09-27）［2022-02-22］. 求是网. http://www.qstheory.cn/llwx/2019-09/27/c_1125047332.htm.

求的，对于打破组织固有体系需要坚定走改革发展的道路，进行创新组织发展规划，变革组织发展路径，打破传统组织体制的制约，通过不断的改革创新，促进组织创新发展，创建文旅融合发展的新模式，不断释放文化产业和旅游产业融合发展红利。

在组织协调发展方面，要基于发展不平衡问题，要明确文化产业和旅游产业之间的矛盾，缓解矛盾，逐渐融合两者之间的差异。以此城乡差距，促进经济、社会和人的协同发展。在发展绿色组织方面，要践行“绿水青山就是金山银山”的可持续发展理念，按照生态文明建设的要求去促进文化和旅游的融合发展。在开放发展方面，不仅仅只局限于国内视角，可以充分利用文化和旅游两者融合的优势，去吸引更多的人流量、资源等，发挥两者的先导作用。在共享发展方面，要突出文化产业和旅游业共享面大、共享链长、共享内容丰富的优势，有效发挥带动作用。通过地区改革、调整创新等一系列创新手段，不断释放文旅融合发展红利；对于文旅产业的开发需要坚持保护优先、可持续循环发展利用为主，坚决践行保护环境的生态发展理念。同时，对于第一产业向文化旅游产业转型所面临的困境，需要重点突破存在的融合难、转型难、建设难等难点问题，通过加强智慧旅游建设、加强行业转型服务技能提升、全面落实相关制度手段，让文旅转型发展更为便利、舒适、优质。❶

（二）重点培养能促进文旅融合向好发展的组织载体

文旅融合的发展需要有好的组织载体进行推动，并且这种组织载体能够根据实际情况不断变动，在文旅融合发展过程中不断给予载体力量，这种载体的存在必须要有相关的配套政策和发展资金助力建设。2019 年 8 月，国务院办公厅印发的《关于进一步激发文化和旅游消费潜力的意见》（以下简称《意见》）提出，到 2022 年建设 30 个国家文化产业和旅游业融合发展示范区，因而从《意见》上来看，国家和地方政府都非常支持建设文旅融合创建组织载体，希望通过更加严格的发展标准、可持续发展的工作理念，把建设组织载体一级一级往下推，通过对接国家区域发展战略，培育发展文旅融合新亮点，进而带动地方经济发展。❷

一是大力发展文旅合作社，壮大文旅市场主体。文化产业和旅游产业要加强两者之间的融合沟通，务实推进产业发展和项目投资等领域的具体合作。推动文化和旅游产业通过以资本为发展纽带，跨产业整合两者资源，实现文化和旅游的优势互补、强强联合，进而培育出一批覆盖文化传承、旅游经营、休闲娱乐等领域齐发展的综合性

---

❶ 文旅融合进入深化期 高质量发展引领前进步伐［EB/OL］.（2021-08-07）［2022-02-22］. 中国青年网. http://tour.youth.cn/xw/202108/t20210807_13156637.htm.

❷ 文旅融合进入深化期 高质量发展引领前进步伐［EB/OL］.（2021-08-07）［2022-02-22］. 中国青年网. http://tour.youth.cn/xw/202108/t20210807_13156637.htm.

文旅产业链。积极引导国内大型文化企业发展文旅融合产业，支持开发文旅产品，培育文化旅游一体化发展，为培育一批具有较强竞争力的大型文旅产业奠定发展基础。积极开发中小型文旅企业，扶持文旅“专业企业”，着力提升中小型文旅企业的品牌发展，丰富企业文化内涵，提升品牌质量，促进价值提高，增强核心发展力。

二是拓展文旅融合空间。积极促进文化和旅游融合发展地区加快基础设施配套建设，完善文旅融合发展区域功能，建造特色鲜明的文旅融合发展核心区或集聚区，集中打造一批文化创意园、文化博物馆，引导各地文旅企业、文旅项目和文化特色产业向园区汇聚，推动文化旅游产业空间聚集和融合发展。此外，特色文化产业园区还可以建造一批文旅特色小镇，比如传统文化古街、文化主题公园等，充实文化和旅游两者融合的文化内涵，提升价值品质，丰富游客的文化娱乐活动，加大文旅创意产品的开发，建设有地域特色的文旅融合发展体系，丰富文旅产业的感染力，增强文旅融合体验感。

三是丰富文旅融合载体。对于文化和旅游的融合发展的载体丰富，需要尊重两者的历史、文化、个性，在此基础上进行文旅载体的发展创新。可以因地制宜地采用一些具有美感、有吸引力的景观塑造、博物馆珍贵藏品展示、多维立体展示屏、文化活动体验、3D智能化文化情景再现、文化主题集聚地打造、文旅产品展览馆等多种方式，丰富文旅融合载体。推动文化回归和文旅融合，增强文化旅游魅力，促进优秀文化传承、本土特色塑造和文旅产业发展。[1]

（三）打造“村庄+企业”型党组织，助力文旅融合模式创新

（1）加大农村社区与“两新”组织、农业新型经营主体等新业态、新领域党组织融合共建力度，建立“村庄+企业（农业市场、合作社）”型党组织，有效推动党组织的组织优势、政策优势与企业的信息优势、资源优势、市场优势充分整合，推动各类资源共享、多业融合，夯实休闲农业与乡村旅游的产业基础。因地制宜赋能“休闲农业+”，推动乡村休闲旅游与农业产业交叉融合、互促互融。一是打造美丽乡村。深化“千万工程”，大力推进农村“三大革命”，实现美丽乡村建设全覆盖，打造县域大景区。二是厚植文化底蕴。注重农耕文明、田园风光、村落建筑、乡村生活等乡土元素保护，强化经营文化理念，建立村落文化博物馆，丰富乡村休闲旅游的内涵和人文体验。三是强化产业融合。依托农业产业资源和山水自然资源，延伸乡村旅游产业链，大力发展涵盖研学旅行、农事体验等分享经济、体验经济，唱响“春赏花、夏嬉鱼、

---

[1] 文化和旅游的深度融合与协同发展［EB/OL］.（2019-01-07）［2022-02-22］. 搜狐网. http://yuchang-guo.blog.sohu.com/326756956.html.

秋品果、冬食笋”的休闲农业四季歌。[1]

（2）构建“跨村联建”特色组织模式。在新的发展时期，要在国家政策指导下，农村基层党建工作需进一步提升发展质量，在上下联动管理的基础上，推进“跨村联建”组织模式的建设。其一，农村基层党建应充分重视“跨村联建”工作的开展，加大资金投入，提高参与度，完善各村联系的基础设施建设。其二，在开展基层党建的工作中，要加强对“跨村联建”的教育宣传工作，使得基层党建干部及其工作人员能够充分认识理解其作用，并主动支持并带动各级工作人员进行工作开展。其三，在不断落实“跨村联建”模式的工作中，一方面要深化党政建设在基层的作用，另一方面要促进联建在文旅经济发展中的应用，不断融合各村文化特色，发展联合村庄文旅建设，通过多方发展，促进资源的循环充分利用，促进农村地区文旅融合充分、全面的发展。通过“跨村联建”，引入特色文旅业态。并将地道的村落美食、绚烂的文化艺术、多彩的乡野度假、时尚的返乡创业融入。

（3）规范“跨村联建”应用过程管理。按照“分步实施、面上发动、以点带面、打造样板”的思路，紧扣经济社会发展，主抓乡村文化旅游和民宿项目建设，加快推进产业布局、项目创新和文旅融合。并通过以点带面，发展乡创振兴示范区，促进乡村文旅发展和品牌传播，实现城乡共赢、区域共赢的目标。通过品牌集群助推乡村振兴，联动周边片区，发展文化旅游融合。[2]

二、加强基层“头雁”队伍建设，触发文旅融合新动力

（一）强化党组织引领，坚持文旅融合标准化建设

乡村振兴，组织振兴是根本保障。党的全部力量来自组织，基层党组织是实施乡村振兴战略的“主心骨”，是农村各个组织和各项工作的领导核心，必须进一步筑牢党在农村的坚强战斗堡垒，着力实现以组织振兴推动乡村振兴。

在文化和旅游的融合发展过程中，需要不断去健全相关的体制机制，为文旅的深度融合及创新发展提供较为完善的制度保障。对于这方面的工作，基层党建组织需要做到不断强化政策法规引领，研究制定可用、可行的扶持举措，尤其要在人才、资金等资源上出真招实招，为文化和旅游的融合发展保驾护航。此外，需要充分了解“十四五”时期经济社会发展规划编制，将文化和旅游融合发展纳入相关的发展规划当中，积极出谋划策，搭建文旅融合发展平台和载体，营造良好的融合发展环境，让一切有

---

[1] 乡村振兴　示范样板：11 个优秀案例赏析［EB/OL］.（2021-08-23）［2022-02-22］. 搜狐网. https://www.sohu.com/a/485178109_121106832.

[2] 熊茉莉，李政. 组织振兴视野下农村基层党建创新路径［J］. 农村经济与科技，2021，32（8）：257-259.

利于文化和旅游融合发展的创新元素不断涌现。

一是加强战斗堡垒。“农村富不富，关键看支部。”比如，近年来安徽省铜陵市牢固树立一切工作到支部的鲜明导向，以标准化建设为重要抓手，围绕“五规范三满意”目标要求，已完成 286 个农村基层党组织标准化建设任务，累计达标率 77.71%，新华社专题报道该市义安区老洲乡国标委的试点做法。同时，突出问题导向，每年指导县区按照 5%～10% 的比例，倒排确定一批软弱涣散村党组织，坚持“一村一策”，建立整顿方案，通过结对帮扶、包保整改等方式，分类开展整顿，实现农村基层党组织全面进步、全面过硬。❶

二是锻造头雁队伍。村看村，户看户，党员看干部。实践证明，选好一个人，就能带好一班人、建好一个村。2018 年，安徽铜陵市的村镇抓住村“两委”换届契机，着眼于全面实施乡村振兴等重大战略，坚持把政治标准放在首位，选优配强村“两委”班子特别是村党组织书记，大力培养一批能带富、善治理的村级组织带头人。换届后，村“两委”班子成员中 35 岁以下 412 人，比换届前增加 277 人；大专及以上学历 1061 人，比换届前增加 354 人。推进“强培训、遍走访、亮承诺、抓落实、树典型”活动，市县乡分级开展村“两委”干部全覆盖式轮训工作，帮助他们解放思想、开阔视野、提升能力。

三是发挥核心作用。始终坚持农村基层党组织领导核心地位，形成相关组织各展其长、分工协作的工作格局。切实发挥政治核心功能，有效动员和组织各类非公企业、社会组织、经济组织，在市场机制作用下共建共享乡村振兴。在安徽铜陵市义安区推行村干部专职化管理，配套制定实施基本报酬定期调整、绩效考核、问责监督“1+3”实施意见，健全集基本保障、考评管理、问责监督于一体的激励约束体系；在郊区试点村级小微权力清单管理模式，按照“一张清单确权、一套流程规范、一项机制保障”的总体思路，梳理制定村级工作流程 35 项。同时，把开展扫黑除恶专项斗争同农村基层组织建设结合起来，深入开展整治村霸、“蝇贪”等专项斗争，净化农村基层政治生态。❷

（二）配强基层干部队伍，提升文旅融合发展水平

（1）加强农村基层党组织制度建设。基层党组织制度建设是提升文旅融合发展的关键因素，这就要求农村基层党组织不断充分发挥战斗堡垒和先锋模范作用。而协同

---

❶ 安徽铜陵：推动组织振兴 激发乡村振兴“新动能”［EB/OL］.（2019-01-04）［2022-02-19］. 中国共产党新闻网. http://dangjian.people.com.cn/n1/2019/0104/c117092-30503851.html.

❷ 安徽铜陵：推动组织振兴 激发乡村振兴“新动能”［EB/OL］.（2019-01-04）［2022-02-19］. 中国共产党新闻网. http://dangjian.people.com.cn/n1/2019/0104/c117092-30503851.html.

治理是一个强调政府、社会团体和公民之间基于共同利益的交流与合作的过程，通过协同治理的方式去配齐、配强基层干部队伍，提出一种各级干部合作发展的创新途径，结合地方区域特色，不断加强农村基层党组织的制度建设。其一，在外部环境方面，不断加强宣传工作，优化参与机制，重点加强政策宣传，凝聚基层干部工作重心。其二，要不断提高基层干部工作的透明度，增强干部与村民之间的相互信任感，地方政府也应尽快完善组织动员机制，为农村文旅融合发展提供信息服务和业务指导。其三，基层干部队伍必须加强能力建设，提高服务水平。要加强基层干部的教育培训，可以通过具体的培训课堂、观看宣传片等方式进行。广大基层干部必须建立正确的价值观念，并且加入适当的评估机制可以增强促进文旅融合工作的责任感和主动性。

（2）不断凸显基层党组织的领导地位。基层党组织作为政治领导，能够在开展工作过程中起到很好的指挥与领导作用，使得文旅融合工作更顺利地开展。在倡导实施乡村振兴战略的背景下，做到突出党组织的重要作用需要重视以下措施：一方面，党组织应积极发挥作用，让各级基层干部了解其在乡村振兴中的重要位置，并通过村委会、党支部等组织协调各方工作，实现政治、经济、文化、社会治理的有机结合；另一方面，在针对村级重大事项的处理工作中，应充分发挥党组织的领导作用，让党组织与基层干部共同面对问题，两方协同开展文旅融合工作。

（3）发挥基层党支部书记作用。基层党组织是我国党建工作开展的前沿阵地，同时也是党全部工作和战斗力形成的基础。基层党组织的活动开展离不开党支部书记的组织和引导，在开展农村基层党建工作过程中，也应充分发挥党支部书记的指导作用，跟着党走。发挥党支部书记的指导作用，首先要做到充分认识并强化自身的角色定位，正确发挥统筹全局、负全责的作用，不断加强自身先进性、纯洁性建设，以身作则；其次，要有坚定信念，坚持走中国特色社会主义治理道路，同时坚持正确的思想领导，明确政治意识，提升党支部书记自身思想道德品质；最后，党支部书记的工作开展还应注重创新，一方面要做到吸纳创新治理人才，为基层工作注入新生活力；另一方面要做到以人民为主，关怀人民群众，与群众一起建设美丽中国。[1]

（三）积极培育新乡贤，激活文旅融合内生发展力

新乡贤是指在新时代背景下，有资财、有知识、有道德、有情怀，能影响农村政治、经济、社会、生态并愿意为之做出贡献的贤能人士。[2] 当下，大力发展农村经济，为新乡贤的发展提供了广泛的发展空间，一方面主要体现在不断完善乡村基础设施建

---

[1] 熊茉莉，李政．组织振兴视野下农村基层党建创新路径［J］．农村经济与科技，2021，32（8）：257-259.

[2] 张新文，张国磊．社会主要矛盾转化、乡村治理转型与乡村振兴［J］．西北农林科技大学学报（社会科学版），2018，18（3）：63-71.

设和更为有力的政策支持，为新乡贤的发展提供了物质与政治条件；另一方面，在发展经济的同时农村自治水平也需要不断改善，因而新乡贤的存在能够很好地协助实现这一目标。新乡贤作为治理的一种非正式力量，从城市下乡到乡村，其不仅具备了充分的治理知识，也掌握许多技术手段，能够将理论与实践相结合，充分应用于解决农村矛盾、促进农村治理、发展农村经济、激活农民参与积极性。大力培育新乡贤，是时代所需，也是必要的发展手段，新乡贤的存在能够在一定程度上实现农村治理的优化，突破治理困境，更能够带动农民发展文旅融合，激活内生发展力，创新融合发展路径。

选优配强第一书记，提升外生力量治理水平。为提升农村治理水平，强化农村基层组织建设，解决农村乡村的一些突出问题，需要考核、选派机关优秀干部到村担任第一书记工作，承担起相应治理责任。因此，为了保证第一书记能够充分发挥其效能，政府应给予第一书记合适的发挥空间，放权于第一书记，充分发挥第一书记的桥梁作用，使乡村治理与乡村振兴实现有效衔接，使得组织振兴能够在农村经济发展中充分发挥组织作用。[1]

组织振兴是乡村振兴战略实施的内在要求，组织振兴的内在发展对于开展农村党建工作有重要的支持作用。新时期，各农村基层党组织干部都有义务充分认识到党建工作实现创新的必要性，进而积极解决、处理应对当前发展中存在的棘手问题，从坚持党的领导、创新党建工作、发展经济三个方面进行治理创新。基层党组织的创新工作，要能够引领村民认识到创新的重要性，认识到有很多方法能够实现经济的发展，认可文化和旅游的融合，支持文旅融合，进而齐心协力发展农村经济，促进农村地区激发内生动力，以实现可持续发展。

三、提升组织“引领力”，创新文旅产业融合

（一）组织激发内生动力，促进文旅多元融合

近年来，国内各地区正在经历重大的社会经济变化，需要通过创新去发展地区经济，而在政策的倡导下，文化和旅游越来越多地被用作地方发展的工具，通过文旅融合去实现区域经济发展成为重要手段。在此发展前景下，利用“文化+、旅游+”，找准二者融合的关键点，推动区域文化和旅游的深度融合，打造兼具文化特色和旅游魅力的文旅产业，形成融合发展的新业态是各地经济发展的主要目标。文旅的融合发展涉及许多利益相关者，包括政府、当地社区、私人投资者、服务提供者和游客，因此

[1] 于忠珍．组织振兴引领乡村治理转型的实践路径探析：基于社会主要矛盾转化的视角［J］．中共济南市委党校学报，2019（5）：77-81.

二者的融合需要考虑许多方面，必须根据地域特色进行融合，即在充满红色文化的地区推广红色旅游；在文化遗产分布较广的区域发展文化遗产旅游；在戏曲文化突出的地区发展旅游演艺园区等，都是实现文旅融合的多元路径。此外，还需要注重在文旅融合发展方面更加强调社区参与，依托当地特色的文化资源，发展文化旅游的新型模式，推进像长城、黄河、长江等国家文化公园的建设，创立一批主题鲜明、体验感丰富、文旅元素充分融合的特色旅游区，实现文旅融合发展，促进区域经济提升。此外，还需要加大对文化资源和旅游资源的充分发掘，开发一批精品规划的文旅融合线路和项目，提高宣传力度，丰富文旅融合内容及产品。然而，从长远来看，文旅融合并不总是最有利或最明智地利用自然或文化设施和资源的方式。例如，“可持续”文旅产业对原始农村社区来说可能是不可持续和不平等的过程。所以在开发文化和旅游资源的过程中，必须加强保护，制定完备的文旅资源保护方案，推动有条件的地方建设文化博物馆，将珍贵文物古迹进行珍藏展览，利用科技手段提高展阅水平。❶

“文化+乡村元素”，形成特色文旅发展模式。在现代社会，许多城市人口在闲暇时光总喜欢到乡间去体验田间生活，因而乡村的农产品则成为重要资源。在此基础上，可以通过开展乡村文化艺术节，来开发农村田间文化，促进农村经济发展。一个成功案例是浙江省乌镇的横港村，其充分利用乡村所富有的文化艺术，将乡野田间进行空间上的全面改造，把 40 多亩田地、荒地改造成了有花海、果树、蔬菜、神秘花园以及农耕体验区，这几个区域组成了油画般美丽的莫奈花园，在已有的农耕体验基础之上加入文化教育、艺术手工等活动，为文化艺术节增添了不一样的风采以及文化情调。这种形式的乡村文化艺术节，在一定程度上带动了当地乡村经济的发展，解决了一部分人口的就业问题，同时实现了文化和旅游的充分融合。除此之外，横港村还抓住了亲子教育市场的机遇，打造了专门亲子文化体验区、亲子游乐场所等活动地点，更为有吸引力。横港村在特殊节日，还会开展乡村音乐节、乡村农事体验活动，从不同方面大力宣传本土乡村文化。经过不断的实践与努力，横港村已经拥有了本土特色的“艺术+亲子教育、艺术+文创、艺术+院子、艺术+花园、艺术+农业”五位一体的文旅发展模式，很大程度丰富了横港村的文化旅游活动内容，实现了文化艺术与美丽乡村建设的完美融合，是非常成功可供各地发展文旅融合的经典案例。❷

（二）党建组织引领创新文旅产业发展路径

习近平总书记关于文化和旅游融合发展的重要论述，深刻阐述了文化和旅游的相

❶ 推动文化和旅游融合发展［EB/OL］.（2020-12-14）［2022-02-19］. 求是网. http://www.qstheory.cn/qshyjx/2020-12/14/c_1126856098.htm.

❷ 乡村文旅融合的典型案例与推进策略［EB/OL］.（2019-09-03）［2022-02-22］. 搜狐网. https://www.sohu.com/a/338331099_788200.

互促进作用。文化和旅游实现融合发展，更需要充分发挥文化和旅游各自的优势，促成正向的化学反应，形成促进经济发展的有用动能，在文化和旅游两者相辅相成的发展过程中，提高区域发展质量和效益。同时，借助文化和旅游融合发展的创新改革机制，提高资源整合水平，实现资源的优化，规范经济发展环境，通过改革机制的创新为新型产业发展提供向上动力。在文旅融合的后续发展过程中，将两者作为供给侧结构性改革主线，促进产业加快转型升级，以实现文化和旅游融合的方式创新、理念创新、模式创新、发展创新，以形成更高质量、更有效率的可持续文旅融合发展。❶

（1）“党建+激励机制”，把好正确政治方向。一是党性教育。把理想信念作为党员干部教育、入党积极分子培训和各类党员干部培训的必修课。必须增强各级党员干部党性认识，坚定理想信念。二是落实制度。严肃规范“三会一课”和组织生活会制度，加强基层党支部标准化和规范化建设。严格对照标准，定期对党组织建设情况、党员干部个人表现情况进行评估，使党建工作由“软任务”变成“硬指标”，为文旅发展筑牢战斗堡垒。

（2）“党建+服务支撑”，力促文旅产业提档升级。坚持把产业发展提质增效作为检验服务支撑的核心标准，充分发挥党支部、党员干部作用，指导帮助文旅企业、景区等文旅产业项目提档升级。一是主动作为，加强政策指导和服务。持续开展促进文化旅游产业发展扶持工作，面向重点文旅企业开展政策宣讲。二是四送一服，畅通政企互动渠道。走访重点包保企业及文创企业、规上企业；会同经济部门摸排企业情况，建立数字创意产业工作群，提升沟通交流效率；就项目推进、资金人才需求等工作开展走访工作，宣传人才、产业、旅游政策。三是对接项目，提升招商引资质量。按照省、市要求开展“双招双引”专项工作，摸底辖区数字创意企业，建立数字创意产业信息库和项目库；跟踪服务文创园等项目。四是深挖资源，打造精品化旅游项目。开展春节“免费游”活动、定制踏青赏花路线、打造“五一”精品旅游路线，对各地旅游资源进行挖掘。

（3）“党建+品牌引领”，持续提升文化服务效能。坚持将“文化惠民”党建品牌创建融入文旅工作的各个环节，推动党建和业务互融共促。一是整合文化资源，拓展公共文化服务空间，筹建文艺家志愿服务库。推进文艺家志愿服务库建设为主线，以构建文艺家志愿服务体系与推动全民文化艺术普及为抓手，团结凝聚广大文艺工作者，把优秀作品和精彩演出送到居民身边，推动文艺资源整合下沉。二是结合各种重大主题和重要节庆日，开展形式多样的送文化进基层活动，组织开展“书画名家义务送春

❶ 推动文化和旅游融合发展［EB/OL］.（2020-12-14）［2022-02-19］. 求是网. http://www.qstheory.cn/qshyjx/2020-12/14/c_1126856098.htm.

联”“文化进万家·云上过大年”“学党史 颂党恩 跟党走”党史学习教育书画作品公益义卖文化惠民等活动。三是推动文艺精品创作。文旅局着力引导、深入培训、精心组织群众文艺骨干创作、演出文艺精品，让广大群众充分展现自我风采，展示公共文化软实力。[1]

（4）“党建+非遗”，培育乡村经济发展新动力。各地文旅局需深挖文化传承人以及非遗项目，开展非遗文化传播与宣传。引导成立文化合作社，合作社不断摸索弘扬非遗文化的新途径，将分布零散、边缘化的民间文艺团队和文化资源进行整合。汇集草根文化名人、能人，打造文化产业、文化产品、文化活动、文化服务四位一体的民间文化产业品牌，进一步实现非遗文化拉动乡村经济增长的重要价值。[2]

（三）基层党组织搭建村企沟通平台，鼓动优质文旅资源特色发展

创新发展路径。搭建“党组织+文旅企业+农村合作社”运营模式，整合文化、旅游、农村资源，通过更广阔的市场发掘特色资源，充分利用市场化手段吸引人才、资本、技术下乡，扩大农村经济管理模式，提升农村经济发展水平，增强农村利用资源的能力水平，实现多方的互利共赢。强化力量支撑。选派有能力的干部代表，作为领头人，深入了解农村问题、文旅融合存在的难题，统筹乡村工作队、新乡贤等人才队伍资源，共同搭建农村与企业的互动沟通平台，努力解决短板问题，促进乡村人才的发展，推动乡村文旅资源的大力开发，促进城乡融合，实现乡村经济的特色发展，建立融合化经济发展体系。根据地方经济发展的不同优势，秉承“两区共建”的发展思路，统筹各区的旅游特色和文化优势，推动实现社区和产业园区建设的同步规划、一体发展。坚持党建引领，坚持在党组织的领导下推动文旅产业发展、推动集体经济工作开展，并依靠群众力量，推广文旅融合，整合文旅资源，发展区域特色文旅经济。[3]

凸显地域特色。创新培育“红色旅游”，扩大乡村振兴示范影响力。各地可以在原有休闲观光农业游和湿地生态乡村游主题基础上，突出党建引领，深度挖掘红色记忆收藏馆、知青故居、兵地书画院、村史馆等红色资源，打造以“重温知青岁月、传承红色记忆”为主题的红色教育党建品牌。党支部依托文化阵地，加强农牧民党员教育培训基地建设，鼓动优质文旅资源特色发展。

---

[1] 以“党建+”为引领 推动文旅事业高质量发展［EB/OL］.（2021-08-13）［2022-02-22］. 瑶海区文化和旅游局. http://www.hfyaohai.gov.cn/zwdt/bmdt/11149089.html.

[2] 以党建引领推动文旅事业高质量发展［EB/OL］.（2021-09-13）［2022-02-22］. 河南日报网. https://www.henandaily.cn/content/2021/0913/321032.html.

[3] 于忠珍. 组织振兴引领乡村治理转型的实践路径探析：基于社会主要矛盾转化的视角［J］. 中共济南市委党校学报，2019（5）：77-81.

四、发展组织振兴力量，驱动文旅融合新度量

（一）组织振兴发掘乡村文化资源，增加乡村文旅融合厚度

文化是乡村文旅融合的灵魂，因此要在保护传统文化的基础上，做好文化的挖掘与开发工作。

（1）充分挖掘乡村传统文化要素。不同地方拥有着不同的乡风民俗、地形地貌、文物古迹、民间故事、名人传记、秀丽风光、特色服饰、饮食文化等，都是可以进行大力发掘的乡村资源，实现文旅融合可以将这些珍贵文化资源进行整合，形成独具一格、富有古韵的乡村文旅体系。

（2）重视优秀乡村文化的传承。一方面需要对传统意义上的乡村文化进行有现实价值的解读，赋予乡村文化更具现代人理解的内涵，更好地引起游客共鸣。另一方面要丰富宣传手段，加大宣传力度，提高乡村文旅相关景区的知名度，吸引外来游客，发展经济，同时还要注重对传统文化手艺的传承，培养合适的传承人，让优秀文化能够长存。

（3）提高乡村文化的旅游化开发程度。可以利用已有场所，将其开发成乡村文化讲堂，对本地特色文化进行详细讲解，培养乡村文化解说员；还可以通过开展乡村风俗节庆、乡村音乐节、乡村文旅产品展览等宣传形式提升乡村文化可视度[1]。

（二）组织振兴协助优化文旅产品结构，加深乡村文旅融合深度

开发文旅产品是促进乡村文旅融合的重要载体，进行产品开发需要不断强化乡村文旅产业链建设，不断完善乡村文旅发展体系。

（1）做精乡村文旅融合基础产品。文化元素是区分一个文旅产品好坏的重要因素，因而在开发文旅产品的过程中要增强文化在一些基础旅游产品中的渗透力度，产品的开发设计要尽量保持文化元素的原汁原味；对于乡村文旅景观的设计与改造，也需要保留原本的文化元素，并通过墙体绘画等方式进行展览，使得文化真正深入旅游景观。

（2）做优文旅融合衍生产品。一是文旅产品的开发不仅要美观更要具有实用性、可观赏性，才能促进消费，满足游客的现实需求；二是文旅产品的制作水平要有保证，确保所生产出的文旅产品都是精品，保证产品质量的稳定性，打造良好的产品口碑；三是在产品的创新设计方面可以多与相关企业或艺术院校进行合作，这样既

[1] 乡村文旅融合的典型案例与推进策略［EB/OL］.（2019-09-03）［2022-02-22］. 搜狐网. https://www.sohu.com/a/338331099_788200.

能够在现代化基础上保留文化的本真，又能丰富文旅产品类型，实现文旅融合的可持续发展。

（3）提高文旅体验产品比重。能够让游客有丰富的体验感，是开发文旅产品的重要基础，因而在开发产品的过程中要十分注重顾客的参与度，在原有文旅项目上，多多开设手工制作等体验性项目，优化产品供给结构。[1]

（三）组织振兴创新文旅营销方式，扩展乡村文旅融合广度

好的文旅营销宣传方式是推广文旅融合已有成果的主要手段，这就要求宣传者要充分了解实际情况，制定贴切的营销方式，以提升乡村文旅产品知名度。

（1）转变乡村营销方式。一是改变传统的营销宣传方式，结合现代网络技术宣传，以文化特色为宣传导向，利用网络媒体等平台进行宣传，打造文旅产品爆款，提升知名度；二是要与可靠的媒体宣传平台合作，培养稳定的粉丝群体，通过粉丝带动文旅营销，节省成本；三是可通过政策支持，借助展览会议、研学、综艺录制等活动形式，创新营销方式，推进乡村文旅经济融合发展。

（2）重视乡村文旅 IP 营销。各地通过举行文旅产品创意设计大赛，面向社会各层面征集设计主题 IP 的不同开展形式，将可视化的文旅 IP 通过网络新媒体进行宣传。

（3）打造乡村文旅营销平台。通过整合不同省市的乡村文旅线路信息，以各省市为单位建立集信息、住宿、预约等功能于一体的综合文化旅游宣传平台，提高乡村的信息水平，从而解决宣传难题，提升游客量，实现乡村经济的提高[2]。

践行国家“放管服”改革政策，不断优化市场营商环境，促进各类文化旅游资源的合理、有效的融合，积极培育文旅市场主体，提升文旅产业市场竞争力。鼓励支持文化机构与旅游企业实现合作，推动形成一批以文化和旅游融合为主进行发展的潜力企业。加强文旅市场监管，提高对文旅新业态、新群体的引导和管理，建设规范的信用管理体系，加强行业标准建设，营造正确的文旅融合行业风气。文旅融合发展，要注重社会效益，弘扬中国特色社会主义核心价值观，加强文旅融合项目开发的规范管理，确保文旅市场是积极、富有正能量的。

整合国内外及港澳台的文旅资源，积极沟通交流，充分发挥两岸文旅资源优势，用好多边交流机制，统筹安排“美丽中国”等文化交流活动，促进旅游经济发展，同步推进文化旅游融合。综合文旅优势，推出更多精美、实用的文旅产品并走向海外市

---

[1] 乡村文旅融合的典型案例与推进策略［EB/OL］.（2019-09-03）［2022-02-22］. 搜狐网. https://www.sohu.com/a/338331099_788200.

[2] 乡村文旅融合的典型案例与推进策略［EB/OL］.（2019-09-03）［2022-02-22］. 搜狐网. https://www.sohu.com/a/338331099_788200.

场，把具有中国传统文化精神的文旅产品推进主流市场，将中国文化向世界宣扬，讲好中国故事。了解不同风俗习惯，满足游客真实需求，设计有针对性的文化旅游线路和产品，全面、立体展示热情好客的中国。倡导文明旅游，引导游客入乡随俗，尊重当地风俗习惯，使亿万游客成为中国形象体现者、中国故事讲述者和中华文明传播者。❶

（四）组织振兴构建共建共享发展机制，增强文旅融合强度

共建共享的发展机制是乡村文旅融合的保障，乡村发展需要各界力量的支持，通过共同建造美丽乡村，共享发展成果，促进乡村文旅融合，实现乡村振兴。

（1）创新合作参与机制。参与是必需的，要鼓舞乡村农民积极参与文旅融合，完善参与机制，给予物质与精神支持，充分发挥农民的主动创造性，使得农民以土地、手艺、技术等积极入股乡村文旅项目；优化乡村与外部文旅企业的对接机制，成立文旅项目对接小组，公开乡村文旅项目信息，以特色项目促进内外部合作，进而增强文化旅游的融合强度，实现乡村经济快速增长。

（2）优化资金引进机制。有完备的资金储蓄，能够支持文旅项目的持续发展，因此相关部门必须在国家政策引领下，不断优化文旅项目扶持政策，加大补助力度，成立文旅项目发展基金，鼓励社会企业家积极投资。

（3）明确收益分享机制。发展成果实现共享，要制定合理的合作方式，明确利益分享形式，落实合同制度，确保各方利益不会受损；推行“基础收入+股份红利”的收入机制，使得农民参与既有稳定的文化旅游项目收入，又有额外的项目分红，提高参与积极性。❷

对于文化和旅游的融合发展，需要做到协同推进公共文化资源和旅游服务共同发展，形成宜居宜游宜业的服务体系。统筹完善公共服务基础设施建设，改造文旅综合服务设施，提高公共服务水平和普适性。规划建设各项公共服务机构功能，在推进文化旅游融合发展进程中，丰富旅游文化内涵，彰显中国文化特色、呈现中华元素。实现文化和旅游惠民工程相结合，促进融合发展机制创新，实现城乡经济的良好发展，助推乡村振兴。推动网络自媒体服务进入文旅规划，完善文化服务设施建设，构建游客体验感丰富、文化共享、旅游满足的文旅融合新空间。❸

---

❶ 推动文化和旅游融合发展［EB/OL］.（2020-12-14）［2022-02-19］. 求是网. http://www.qstheory.cn/qshyjx/2020-12/14/c_1126856098.htm.

❷ 乡村文旅融合的典型案例与推进策略［EB/OL］.（2019-09-03）［2022-02-22］. 搜狐网. https://www.sohu.com/a/338331099_788200.

❸ 推动文化和旅游融合发展［EB/OL］.（2020-12-14）［2022-02-19］. 求是网. http://www.qstheory.cn/qshyjx/2020-12/14/c_1126856098.htm.

将文化元素充分地融入旅游发展中，可以赋予旅游更深层次的含义，激发出文化元素、旅游元素各自独特的魅力，两者相融，焕发新生活力。首先，文化旅游的融合发展有利于旅游物理空间的形成，将特色文化融入不同的旅游景区，可以赋予旅游更高的现实价值，提高文化资源的可视化，促进文化传承，同时促进旅游经济的向上发展。其次，将文化融入旅游，有利于形成文明旅游空间，通过融入文化，宣扬中华传统美德，使得游客能在游玩过程中，提高文化内涵，促进文明风气的形成。最后，文旅融合有利于形成充满活力的旅游经济发展空间，文化不仅仅只是融入城市，更要渗透到乡村，通过文旅融合去盘活乡村丰富的文化资源，创造新的文旅规划项目，打造有特色的乡村文旅发展体系，带动农村人民发展经济，扩大乡村经济发展产业链，为推动乡村振兴战略发展进程贡献力量。

个案篇

一、文旅融合与基层党组织互动

（一）云南西双版纳州：党建引领促振兴，文旅融合建设

在中国特色社会主义建设的一个关键阶段，农村建设在不断地发展，同时新农村振兴战略为其指明了明确的方向，这些都是建设“中国梦”，实现中华民族伟大复兴的重要组成部分。近年来，云南省西双版纳州认真贯彻落实中央、省委决策部署，通过抓党建促强边固防、促乡村振兴、促基层治理，持续强化边疆党建长廊建设，筑起了一道“组织强、边民富、边防固、边疆兴、边关美”的千里边境线。

在西双版纳州中，城子村由于得天独厚的地理位置起到了良好示范作用。城子村辖 13 个村民小组，922 户 4429 人，村党总支下设立了 11 个党支部 96 名党员。近年来，城子村坚持党建引领振兴，通过强组织、抓发展、抓示范推动千年古寨旧貌换新颜，2020 年被评为“云南省美丽村庄”，正一步一步朝着“西双版纳民俗旅游村”方向迈进。曾经的城子村基层组织的凝聚力以及号召力都十分微弱，但是自从实施了组织振兴并且积极与文旅相融合之后，城子村便逐步实现从组织软弱涣散到全面进步、全面过硬的华丽蜕变。其中的党组织做了不少利于村庄发展的工作。

1. *积极发挥基层党组织作用*

近年来，学习贯彻习近平新时代中国特色社会主义思想始终是城子村的首要政治

任务，并且城子村积极引导各位党员干部学深悟透、真学真用党的创新理论。认真落实“三会一课”制度，深入开展各类学习教育活动，切实提高农村党员的思想认识、理论水平和业务能力，确保11个农村党支部的战斗堡垒作用能够充分发挥。除了学习之外，城子村党支部注重发挥党组织的战斗堡垒和党员先锋模范作用。组织牵头全覆盖完成修订村规民约、制定村训，将打击违法犯罪、严禁破坏生态环境、禁止秸秆焚烧等纳入村规民约，推行“党员+N”村组网格化治理模式，实行无职党员设岗定责，村里的大事小事，处处组织牵头管、事事党员示范干。

2. 勇于打造领头雁队伍

城子村为了能够在用人方面有更加充分的选择，就以村“两委”换届为契机，注重从本村的致富能手、本乡本土大学毕业生、复员退伍军人等群体和其他优秀分子中选拔人选，并且进行了一次深刻的座谈会，就此次座谈会的目的达成一致，由此打造了一支“思想过硬、能力过硬、作风过硬”的“带头人”队伍。

3. 奋力带动群团组织

城子村发挥以党建带领群建的优良作用，通过党支部引领、群团合力，带动群众迅速行动起来，拆违建、清垃圾，建花池、修菜园，做家务、美庭院，以实际行动建设美丽宜居家园，为文旅融合打下了坚实的基础。

4. 充分落实制度机制

城子村通过多方联动共同建设美丽乡村，构建有人领、有人管、有人跟、有人干的组织体系。县委成立领导小组、建立工作专班，驻镇指挥，推着乡镇干；镇里领着村子干，镇领导和机关站所人员到村内实行包村联组，列出项目，细化清单，开展培训，手把手地教授，实行问题清单销号；村里带着小组做，村“两委”成员分到每个村小组，带着党员发动群众，引领群众共同参与；把党建活力转化为兴村活力，拉近党群干群关系，形成群众心往一处想、劲往一处使的美丽乡村建设工作格局。

在过去，城子村的产业单一，集体经济薄弱，群众收入普遍较低，于是村党支部为了更好地实现文旅融合，积极探索“公司+农户”的方式。

1. 抓重点融合，发展集体经济

村党支部拿出30余亩集体土地进行试验，发展形成了“勐仑柚子”这一特色名片。同时按照“党建+文旅融合+特色产业”的发展思路，以婻捧凰（香发公主）传说进行文化赋值，每年组织参与全镇柚子节活动，促进柚子种植面积不断扩大。逐年下来，柚子产值、品牌效应正逐渐形成。

2. 抓园地共建，推动资源共享

城子村依托“罗梭江联合党建+”平台，借助植物园旅游资源优势，走融合发展的路子，打造民俗文化旅游村。由村里发动群众投工投劳完善基础设施、提升人居环境、挖掘特色文化，建设游客集散中心，探索乡村旅游、餐饮民宿、民俗特色互融互促，推出“醉香婻捧凰·柔情傣景仑”赶摆场，让群众销售自家的民族工艺品、特色农产品，吸引游客游园又游村，形成吃住行游购娱一体的旅游链条。

3. 抓技能培训，帮带群众致富

村党组织邀请县人社、文化、旅游、农业、科技等部门到村里，把课堂设在农户家，开展客栈经营、旅游接待、种养殖等培训，累计培训4200多名群众，切实做到了“授人以渔”，形成了促进农业增效、农民增收、农村发展活力增强的良好局面。目前，城子村在农家乐、客栈、商铺、游客购物点方面都有所新增，特色产品供不应求，群众年均增收都在逐年增加。[1]

（二）山西兴县蔡家崖乡：党建引领促发展，文旅融合惠民生

文旅融合发展是乡村振兴之路，党建引领是文旅融合之本，只有坚持党建引领，才能强化融合理念，从而达到资源上的共享与文化上的统筹，促进旅游业的发展，从而达到文旅间的互动互补、互促互利与融合发展。近年来，山西省兴县蔡家崖乡一直按照县委、县政府决策部署，坚持党建统领，推进文旅融合，全乡经济社会呈现出稳中有进、持续向好的发展态势。

1. 坚持党建引领

在提出和实施组织振兴的过程当中，对乡村的治理工作做出了新的要求，乡村治理的工作要想取得一个突破性的成果，这就要求乡村治理的主体必须具备较高的先进性。在乡村治理中，起到主导性作用的是农村基层党组织，因为它不仅是乡村治理中的关键，而且也是乡村治理中最直接、活跃的一股力量。一直以来，蔡家崖乡坚持把“党旗红、堡垒坚”作为鲜明导向，将强化农村党的建设、提升村级组织力放在首位，严格落实“三会一课”、民主生活会、民主评议党员和领导干部双重组织生活、讲党课等基本制度，不断丰富党内政治生活的内容，提高政治生活的吸引力和感染力。高质量完成村“两委”换届，选优配强村级班子队伍，抓好村级班子队伍教育管理，支持村级班子干事创业。

2. 发展文旅融合

蔡家崖乡曾是晋绥边区政府及晋绥军区司令部所在地，作为晋绥边区的政治、军

---

[1] 西双版纳州实施“三抓三促”强化千里边疆党建长廊［EB/OL］.（2018-12-20）［2022-02-19］. 西双版纳发布. https://m.thepaper.cn/baijiahao_14772996.

事、文化中心，蔡家崖乡也被誉为“小延安”。2021年来，蔡家崖乡以庆祝建党100周年为契机，推进和实施晋绥边区革命纪念馆周边综合提升。游客集散中心投入运营，西延工程、北坡互通、北山公路的建设使交通面貌焕然一新；实现了以晋绥边区革命纪念馆为核心的党性教育基地集聚融合与一体化管理，红色教育体验和党性教育效果得到全面提升。除此之外，蔡家崖乡深入挖掘红色文化和绿色生态优势，放大党性教育、红色教育品牌效应，不断优化发展环境，推动各项事业高质量发展。

蔡家崖乡为了实现富民强村和能够可持续发展，围绕特色农业和红色文旅为主导，在推动农、文、旅融合发展上精准发力、持续用力，探索出连片布局、抱团发展的蔡家崖乡发展路径，群众实现在家门口就能就业。依靠绿色为底色、红色为本色的独特资源优势，依托旅游集散中心等文旅项目、以五龙堂村生态农业区、胡家沟村绿色蔬菜基地、张家岔村有机肥厂、北坡集中连片小杂粮种植基地的建设形成规模与集聚效应，打造从田间到餐桌的现代农业全产业链条。保护性开发融合红色资源和乡村特色的“红色一条街”成为旅游打卡地，打造完善配套设施，吸引更多游客来到晋绥边区革命纪念馆参观学习、采风创作；全力推动县域快递物流集散中心的启动。真正实现了文旅融合惠民生。

一直以来，蔡家崖乡坚持扎实开展“我为群众办实事”的实践活动，梳理了群众急难愁盼的民生事项集中攻坚突破，深入推进国家卫生城市创建、美丽乡村示范村建设，不断提升群众的获得感、幸福感、安全感。蔡家崖乡将立足新发展阶段，贯彻新发展理念，坚持改革创新不懈怠，改善民生不减力。围绕“六保六稳”任务目标，守牢疫情防控、安全生产、护林防火等底线工作，推动经济社会和民生事业双提升，为宜业宜居宜游兴县建设贡献蔡家崖乡力量。❶

（三）广西临桂六塘：党建引领文旅融合，走出乡村振兴“新路子”

党的十九大报告中所做出的重要决策部署，其一就是要实施乡村振兴战略，这是决战全面建成小康社会、实现农业农村现代化的必由之路。乡村振兴离不开组织振兴，近年来，广西壮族自治区临桂区六塘镇坚持基层党组织、党员的战斗堡垒和先锋模范作用，引领文旅融合发展，逐步走出了乡村振兴的创新之路。一直以来，六塘镇全力推动党建+农文旅融合，通过“支部+经济合作组织+农户”，做大做强原种蔬菜、乡村旅游等，助力乡村振兴。

1. 抓强“党建+产业”

农村基层党组织作为组织振兴中的领导核心，在农村的众多事务展开时发挥着

---

❶ 兴县蔡家崖乡：党建引领 产业融合 助推乡村振兴［EB/OL］.（2018-12-20）［2022-02-19］. 搜狐网. https://www.sohu.com/a/517332192_253235.

“领头羊”的作用。基层党组织在农村经济建设这一方面上，能带领农民找到、找好适合这一片区发展的方向，促进农村生产方式的转变，带动农村经济的不断增长。六塘镇按照“党委引导+支部聚力+合作社运营”的模式，实现了原种蔬菜与京东农场、城区 4 个大型超市、机关食堂、企业的合作，提升了六塘原种蔬菜的品牌效益，带动农民增收，增加村集体收入。在此基础上，六塘镇扩宽销售渠道，线上引进京东农场，线下与力源等生鲜超市合作，多方位、多层次、全链条合作，全面拉动销售，让六塘蔬菜销售路子更宽、卖得更远。六塘镇充分坚持党建引领工作，一些党员干部依靠自己已经能够运用的知识技能，通过直播带货等不同的形式，也帮助农民解决这些蔬菜销售问题，这些形式对农村的组织振兴起到了良好的作用。

2. 把握文旅融合“新路子”

在党建引领的工作中，文旅融合既是新路子，也是“势在必行”的新发展空间。六塘镇立足开国上将李天佑故里、桂林市风貌提升精品示范点、位于“桂阳黄金旅游路线”等优势，重点打造了三条旅游线路。

首先是打造红色文化精品旅游线路，通过加大招商引资力度，加快李天佑革命烈士纪念馆和“远去的恐龙”项目建设，推进高陂寨红色文化教育基地建设，持续发展“柚子湾旅游小镇”项目，让红色资源变成红色经济。其次是打造精品乡村旅游线路，将岚岩、竹园里、莲花塘、大园里等高品质村庄连点成线，打造集乡村观光、农事体验、学习教育、餐饮住宿、休闲娱乐于一体的精品民宿旅游线路。最后是打造第三条古镇文化研学线路，保护好清真寺、湖南会馆、羊明古街等古迹，植入虾子龙巡演、麻布制作、斗鸡表演、草席制作等“非遗元素”。通过挖掘多元化的旅游产品，以点带面，串点成线，连线成片，实现古韵六塘点上有“精品”、线上有“风景”、面上有“形象”。

近年来，六塘镇不断地践行“两山”理论，持续改善农村人居环境，抓好镇区和农村污水处理、环境卫生、垃圾分类，推进“厕所革命”等，按照“宜业、宜居、宜乐、宜游”的标准，让六塘镇成为环境优美、功能完善、服务高效、生活便捷、就业充分的高品质宜居地。在接下来的工作中，六塘镇将全面提升全镇党建工作水平，加强党建品牌打造，建立全域党建思维，更好地推动党建与乡村振兴同频共振发展。[1]

（四）云南华宁县：党建聚力乡村振兴，文旅融合留住乡愁

冲麦村位于云南省华宁县宁州街道，是华宁县的西大门。冲麦村主要以种植烤烟、

---

[1] 临桂六塘：党建引领农文旅融合，走出乡村振兴“新路子”［EB/OL］.（2018-12-20）［2022-02-19］. 桂林日报. http://www.guilindj.gov.cn/WebSite/contents/248/64785.html.

蔬菜等经济作物和桃、葡萄、柿子、梨等经济果林为主。根据社会主要矛盾变化和形势发展需要，建立起一个基层党组织领导的、以农民合作组织以及农村集体经济组织为纽带的、村民自治组织为基础的农村级别的组织体系。首先，要做到把提高农村基层党组织建设质量放在一个更显著的位置，并且着重去解决党在建设领域方面的问题，突出村级中重中之重的工作，切实促进基层党组织的全面进步和完善，充分发挥村支部的战斗堡垒和党员的模范作用。其次，充分完善村级的协商制度，建立好各种自治组织，当政府监督不灵时，这些建立好的各类自治组织以及制定好的规定，切实鼓励农村的农民代表与人民群众、妇女议事等各种协商活动，最终能够形成多层次基层协商格局。

冲麦村始建于明代中叶，自然环境优美，彝族风情浓郁，传统建筑风貌保存完好，南方“丝绸之路”古驿道文化底蕴深厚，被纳入“中国传统村落名录”。在传统村落的保护与传承中，村党总支以“建强班子破难题、保护传统系乡愁、清洁家园焕生机、文旅融合增活力”为目标，按照古村复兴的要求，深化村庄设计，有机渐进改造，采取党员包户包片区抓提升，培育农村文化人才增底蕴的方式，有序推进古村落的开发和保护，全面激活了传统村落的生机和活力。❶

1. 强班子，优化结构聚合力

在冲麦村中，领导阶层里更注重选优配强村组干部，对不履职、不作为的村组干部及时进行调整撤换，深化村级“后备力量”培养选拔，支持想做事能做事的返乡人员加入村组干部队伍。通过换届，村组干部队伍的学历、年龄实现了一升一降，目前冲麦村组干部平均年龄 42 岁，有效提升了村组干部队伍的能力素质。村组干部队伍建设取得了积极成效，为乡村经济社会发展注入了强劲的动力。严格落实“三会一课”、支部主题党日等活动，定期召开党员群众会议、经常性入户走访，党群、干群关系更加密切，村党组织凝聚力、战斗力不断增强。冲麦村通过强化村干部，在党建引领的作用下，发展更进一步。

2. 争项目，保护传统系乡愁

“古建筑是一个时代的烙印，是传承给后人最宝贵的财富”。村党总支将传统村落保护工作作为工作重点，组织村组干部多次入户走访，向村民宣传古村落保护的意义，积极动员村民参与到传统村落的保护中。村党总支主动向上级有关部门汇报，尽力争取协调项目的资金，整合实施传统村落保护与发展规划、“四位一体”、财政一事一议等项目，围绕茶马古道恢复、古建筑修缮等工程，拆除传统村落中的临危建筑、改善

❶ 华宁县：党建聚力乡村振兴 文旅融合留住乡愁［EB/OL］.（2018-12-20）［2022-02-19］. 搜狐网. https://www.sohu.com/a/511316284_121106902.

现有古建筑居住条件，有效保护了关圣宫、陈家祠堂、李家祠堂等古建筑，修缮了传统村落核心区59户住宅，有效避免了传统村落衰败。

3．建机制，清洁家园焕生机

村党总支部组织全面开展“两污”治理、饮水安全、村寨亮化、绿化、厕所革命等工程，完成村内两污管网铺设，完善垃圾站、垃圾桶、氧化池、公厕等基础设施。严格落实对西沙映月等村内潭泉进行日常清洁保护专人负责制，挂牌保护“古树名木”。建立人居环境整治网格责任区，由支部党员采取包户包片区的管护方式，共同参与人居环境整治，建立村民门前“四包”责任制，完善支部主题党日+人居环境整治“520”联创工作，营造了党员示范带头，群众积极响应，全员参与农村人居环境整治的良好氛围。

4．创举措，文旅融合增活力

村党总支部坚持用优秀传统文化培育文明乡风、良好家风、淳朴民风，引领农村文化健康发展，挖掘和培养农村文化人才，让农村群众共享文化发展成果，满足广大村民精神文化需求。积极实现组织振兴促文旅融合，积极申报争取成为市文联“四个一”（一村一歌、一村一画、一村一故事、一村一视频）文艺创作活动村，拍摄反映冲麦村发展变迁的微电影《冲麦秘境》，举办党建+文化促乡村振兴暨乡愁文化创作活动，开展诗联采风创作和民间艺术表演等活动。利用自身独特的传统文化资源吸引知名作家、艺术家进驻冲麦村，打造文化振兴的作家、艺术家村。村党总支还积极争取与省内外知名文化旅游公司对接合作，通过优势互补，共同推进冲麦村文旅融合发展，打造以摄影、写生、创作为主的文化旅游经济项目，满足游客们多种消费需求，全面激发了传统村落的生机和活力。

二、文旅融合提升群众凝聚力

（一）苏州太仓双凤镇：心系群众办实事，农文旅融合促振兴

党和国家的一切工作和方针政策，都要以是否符合最广大人民群众的根本利益为最高衡量标准。因此，我们党来自于人民，植根于人民，更要服务于人民。在苏州的太仓双凤镇，在“我为群众办实事”的实践活动上下功夫，以为民初心，开发、建设、形成一批群众喜闻乐见的文创产品、文化载体和农文旅线路，以农文旅融合促进乡村振兴，最终实现组织振兴。

双凤镇建成百姓喜爱的“文创研发所”，深度挖掘文化元素，研发转化为文创产品，开发革命小故事党史版画明信片、“文明双凤”马克笔绘明信片、建党100周年

“小龙小凤”主题U盘、移动硬盘，开发党史学习教育纪录片《福地红史》《福地薪火》，开发“双凤百年”主题卫衣、“子莲文化节”主题文化衫，开发“莲”系列深加工农产品等。

双凤镇建好群众身边的“文化加油站”，结合“我为群众办实事”实践活动，为老街居民建设2300余平方米的公共停车场，将双凤地方史6个革命小故事设计成版画，邀请中小学生在假期中完成绘制，打造“党史版画”停车场；完成双凤幸福蓝海影城建设，开展党史学习教育电影课，8个支部300余人参与电影课学习；加强农村党史学习教育公益流动电影放映站建设，开展“新时代文明实践·电影党史课”105场，惠及群众3000余人；加强智慧广电系统和应急广播系统建设，播放原创党史学习教育广播剧《虎胆英雄夏鸣播》8场。

双凤镇建设特色鲜明的“农文旅导游站”，结合农文旅发展，举办建党100周年主题“子莲文化节”推介双凤特色旅游文化资源；举办“莲美勤力秀美荷花”主题文艺作品、书法、摄影交流活动，创作“咏荷吟风·双凤雅集”诗词集；将党建元素共同引入农文旅发展，举办“海棠花开福地行”活动，推出一条在基层党建、乡村振兴、产业发展方面具有代表性的实境教学参观线路，联合苏州大学、上海五里桥、海门常乐、常熟支塘、昆山周市，推出六地联建“红飘带”党史学习教育实境教学线路，组织党员干部群众学党史、看发展、聚合力。

双凤镇最重要的事就是把人民群众作为双凤镇的主角，以此来巩固人民群众的职业道德、个人品德、家庭美德的教育引导，积极培育以及践行社会主义核心价值观，并且可以通过新时期的文明实践中心等开展各种各样的宣传教育类型的活动。充分发挥好地方乡贤的作用，传承及传播良好的家庭教育，全面推行移风易俗，破除农村的婚礼和丧事大办、彩礼过高等不良的风俗习惯。更加深层次地进行公民道德建设工程的实施，积极鼓励文明村镇、文明农村家庭、“五好家庭”活动的展开。[1]

（二）四川天马镇圣寿社区：提高群众满足感，增强文旅发展活力

在四川省农村改革工作先进县（市、区）的考评中，都江堰市天马镇圣寿社区荣获2021年度乡村振兴示范村称号。在组织振兴路上，圣寿社区不仅产业发展兴旺，居民们还吃上了“旅游饭”。

1. 创新基层治理，提升群众获得感

这次荣获先进社区示范村称号，是对天马镇圣寿社区积极走乡村振兴路取得阶段

[1] 苏州太仓双凤镇：心系群众办实事 农文旅融合促振兴［EB/OL］.（2018-12-20）［2022-02-19］. 新浪网. http://k.sina.com.cn/article_7517400647_1c0126e47059019azd.html.

性成效的充分肯定。为了走好组织振兴促乡村振兴之路，一直以来，社区都突出党建引领，整合优势资源，通过创新“1+3+N”工作法，组织引领广大群众共建共治共享“田园天马、乡韵圣寿”发展治理成果。即积极构建“乡韵圣寿”综合治理平台，打造“乡韵圣寿”教学、实践和治理三大阵地，达到树立N个品牌项目的目的。

在品牌项目上，郑家院子就是圣寿社区打造的一个新品牌。原来，作为社区入口院落，一直以来郑家院子都是圣寿社区的一块心病，因此，为了让居民维护好房前屋后的环境，圣寿社区于2021年年底争取上级奖补资金对整个院子进行了风貌改造，目的就是希望大家爱护环境，利用自身精通的酿酒、泡菜制作等传统技艺，打造乡土文化记忆传承基地。

步入茂林修竹的郑家院子，家家户户粉墙环护、飞檐翘角，一幅水墨田园画正徐徐展开。常年生活在这里的居民们深感环境变美的同时，商机也在悄然而至——酒坊，俗话说好酒不怕巷子深，圣寿社区的院落越来越美，可以吸引游客来这里游玩，而开办一些传统作坊，还可以让他们感受这里的文化记忆，提升体验感。因此由产业带动了旅游业的发展。

2. 建设专业学校，拓宽产业发展路

每到春节前，圣寿社区许多农户已开启生姜备耕模式，有些居民就正在自家田里用拖拉机犁地。对于他们而言，在种生姜这条路上他们也走过不少弯路，他们认为以前种的生姜长得总是不好。后来他们就经常到社区开设的“乡村振兴e学校”去上课，听专家们讲课。在技术得到提升的同时，产量也提高了，收入自然也增加了。现在，像这些以前在外打工的人，很多都回来开始走上种生姜的道路。社区的生姜品质在不断提高，收购生姜的人也在逐年增加，完全不愁销路。

圣寿社区从2021年开始实施“田园天马·乡韵圣寿”项目，充分利用“乡韵圣寿”教学、实践和治理三大阵地，以天马双创中心为依托建设乡村振兴e学校，建立“生态宜居”“乡风文明”“治理有效”“生活富裕”教学资源库，构建起线上线下授课平台，依托蔬菜、猕猴桃产业资源，在玫瑰花溪谷、农耕博览园、拾光山丘、李家院子、鲲鹏基地设立教学实训点，打造体系化、生活化的实践教学基地群，实施邱家院子、资家院子院落党建、音乐课堂、新村民培育等乡村治理计划，培养一批本土乡村振兴致富能手和乡村治理骨干，希望通过建设专业学校，提升社区居民素质、展示圣寿社区乡土文化、提高居民种植技能，增加群众的获得感和幸福感。

自“乡村振兴e学校”开办以来，已开展农村微创业、现代农业技术、乡土文化传承、智慧钢琴音乐党课等丰富多彩的课程，让群众在搞好产业发展的同时，也极大地丰富了业余文化生活。

组织振兴离不开多元力量的共同参与。为把“圣寿乡村振兴 e 学校”打造为群众的理想幸福之家，社区不仅外聘农技专家团队为村民授课，还深入挖掘本土企业家、致富能手、乡贤、匠人等资源组建圣寿发展治理智库，让“乡村振兴 e 学校”惠及更多群众。除了所开设的课程都是结合居民意愿开设的以外，还开通了线上学习平台，通过微信公众号让居民随时随地都能掌握更多知识，促进群众多产业发展，达到致富增收的目的。

3. 融合农商文旅，大力发展乡村游

在圣寿社区，利用邻居闲置的宅基地开农家乐，在家门口就吃上“旅游饭”的居民还不少，借着乡村游的“东风”，有些鳄鱼养殖基地已发展成为集餐饮休闲于一体的旅游地，接下来居民们也会努力把它打造成天马镇一张亮丽名片，吸引更多游客来这里游玩。

在圣寿社区，除了农家乐还有令城里人十分向往的民宿。知名的陌见山精品民宿便是其中之一。古朴的园林设计风搭配中式建筑，深深地吸引着游人到此一住，而其周边浓郁而清新的田园风光也让游人流连忘返。据彭路春介绍，陌见山精品民宿是社区通过林盘现状整理，盘活集体建设用地近 10 余亩，而招引社会投资企业建成的，为了充分利用林盘资源，负责人通过与居民协商，为他们修建集中居住区，把林盘资源整理出来并盘活，这样既改善居民生活环境，又可以让他们通过将土地流转给企业增加收入，同时壮大集体经济收入。

近年来，圣寿社区依托田园综合体项目建设，由原来的政府、农民、企业三方各干各的，转变为三方形成合力，探索出了多种农民参与模式并受益，实现了“三驾马车”向“三马驾车”的有效转变。通过“五联”模式，即事项联商聚民、活动联办汇民、问题联解知民、人才联培暖民、资源联享安民的方式，利用圣寿源、鲲鹏农庄等企业，不仅带动周边农户增收致富，还培养了一批批特色种植、养殖能手，实现了一二三产业的融合发展。

截至 2021 年，圣寿社区带动周边上百户居民就业，使农民人均纯收入直线上升。下一步，社区将通过以教促学、以学促治、以治促教的循环互动，实现教学、实践、治理三维联动，实施有为青年培育计划、新村民素质提升计划、美丽院落庭院提升计划等项目，充分利用“乡韵圣寿”综合治理平台，组织引领村民共推乡村振兴，共建美好家园，共享治理成果，最终描绘出“业兴、家富、人和、村美”的圣寿新画卷。[1]

[1] 天马镇圣寿社区：党建引领乡村振兴 产业发展更添活力［EB/OL］.（2018-12-20）［2022-02-19］. 搜狐网. http://news.sohu.com/a/518591208_716878.

三、文旅融合锤炼干部队伍

（一）浙江永康市：村干部引领推振兴，“众创”打造文旅小镇

组织振兴的发展离不开一支有效的村干部队伍。2021 年，市民游客们前来采摘杨梅之时，见到了前所未有过的新景象：浙江永康市江南街道永祥片区山门头村增加了许多娱乐场所，如 100 米落差的玻璃滑梯、“空中秋千”的体验、山地上进行的滑草活动、在星光中散步等。该村依托着自然风光条件，打造了一条集休闲娱乐、种植采摘、农家乐为一体的岗谷岭景区，这里已经成为永祥文化旅游小镇的核心区域。随着夏天的即将来临，村子里的生意蒸蒸日上。

永祥片区位于浙江永康市、缙云的交界处，是永康的“杨梅之乡”。村庄依山傍水，但因为受到地形、区域位置等因素的影响，支柱产业匮乏，发展很长一段时间都相当落后。村干部们开始想办法将绿水青山转变为金山银山，将集体经济疲软的局面逆风翻盘。浙江永康市江南街道就开始以“文旅融合推动乡村振兴”为发展的目标，坚持区域发展的需要，成立起了永祥片区之文旅小镇的一个党建联盟，通过整合各种资源，并且能够充分地发挥党建联盟中的服务功能和协调优势，推进乡贤的有用之人、联盟组织单位、党员干部的共同发展，最终使永祥区可以做到强村带动弱村、共同发展进步、串片成区、全方面建大建强。

山门头村是永祥区的文旅小镇发展的一个缩影。在 2019 年的时候，山门头村党组织在换届结束之后，实施的第一件事情就是深化整顿村里的卫生情况、建设美丽村镇等一系列的工作。环境的改善和队伍的不断加强壮大到完善，提高了干部们工作的积极性，增强了村民们参与美丽乡村建设工作的责任感与信心。一年时间过去了，一些望到有盼头的村民做了个前所未想过的决定：大家筹钱一起成立一家旅游开发公司，大力发展农村的文化旅游。

人民群众对这一发展的信任更加坚定了村干部的信念：“一张蓝图绘到底、一任接着一任干”。自从 2020 年 8 月份开工建设以来，到 2021 年的“五一”小长假开始试营业之际，5 天的时间，就吸引了游客超 3 万人，利润达到 140 多万元。目前的岗谷岭景区，打造了 16 项休闲娱乐体验的项目。在不到一年的时间内，演绎了“众人拾柴火焰高”的壮丽景象。

该村的某一村干部表示，当前的岗谷岭景区“探险乐园”的一期工程已基本完工，二期的项目正在建设当中，包括村道路的粉刷、提升绿化的外观、养老院和其他各种配套的基础设施。计划建设的第三期温泉度假村等其他的休闲娱乐项目正在策划中。在风景名胜区建设的基础之上，打造一系列的民宿、农家乐等的相关服务业，使山门

头村成为集“吃、住、玩、游、学”为一体的生态乡村旅游综合体，真正可以成为浙江永康人民的“城市后花园”。

除此之外，为了能够让人民群众的投资与收成发挥良好的作用，永祥区文旅小镇开始实行政企分离式的管理模式，所有股份与基金都实现专款专用，在主题活动中，公开每年的收支情况，真正可以使村民和集体的利益得到最大限度的保障。不仅如此，江南街道的乡村旅游项目还与当地的竹笋节、杨梅节等相结合，让文旅产业逐步在当地片区的发展演变成为全域的布点，以日趋增多的人流量来使当地的营业额提升，扩大投资，促进农业、服务业等的全面发展，激发农村的发展活力，努力实现共同富裕。❶

（二）广东水步镇下洞村：选拔优秀村干部，推动文旅融合

村社组织直接面对广大群众，是基层的坚强战斗堡垒。2021 年，广东省台山市水步镇下洞村的“两委”换届选举工作的圆满完成，一批为民服务、信念坚定、勤政务实、有担当的高素质干部由此诞生。

下洞村位于水步镇西北部，生态环境优美，建筑古朴秀雅，人文底蕴深厚。近年来，下洞村坚持党建引领，紧紧围绕“产业兴旺、生态宜居、乡风文明、治理有效、生活富裕”的总要求，深挖乡村文化潜力，推动文旅融合，打造宜居宜业宜游新农村。

2021 年春节期间，位于下洞村的“侨汇里·侨居文旅”项目正式开业运营。“侨汇里”以建设古村休闲度假目的地为目标，实施“历史古村落再利用”的概念，为当地村民提供了就业机会和创收渠道。“侨汇里”项目的进驻促进了集体经济发展壮大，带动了农民增收致富。而这个项目的成功推进，离不开下洞村“两委”干部的共同努力。

黄仕谋是水步镇下洞村党支部书记，谈到如何在农村当好一名支部书记，他认为首先要有过硬的政治素质，良好的思想品德，能和群众打成一片，还要团结村委会的“两委”班子，才能为民办好事，促进当地经济发展，帮助村民富裕起来。

自 2015 年担任下洞村党支部书记以来，黄仕谋坚持党建引领，大力提高村干部的政治思想觉悟，增强班子的凝聚力和号召力。目前村“两委”班子共 7 人，班子平均年龄 39 岁，大专及以上学历 4 人，是一支基层工作经验丰富且年轻有活力的村级干部队伍。

一直以来，下洞村“两委”干部牢记为人民服务的宗旨，尽力帮助解决群众的揪

---

❶ 永康江南街道：村民“众创”打造文旅小镇［EB/OL］.（2018-12-20）［2022-02-19］. 浙江新闻. https://zjnews.zjol.com.cn/zjnews/jhnews/202107/t20210712_22785434.shtml.

心事和烦心事。同时，积极开展人居环境整治，因地制宜，整合资源，推进农村危旧房改造、加强水体治理、完善农村垃圾收运处置体系、大力推进厕所革命等举措，有效改善了村容村貌和人居环境，村民满意度、幸福感不断提升。❶

（三）云南双柏县：加强人才队伍建设，促进文旅融合新格局

近年来，云南双柏县高度重视文化和旅游融合发展，积极推进文化旅游业供给侧改革，不断加强文化和旅游人才队伍建设，进一步挖掘特色民族文化内涵，不断提升旅游业文化含量，大力发展文旅融合的全域旅游，呈现文旅融合新格局。

深化机构改革，强化文旅人才队伍。牢固树立文化和旅游“一盘棋”理念，把握文化和旅游的关系，全面深化机构改革，及时制订三定方案，细化分工，加强思想教育，进一步提升文旅干部队伍的服务能力和专业素养，树立良好的文旅干部形象，全力推进文旅深度融合，为更好地服务好双柏文化旅游产业发展打下坚实基础。

搭建人才培养平台，强化文旅人才队伍。积极搭建成长平台，重视对当地文化旅游贤能的发掘与培养，通过“走出去、请进来”的方式，渐渐地建立且完善当地文化旅游贤能全方位的培养模式，加大文化旅游人才队伍培训力度，其目的是培养当地文化旅游贤能，并拓宽其思路、提升经营理念、提高服务水平。每年适时举办文化知识普及培训、文化人才业务知识培训和文旅行业服务培训，努力为全域旅游发展、打造乡村旅游目的地、双柏文化传承提供人才支撑。2019 年，全县共举办文化人才队伍专项业务培训 188 期，各类文化知识普及培训 629 期，共有近 15000 人次参加培训。

注重特色人才的培养，强化文旅人才队伍。创建查姆、老虎笙、小豹子笙、大锣笙等非遗传习馆，建立非遗传承基地，实行非遗传承人“名师带徒”工程，培养和挖掘非遗传承人。每年开展丰富多彩的非遗文化交流、表演和展示活动，让非遗传承人真正履行好“传帮带”作用。截至 2020 年，全县共有国家级非物质文化遗产代表性传承人 2 名，省级传承人 7 名，州级传承人 20 名，县级传承人 124 名。❷

---

❶ 水步镇下洞村：推动文旅融合 赋能乡村振兴［EB/OL］.（2018-12-20）［2022-02-19］. 搜狐网. https://www.sohu.com/a/454068753_167894.

❷ 双柏县加强人才队伍建设 促进文旅融合新格局［EB/OL］.（2018-12-20）［2022-02-19］. 文旅头条. http://www.wenlvnews.com/p/292417.html.

理论篇

一、组织振兴提升文旅融合能力

（一）文旅融合激活乡村内生动力

在乡村社会发展过程中，文化是最容易被忽视的建设内容。❶ 因此，最重要的就是要提升文化自信。文化自信是更基本、更深沉、更持久的力量，各地要深入实施发展文化落实行动，以发展文化来助力组织振兴，深入挖掘本地历史文化资源，打造集历史文化、旅游观光、娱乐休闲于一体的产业公园。要广泛组织开展文化惠民和群众性文体活动，深入践行社会主义核心价值观，并且要大力弘扬新时代奋进精神，深耕文化沃土，推出一批反映本地面貌、体现本地特色的精品力作，营造更加积极向上的文化氛围，真正做到文旅之间的融合。许多学者指出，乡村文化和旅游的发展，必须培育乡村文化的内生动力。❷

而激活乡村内生活力是实现组织振兴过程中的题中之意和最终进路，从广义的文化含义来说，乡村的内生动力是来自乡村文化的振兴。乡村文化振兴最重要的是体现一种“德治”的力量，正如习近平总书记曾指出，我国农耕文明源远流长、博大精深，是中华优秀传统文化的根，要在实行自治和法治的同时，注重发挥德治的作用，推动礼仪之邦、优秀传统文化和法治社会建设相辅相成。通过对在乡风、家风以及民风这几个方面的培育，建设农村思想文化阵地，切实转变村民的参与观念和集体意识，能够传承和发扬农村优秀传统文化，将乡村发展的诸多问题“柔化”处理，培育和引导乡村社会发展的自主性和内生性，形成一种治理的理念，这既是社会主义文明乡村发展的最终指向，也是组织振兴的必然目标。

与此同时，处理好以下的关系，才能够真正做到加强乡村文化建设。

首先，要处理好硬、软件建设之间的关系。从当前来看，乡村文化硬件建设如设备和设施等都有了极大地提高，一些馆（站）建筑雄伟，设施配套，设备齐全，但是软件建设如贤能和产品等仍然很差。农村文化的发展不仅是要创造优良的硬件，更重

❶ 吴理财，解胜利．文化治理视角下的乡村文化振兴：价值耦合与体系建构［J］．华中农业大学学报（社会科学版），2019，139（1）：16-23，162-163.

❷ 韩鹏云．乡村公共文化的实践逻辑及其治理［J］．中国特色社会主义研究，2018，141（3）：103-111.

要的是要营造出自信、自觉、自在的文化氛围。要想使场馆、设备等不再成为乡村文化的一种摆设，就要大力地培养乡村文化贤能，厘清文化建设的体制机制，硬件与软件全部一起发展。

其次，要处理好传统文化和现代文化之间的关系。历史的不断进步并不是对所有传统道德生活的普遍否定，它否定的仅仅是不能与当今社会相适应的传统道德，也不是对那些存在于不同时代的伦理和传统的否定，即使在如今，与进步的时代相适应的伦理和传统仍然充满活力。在发展和运用现代文化的同时，我们必须处理好传统文化和现代文化之间的关系，并且要汲取和继承中国传统文化的精华部分，使中华文化的精华长盛不衰。

最后，要处理好城乡文化之间的关系。从空间上来说，与城市地区相比，农村地区的文化投入和发展水平方面存在着很大的差异；从主体上来说，农民、农民工和市民、城市工的文化生活也是截然不同的。城市身为一个地区文化要素的聚集地，不仅承担着为市民、城市工提供文化功能如文化服务与产品，而且肩负着推动与辐射农村文化发展的重任。因此，要正确处理好城乡文化之间的关系，统筹城乡文化共同发展进步，充分利用城乡两种文化资源与市场，打通连接城乡的大动脉，使两者能够相互流动、补充，最终实现共同发展。

（二）基层党组织带动文旅融合的“火车头”作用

党建+文旅发展之路的成功证明，关键在党，关键在于基层党组织的引领带动。基层党组织作为“火车头”，能够在乡村振兴的方方面面起领头作用。而通过党建引领发展文旅产业，可以有效带动区域产业、人才、社会、生态的发展，能够汇聚乡村振兴力量❶。在乡村振兴实践中，由于基层党组织的意图与能力会影响国家战略的推进效果，且基层党组织面临的挑战十分复杂，必须建立一套完善的合作制度、责任制度、组织制度和激励制度，对遇到的问题与成功经验进行常态化的归纳、讨论、完善与推广，使基层党组织能够更好地承担新时代党的使命与责任❷。

在实施乡村振兴战略的过程中，要建立党的领导班子。要做到这一点，不仅需要党的农村组织自力更生，更需要各级党组织有力的政治领导与政策支持。乡村振兴战略的核心是基层党组织，而其他类型的农村组织则是农村振兴的重要载体。坚持基层党组织引领促进文旅融合发展，主要的途径是实施“党建+”模式。在国家文化和旅游部已组建，地方文化与旅游厅、局等政府机构先后成立的背景下，要发挥党的领导作

---

❶ 陈晓宏．“党建引领文创”助推乡村振兴的新探索：以福建省屏南县龙潭村为例［Z］．中共福建省委党校（福建行政学院）学报，2020（6）：64-71.

❷ 梅立润，唐皇凤．党建引领乡村振兴：证成和思路［J］．理论月刊，2019（7）：5-12.

用，从价值观、责权制、利益体等方面进行全面整合，协调形成一个有机整体，使其能在文化与旅游融合中承担着关键职责，为文化、旅游产业融合发展服务。要按照“立足融合抓党建，抓好党建促融合”的工作思路，从产业、营销等方面不断探索“党建+”模式，引领文旅融合发展。一是实施“党建+产业”，构建发展的新格局。坚持“政府主导、市场运营、全民参与”的发展模式，推进“支部建在产业上”制度模式，通过产业线上党员的先锋模范作用引领，带动文化、旅游融合发展。二是实施“党建+营销”，激发发展新动力。要使党组织担当起融合发展的“主心骨”，企业担当起融合发展的“主力军”，群众担当起融合发展的“实践者”，加大文旅业资源的包装和整合力度，推动定位准确、核心吸引力凸显的文化旅游项目的建设与营销，树立文化旅游品牌形象，激发文化旅游产业发展的内生动力。只有坚持基层党组织的领头作用，才能强化融合理念，实现资源共享，统筹文化、旅游产业的融合发展。

（三）“组织+文旅”的多元主体参与需求

从功能主义文化论出发，作为一种日常生活方式的乡村文化，其振兴离不开文化的主体。❶ 要建立健全党委领导、政府负责、社会协同、公众参与、法治保障的现代乡村社会治理体系，必须充分调动各参与主体的积极性和参与度，发挥村民自治的基础和核心作用，最终做到基层党组织、村民自治组织和社会组织的有机结合❷。

因此，首先要积极引导农民群众积极参与到乡村的治理当中，将“治理乡村文化”转变为“乡村文化治理”。其次，要充分发挥农村基层党组织的作用，使其充分融合进乡村治理体系之中，基层党组织要做到能够上“顶天”下“立地”，充分起到上下协调、左右联动的作用。最后，社会组织、企事业单位也应积极做出贡献。如党校作为干部培训、思想引领、理论建设的阵地，能够为基层党组织提供科学的理论指引，帮助基层打破传统工作方式与学习方式，提升农村基层党员干部的思想站位以及政治觉悟，激发基层党建工作效能。在社会组织方面，必须要加快政社分离的进程，为社会组织提供利于发展的优良环境，并且大力鼓励民间各种力量都能参与到社会治理当中来；与此同时，要完善好社会组织发展中的不足之处，加大财政投入力度，加强对人才的培养，鼓励基层社会组织的发展。为了能够充分满足市民的需求，必须大力推进政府在购买社会工作服务方面的作用，还要加强对社会组织发展的引导与支持，确保各类社会组织都能发挥其应有的作用。在企事业单位方面，还应大力培养一批农业中

---

❶ 顾海燕. 乡村文化振兴的内生动力与外在激活力：日常生活方式的文化治理视角［J］. 云南民族大学学报（哲学社会科学版），2020，37（1）：52-57.

❷ 赵泽仙，张道鹏. 新时代基层党建引领乡村振兴的思考：以贵州省毕节市为例［Z］. 老区建设，2021：5-12.

的龙头企业。龙头企业应该以农产品加工流通为重点，形成完整的产业链。还要积极引导农业龙头企业把质量放在第一位，树立品牌意识，规范生产经营理念，参与品牌建设。利用当地特色农产品和农业资源，大力开展招商引资，引进农业项目，出台相关的扶持政策。❶

二、组织振兴优化文旅融合方式

（一）村级党组织规范化建设把握文旅融合方向

办好农村的事情，关键在于党，关键在于党组织的引领与带动。正如习近平总书记强调："实施乡村振兴战略，各级党委和党组织必须加强领导，汇聚起全党上下、社会各方的强大力量。"❷ 新时代组织振兴的实现，就要增强农村基层党组织的领导力，着力发挥党集中力量办大事的政治优势，把党的全面领导落实到乡村振兴战略实施过程中，最重要的是要加强党组织的规范化。

强化农村基层党组织的规范建设，不仅是党全面发展的内在要求，也是在组织振兴发展战略中最迫切的需求。首先，要严格执行组织生活的各种制度，全面落实好"三会一课"和党的主题日等组织生活。加强对基层党员的管理以及党组织的纪律，不断推进基层党员的作风建设。深化改革阵地建设，完善配套设施设备，营造浓厚的党建氛围。其次，创新农村基层组织的架构。创新农村"两委班子"的设置形式，在农村两委当中，增加设置一个主要抓经济发展的村干部。这一岗位主要从能力强、干活主动、勇于担责、致富能手的人中选择上任。最后，要对阵地建设进行强化。村级阵地是农村基层组织建设的重要物质基础，是巩固发展党执政的基础性工作，是加强农村有效治理的有力力量。通过打造基层党建阵地，进一步提升党员的观念想法，使他们能更加积极主动地参与到各项党建工作中来。

（二）基层干部教育培训保障文旅融合人才供给

要充分发挥地方高校、党校、科研机构、产业示范基地等的教育培训作用，开展对基层村干部的培训班，提升他们的素质和学历以及处事的应变能力，特别是在市场经济条件下的产业发展、科学技术、市场营销、税务等专业技能的培训。不断激发创业的积极性和热情，通过农村干部的有力带领，创新性地探索，带领村民们增加收入，实现财富积累。第一，对培训内容进行选择。提前做足农村基层党组织书记培训需求

---

❶ 滕常勇，李朋．以组织振兴推动乡村全面振兴的问题与对策探究［J］．农村经济与科技，2020（8）：225-226.

❷ 习近平．把乡村振兴战略作为新时代"三农"工作总抓手［J］．求是，2019（6）．

的准备，组织多样化的培训课程，坚持“走出去”，鼓励到其他优秀先进的地区进行观摩学习，拓宽农村基层党组织书记的视野。第二，优化培训效果。积极采取多元化的新型教学模式，如情景模拟式、研讨式、案例式等，调动培训学员的主动性与积极性。第三，创新培训手段。坚持理论与实践相结合，强调两者的重要性，着力构建实践锻炼平台，鼓励农村基层党组织书记学以致用、用以促学。探索实施农村基层党组织书记异地交流锻炼制度，进一步提升执行能力。

乡村人才培养，需要引才更需要育才。在落实乡村振兴战略过程中，要始终把党员干部学习教育摆在重要位置，例如，内蒙古鄂尔多斯市乌审旗乌兰陶勒盖镇探索“牧野学堂”党群教育，发展学习体验型集体经济，引导党员干部在潜移默化中学懂吃透上级政策精神。按照学习内容多元化、学习形式多样化思路，整合廉政教育基地、红旗体验馆、“我和我的祖国”展览馆等教学点，开发“情景模拟+互动体验”功能，设立“牧野学堂”党性教育、劳动教育、廉政教育、法治教育四大课程体系，推出“1+N”党性教育套餐、“游牧人家”“农耕人家”“现代人家”“拓展实践”四大课程群和徒步清风路、知游红旗行、“老村长喊你去吃苦”沉浸式情景党课等主题课程，推动学习阵地由室内拓展至室外、学习教育从党员干部覆盖至基层群众。推行“党支部牵头管理、合作社具体经营、考察团点单预订、农牧户广泛参与”工作机制，引导农村注册成立文旅集体经济专业合作社，牵头做好运营管理和利益分配，鼓励返乡能人和本土人才办餐饮、搞服务、兴产业。

（三）农村集体经济吸引文旅融合产业

加强农村集体经济建设是解决农村集体“有钱办事”的根本途径，是保证村级组织正常运行、发挥其有效作用的物质基础。第一，坚持党支部率先探索新的发展道路。大力推进党支部领办的合作社，引导农村集体经济组织挖掘房屋等资源和资产潜力，依法通过股份合作制、租赁等方式方法，积极参与到产业融合发展中来。最终实现党支部主导合作社发展、合作社带动村集体增收的优良局面。第二，抓住新的发展机遇的同时要借助多方力量。一方面，借助机关选派村书记、村书记等所争取到的资金和项目，立足本村的实际情况，选准发展的方向，实现集体收益的增加。另一方面，在一些工作展开的同时，要抓住其中的有利契机如清产核资、美丽乡村建设等，统筹城区和乡镇的规划，重视长远谋划，寻找到致富增收的有利机会。第三，继续给予政策扶持，创造新的发展动力。各级党委政府通过招商引资、引进现代农村农业项目、利用社会力量推动农村发展，促进了农村建设。村级党组织必须转变传统的依附心态，积极主动地筹集非农资金和社会力量来促进本村集体经济的发展。积极鼓励农村能够进行创新并发展，对于一些自主创新的农村集体经济项目，政府需要通过提供政策支持和财政支持，加大对农村社区的支持力度，帮助农村社区发展壮大。

三、组织振兴提升文旅融合效能

党的十九届六中全会指出，“中国特色社会主义新时代，是全国各族人民团结奋斗、不断创造美好生活、逐步实现全体人民共同富裕的时代。”共同富裕是社会主义的本质要求，是中国实现现代化的重要特征，更是人民群众的共同期盼。当前，我国农村绝对贫困问题随着脱贫攻坚战的全面胜利得到了解决，农村经济社会发展进入了乡村振兴的新阶段。然而，农村现有产业模式对经济发展带来的制约以及不良风尚对乡风传承带来的危害对于实现“产业兴旺、生态宜居、乡风文明、治理有效、生活富裕”的乡村振兴总体目标存在负面影响。

乡村振兴，既要塑形，也要铸魂。没有实现农村农民物质水平的显著提升就谈不上乡村振兴，没有实现农村农民精神文化生活的富足就谈不上共同富裕。旅游业作为“五大幸福产业”之首，不仅是区域经济发展的重要动力，更与文化业一同在全面提升人民生活质量方面发挥了重要作用。站在全面推进乡村振兴新的历史起点上，文旅融合高质量发展已逐步成为推动新时代乡村经济与文化协同发展的重要途径之一，为实现人民对于更满意的收入、更优美的环境、更富足的精神文化生活的期盼，实现乡村振兴与共同富裕发挥了更加重要的作用。

（一）助推乡村产业兴旺，实现人民物质富裕

文旅融合高质量发展是开发乡村多元价值，助推乡村产业兴旺，实现人民物质富裕的主要抓手。产业是乡村振兴的基础，乡村在追求自身价值与独特优势多元化发展的过程中，往往与当地的历史文化和特色文化密不可分。以深化供给侧结构性改革为主线的文旅融合高质量发展，不但可以改变农村现有以第一产业和第二产业为主的经营活动方式，更有助于通过挖掘当地地域文化和民俗文化，构建以第三产业为主的特色经营发展模式。在面对新兴产业发展的过程中，有助于政府厘清文旅产业精准布局对于顺利实现乡村振兴的重要意义，以完善乡村文旅产业布局为契机为新兴产业发展提供配套政策支持，开展乡村基础设施建设与提升，丰富城镇社会化服务体系建设，构建农产品加工与销售体系，开展新业态技术研发与推广，形成更加完备的组织体系与利益分配机制。文旅融合高质量发展让旅游地居民、旅游从业者、旅游地政府共同参与到乡村振兴的建设与发展之中，依据现有资源优势，因地制宜发展特色文化旅游产业，真正让文旅优势转化为经济优势。

（二）加快乡风文明建设，实现人民精神生活富裕

文旅融合高质量发展是传承乡村优秀文化，加快乡风文明建设，实现人民精神生活富裕的重要手段。乡村的可持续发展重在乡村文化的传承，文旅融合高质量发展以优秀的乡村文化为载体，挖掘乡村民俗、农耕记忆、礼仪文化和非物质遗产等，让淳朴而具有地方特色的文化气息在乡村传承，让现代生活方式与乡村独特的文化气息和谐共生。同时，文旅融合高质量发展有助于深刻把握植根于中国传统文化中的乡土情结，通过挖掘优秀的乡土文化内涵，既传承了当地优秀的乡土文化，又使其成为乡村旅游高质量发展的潜在动力。文旅融合高质量发展可以充分发挥村民在文化传承与乡风建设上所起到的主要作用，激发村民共同建村、治村、兴村的主观意愿，引领村民共同构建良好家风与村风，帮助乡村保留优秀传统文化，移除不适合现代社会发展的糟粕文化，在旅游发展过程中创造经济价值，在文化传承过程中增进社会效益。

（三）构建乡村宜居生态，实现生态高质量发展

文旅融合高质量发展是守住乡村绿水青山，构建乡村宜居生态，实现人民物质生活与精神生活共同富裕的关键举措。“绿水青山就是金山银山”，对于美好生态环境的向往，是每一名旅游者的期待，也是乡村旅游地居民的追求。文旅融合高质量发展始终将生态改善与生态治理工作贯穿于乡村振兴全过程，是推动乡村文化旅游产业可持续发展的重要基础，有助于筑牢乡村生态根基。发展生态优先、文旅结合的乡村旅游产业，有助于推动乡村形成以新型能源作为重要载体的能源消耗结构，通过对于太阳能、风能和生物能等新型清洁能源的广泛推广与利用，减少对于传统燃煤、烧柴等能源的依赖，真正做到保护生态环境就是保护生产力、改善生态环境就是发展生产力。同时，生态环境保护是将绿色可持续发展理念贯穿乡村社会生活发展全过程的重要体现，是建设美丽乡村、富饶乡村的重要举措，更是呈现村容村貌、传承乡村文化的重要载体。让旅游者与当地居民在绿水青山中找寻乡村记忆，在烟雨朦胧中留下乡情与乡愁。

农村共同富裕工作要抓紧，要巩固拓展脱贫攻坚成果，要全面推进乡村振兴。文旅融合高质量发展可以在向第二个百年奋斗目标迈进的新征程上巩固拓展脱贫攻坚成果，整合乡村旅游资源，拓展乡村文化内涵，重塑乡村村容村貌，以文促旅，以旅养人，构建新时代乡村物质生活富裕与精神生活富裕新格局，为实现全体人民共同富裕迈出坚实步伐。

第二章　人才振兴促进文旅融合

政策篇

一、人才振兴促进文旅融合的政策沿革

2017 年到 2020 年，是全面建成小康社会的一个决定性阶段。抓好“三农”领域的重点工作，打赢脱贫攻坚战，最终如期实现全面建成小康社会，需要以人才振兴作为支撑。2020 年年底，脱贫攻坚任务完成，全面建成了小康社会，实现了第一个阶段的胜利，顺利进入“十四五”时期，开启第二个百年奋斗的新阶段，向着全面建设社会主义现代化国家新征程前进。在这一时期，需要进一步巩固脱贫攻坚成果，做好人才智力支持政策衔接，确保人才长期服务。

（一）全面建成小康社会，人才振兴作为支撑

在全面建成小康社会时期，“三农”领域的工作任务是重中之重。实施乡村振兴是“三农”领域的重点工作，而人才振兴是乡村振兴的关键。在全面建成小康社会时期，人才振兴政策主要起着支撑的作用，需要破解人才瓶颈的制约。

2018 年 1 月，中央一号文件《中共中央 国务院关于实施乡村振兴战略的意见》提出，乡村振兴需汇聚全社会力量，强化乡村振兴人才支撑[1]。人才稀缺是乡村振兴的一大现实问题，为确保乡村振兴战略长久性发展，促进“三农”领域重点工作的完成，必须要以人才作为支撑。要把人才的开发、培育和引进放在重要位置，打通人才、技术和管理的下乡通道。要汇聚全社会力量，助力乡土人才的构建。2018 年 8 月，中共中央、国务院印发的《关于打赢脱贫攻坚战三年行动的指导意见》指出，要实现精准

---

[1] 中共中央 国务院关于实施乡村振兴战略的意见［EB/OL］.（2018-02-04）［2022-02-19］. 中国政府网. http://www.xinhuanet.com/politics/2018-02/04/c_1122366449.htm.

脱贫需要实施人才和科技扶贫计划❶。脱贫攻坚的重难点就是要解决深度贫困地区的发展。为实现精准脱贫，需加大对深度贫困地区、民族地区、边疆地区等乡土人才的培育计划。人才与科技相结合，达到“1+1>2”的效果，实现对深度贫困地区全方位精准了解，助力脱贫攻坚任务更好完成。同月，农业大省山东省的人社厅颁布《推进乡村人才振兴若干措施》（以下简称《措施》），提出 20 条围绕乡村人才培养、引进、激励、管理等方面的新措施、新政策❷。《措施》提出，要实施“雁归兴乡”返乡创业活动，对返乡农民工给予创业政策支持，推出“三支一扶”计划吸引高校毕业生到基层工作。

2019 年 1 月，中央一号文件《中共中央 国务院关于坚持农业农村优先发展做好“三农”工作的若干意见》提出，把乡村人才纳入各级人才培养计划予以重点支持❸。通过完善人才培养和使用制度，探索出多元化的表彰和奖励政策，吸引各类人才投身乡村振兴的建设。人才下乡是解决贫困地区发展的重要动力，为吸引更多人才下乡投入乡村振兴的建设，需不断完善人才支持计划，对做出重要贡献的人才给予表彰和奖励。2019 年 3 月，浙江省舟山市发布《舟山市推进职业技能提升行动实施方案（2019—2021 年）》，提出要加强职业技能教育，不断提升农民的职业技能，结合舟山市实际情况，着力培育适合舟山市全面发展所需的技能人才队伍❹。

2020 年 1 月，中央一号文件《中共中央 国务院关于抓好“三农”领域重点工作确保如期实现全面小康的意见》提出，推动人才下乡，推动更多科技成果应用到田间地头❺。抓好“三农”领域的重点工作，需发现和培养更多懂农懂技术的乡土人才，支持毕业大学生、企业家到农村进行创业。乡土人才把科学技术运用到乡间田野，帮助乡村农业更科学化发展，实现农业成果大丰收。乡村振兴需以人才作为支撑，最终实现全面建成小康社会。

（二）巩固脱贫攻坚成果，确保人才长效服务

2020 年，我国脱贫攻坚任务与“十三五”规划胜利完成，实现了第一个百年奋斗

---

❶ 中共中央 国务院关于打赢脱贫攻坚战三年行动的指导意见 [EB/OL]. (2018-08-19) [2022-02-19]. 中国政府网. http://www.gov.cn/zhengce/2018-08/19/content_5314959.htm.

❷ 山东省人力资源和社会保障局. 推进乡村人才振兴若干措施 [EB/OL]. (2018-08-23) [2022-02-19]. http://www.rongcheng.gov.cn/module/download/downfile.jsp?classid=0&filename=54ad2f080e534e2894008234c86bfab0.pdf.

❸ 中共中央 国务院关于坚持农业农村优先发展做好“三农”工作的若干意见 [EB/OL]. (2019-02-19) [2022-02-19]. 中国政府网. http://www.gov.cn/zhengce/2019-02/19/content_5366917.htm.

❹ 舟山市推进职业技能提升行动实施方案（2019—2021）[EB/OL]. (2019-12-29) [2022-02-19]. 浙江省舟山市政府办公室. http://www.zhoushan.gov.cn/art/2019/12/29/art_1229093428_42601.html.

❺ 中共中央 国务院关于抓好“三农”领域重点工作确保如期实现全面小康的意见 [EB/OL]. (2020-02-05) [2022-02-19]. 中国政府网. http://www.gov.cn/zhengce/2020-02/05/content_5474884.htm.

目标，进入“十四五”时期，向着第二个百年奋斗目标前进。脱贫攻坚任务的完成不是结束，而是新的开始，要实现脱贫攻坚成果与乡村振兴有效衔接，需做好人才智力支持政策衔接，确保人才长效服务。

2020 年 12 月，《中共中央 国务院关于实现巩固拓展脱贫攻坚成果同乡村振兴有效衔接的意见》指出，延续脱贫攻坚期间各项人才智力支持政策，建立健全引导各类人才服务乡村振兴长效机制[1]。继续实施对农村教师的各项人才培养与引进的优惠政策与补助。例如，在教师人才培养层面，教师特岗计划、培训计划与讲学计划，助力造就更多优秀教师人才。在人才引进层面，高校毕业生的“三支一扶”计划、重点高校定向招生计划，保障人才的不断输入。在生活层面，对教师进行生活补助，确保最基础的生存需求的满足。通过各种人才支持政策，确保人才的长效服务，有助于巩固脱贫攻坚成果。

2021 年 5 月，中共中央办公厅印发《关于向重点乡村持续选派驻村第一书记和工作队的意见》，指出为适应“三农”工作新形势新任务新要求，健全常态化驻村工作机制，为全面推进乡村振兴、巩固拓展脱贫攻坚成果提供干部人才支持[2]。在过渡阶段，坚持“四个不摘”的同时，还需要有效管理基层人员的流向问题，增强驻村人才力量，拓展工作内容，使得脱贫攻坚成果得到有效巩固。在该时期，要坚持严格的选人标准，确保选择的人才优秀，能力强，能够走下基层，融入基层，扎根基层，在基层干出一番成就。对人才除了有严格的管理体系之外，还需要注重对人才的鼓励。例如，刚毕业的大学生走下基层，对基层有许多不适应的情况，要多给予鼓励，增强信心，才能将人才留在基层。

同年，山西省发布《关于巩固拓展脱贫攻坚成果有效衔接乡村振兴的实施方案》，提出在脱贫攻坚期间各项人才智力支持政策将继续执行。坚持脱贫攻坚成果与乡村振兴有效衔接，平稳度过，需要健全人才服务长效机制。同时，还需要挖掘乡村特色产业潜力，培养一批乡村作坊、乡村车间、乡村特色建筑队伍，让“土专家”“乡创客”和能工巧匠在农村创业中发挥引领作用。该文件还指出，继续落实事业单位公开招聘政策特别是“三放宽一允许”政策，鼓励高校毕业生到贫困地区和重点帮扶县基层事业单位工作。继续落实职称向基层倾斜政策，继续实施“三支一扶”计划、支持脱贫地区和重点帮扶县职业院校建设省级高水平专业职业教育实训基地等[3]。

---

[1] 中共中央 国务院关于实现巩固拓展脱贫攻坚成果同乡村振兴有效衔接的意见［EB/OL］.（2021-03-22）［2022-02-19］. 中国政府网. http://www.gov.cn/zhengce/2021-03/22/content_5594969.htm.

[2] 关于向重点乡村持续选派驻村第一书记和工作队的意见［EB/OL］.（2021-05-11）［2022-02-19］. 中国政府网. http://www.gov.cn/zhengce/2021-05/11/content_5605841.htm.

[3] 关于巩固拓展脱贫攻坚成果有效衔接乡村振兴的实施方案［EB/OL］.（2021-04-14）［2022-02-19］. 中共山西省委. http://www.shanxi.gov.cn/zw/zfwj/swygwj/202104/t20210414_899541.shtml.

（三）技术加持人才振兴，促进文旅融合发展

文旅融合不是文化与旅游两者简单的拼凑，而是文化向旅游深度引入与渗透，提升旅游产品的文化内涵。同时，通过旅游载体来呈现和传承文化产品，让文化“活”起来。要实现“1+1>2”的聚合效果，技术起着至关重要的作用。2018 年 3 月，国务院办公厅发布《关于促进全域旅游发展的指导意见》，指出要推动旅游与文化、科技融合发展，强调要借助大数据技术推动全域旅游发展❶。充分运用好 5G、人工智能、物联网等新基建，为文旅融合高质量发展注入新动能。文旅融合的数字化技术的运用，赋能文旅融合纵深化的发展。推动文化与旅游融合纵深化发展，让文旅在实践层面落到实处，实现深度融合并取得实质成效，需要人才振兴。人才振兴中对于人才的引进与培养，为文旅融合带来更多高新技术人员，能熟练掌握并运用智能化技术，促进文旅融合纵深化发展。在文旅融合的发展道路上，产品的呈现和表达的形式不是一成不变，需要不断创新。创新能够丰富旅游文化的内涵，吸引受众，给用户带来更为多样化的体验。文旅融合中创新所依靠的主体在于人。人具有主体能动性和创造性。乡村人才的引入，能改善农民固有的思维方式，为文旅融合注入新的活力，带来更多新思想的火花碰撞，提升文旅融合的质量。从 2018 年到 2022 年，连续 5 年的中央一号文件中，都提出对人才振兴的要求。通过实施高素质农民培育计划、乡村产业振兴带头人培育“头雁”项目、乡村振兴青春建功行动、乡村振兴巾帼行动等，为文旅融合注入动力，保障文化与旅游深度融合。

解决“三农”领域重点问题、打赢脱贫攻坚战、巩固脱贫攻坚成果，最终实现全面建成小康社会离不开人才振兴。文化与旅游融合发展，也离不开技术对人才振兴的加持。人才振兴中对于人才的引入与培养，能助力非物质文化遗产的传承，新兴技术的使用，促进文化旅游经济的转化，使文旅融合朝着更深、更实的方向迈进，最终达到“1+1>2”的效果。

二、人才振兴促进文旅融合的政策内容

人才振兴是文旅融合的基础与保障，只有不断发现人才、培育人才、使用人才以及保障人才的相关利益，才能更好实现文旅融合纵深化发展，达到“1+1>2”的效果。在相关政策文件中提出，通过建设旅游项目，促进文旅人才开发；通过培育专业人才，传承发展传统技艺；通过推动人才下乡，提升文旅融合质量。

---

❶ 国务院办公厅关于促进全域旅游发展的指导意见［EB/OL］.（2018-03-22）［2022-02-19］. 中国政府网. http://www.gov.cn/zhengce/content/2018-03/22/content_5276447.htm.

（一）建设旅游项目，促进文旅人才开发

人才是文旅融合的关键，也是深度融合的保障。相关政策文件提出，通过建设相关的旅游科研机构、旅游人才培养和新型智库等项目，促进文旅人才的开发，为文旅融合提供智力支持。乡村旅游业的发展是实现乡村振兴的一个重要板块。旅游业不仅能带动乡村经济发展，还能传播乡村文化，助力构建新农村形象。2016 年 12 月，国务院印发《“十三五”旅游业发展规划的通知》，文件提出依托国家重点人才工程、项目、重点学科等，培育一批具有国际影响力的旅游科研机构、高等院校和新型智库[1]。通过开展旅游业专家库建设项目、旅游业研究人才培育计划、旅游人才的引进支持计划，不断提升旅游业人才的专业知识能力，促进文旅专业技术人才的开发。2018 年 3 月，国务院办公厅《关于促进全域旅游发展的指导意见》指出，为了尽快破解旅游业人才稀缺问题，高校要注重和发展旅游职业教育，深化校企合作，把理论与实践相结合，让更多高校学生到旅游岗位上实习，积累更多经验，能够快速发现培育适应旅游业纵深化发展的技术技能人才[2]。2022 年 1 月，国务院印发《“十四五”旅游业发展规划的通知》，提出建设一批旅游行业智库试点单位，用好中国旅游科学年会等研究成果交流平台，加强旅游管理学科建设，促进文旅人才的开发[3]。

2021 年吉林省印发的《延边州乡村旅游发展规划（2021—2025）》指出，吉林省乡村旅游产品开发应满足市场需求，突出乡村资源环境特色，避免同质化，开发新的周边产品。例如，大力发展民俗、边境、康养、红色、森林、渔家、设施、冰雪、乡村为重点的旅游产业，使得乡村旅游产品体系更加多元化。对于不同种类的旅游产品提出相应发展思路及具体措施。同时强调建设乡村旅游创业指导队伍，挖掘培养相应人才，并提出人才保障措施[4]。

（二）培育专业人才，传承发展传统技艺

一系列政策文件提出，通过设立相关培训基地，开展专题培训等活动，培养一批乡村工匠、文化能人、非遗传承人等，将传统技艺传承发扬，使得文化向旅游深度渗

---

[1] “十三五”旅游业发展规划的通知［EB/OL］.（2016-12-26）［2022-02-19］. 中国政府网. http://www.gov.cn/zhengce/content/2016-12/26/content_5152993.htm.

[2] 国务院办公厅关于促进全域旅游发展的指导意见［EB/OL］.（2018-03-22）［2022-02-19］. 中国政府网. http://www.gov.cn/xinwen/2018-03/22/content_5276533.htm.

[3] “十四五”旅游业发展规划的通知［EB/OL］.（2022-01-20）［2022-02-19］. 中国政府网. http://www.gov.cn/zhengce/content/2022-01/20/content_5669468.htm.

[4] 延边州乡村旅游发展规划（2021—2025）［EB/OL］.（2021-10-29）［2022-02-19］. 吉林省延边州农业农村局. http://zfxxgk.yanbian.gov.cn/gzbm/cyqwjw/xxgkml/202110/P020211029626862713609.pdf.

透与融合，丰富旅游产品的文化内涵，同时通过旅游载体来呈现和传承文化产品。例如，2018 年，中央一号文件《中共中央 国务院关于实施乡村振兴战略的意见》❶ 与中共中央、国务院印发的《乡村振兴战略规划（2018—2022 年）》❷ 中指出，要创新人才培养模式，开展乡土人才示范培训，扶持培养一批乡村工匠、文化能人、非物质文化遗产传承人等。同年 11 月，文化和旅游部联合国家发展改革委等部门印发的《关于促进乡村旅游可持续发展的指导意见》中提出，将乡村旅游纳入各级乡村振兴干部培训计划❸。通过对乡村干部的旅游专题培训，培育更多的旅游专业人才，以旅游促文化，带动乡村经济发展，提升新农村的形象。2021 年 2 月，中共中央办公厅与国务院办公厅印发的《关于加快推进乡村人才振兴的意见》中指出，通过设立传统技艺大师工作室以及传习所，开展传统文化技艺的研习培训，并在人才聚集地设立工作站，鼓励更多喜欢传统文化的人才加入其中❹。通过多元化的乡村传统技艺人才培育形式，培养出更多乡村传统艺人，传承发展传统技艺。

2021 年，安徽省临泉县出台《关于鼓励扶持发展民营文艺表演团体的意见》《关于进一步推进文化兴县战略的十二条意见》等文件，细化文化兴县和人才保护措施，每年预算 2000 万元专项资金，支持杂技学校建设、团队建设、精品创新等，建立完善奖励机制和救助机制。积极整合杂技资源，注重发展杂技职业教育，积极吸纳民间力量，培养了一大批民间杂技新生人才。健全杂技人才管理服务体系，建立杂技专业人才库，摸清底数，完善档案，分类管理，全县现有杂技团队 900 多个，大中型 50 余个，从业人员 2 万余人，遍及各乡镇（街道），涌现出特色杂技专业镇 5 个、专业村 10 余个，为培育专业人才、传承发展传统文化提供可借鉴性经验❺。

（三）推动人才下乡，提升文旅融合质量

当下，农村人才紧缺，使得文旅融合的质量无法保障。由此，相关政策文件提出通过推动人才下乡，促进农民思想的提升，助力农村经济的转化，提升文旅融合质量。2019 年 5 月，中共中央办公厅与国务院办公厅印发的《数字乡村发展战略纲要》指出，

---

❶ 中共中央 国务院关于实施乡村振兴战略的意见［EB/OL］（2018-02-04）［2022-02-19］. 中国政府网. http://www.xinhuanet.com/politics/2018-02/04/c_1122366449.htm.

❷ 乡村振兴战略规划（2018—2022 年）［EB/OL］.（2018-09-26）［2022-02-19］. 中国政府网. http://www.gov.cn/gongbao/content/2018/content_5331958.htm.

❸ 关于促进乡村旅游可持续发展的指导意见的通知［EB/OL］.（2018-12-31）［2022-02-19］. 中国政府网. http://www.gov.cn/zhengce/zhengceku/2018-12/31/content_5439318.htm.

❹ 关于加快推进乡村人才振兴的意见［EB/OL］.（2021-02-23）［2022-02-19］. 中国政府网. http://www.gov.cn/zhengce/2021-02/23/content_5588496.htm.

❺ 用好杂技人才 赋能乡村振兴［EB/OL］.（2021-11-17）［2022-02-19］. 临泉先锋. https://mp.weixin.qq.com/s/iVgGGL7_kP2Cps3nlCOtoA.

农村需强化人才支撑，开展数字化人才下乡活动❶。农村老年人、留守儿童和妇女等对网络安全防护意识比较薄弱，掌握的数字技能也比较欠缺。数字化人才下乡，加快农村信息化发展，增强网络知识普及，从而实现更多农民用户对智能化技术的掌握。通过高新技术与文旅融合相结合，提升文旅融合的质量，促进发展。2021 年 2 月，《关于加快推进乡村人才振兴的意见》也提出，要推动文化旅游体育人才下乡服务，重点向革命老区、民族地区、边疆地区倾斜，保障偏远地区的人才配备状况❷。

同年 10 月，中共云南省委办公厅、云南省人民政府办公厅印发的《关于加快推进乡村人才振兴的实施意见》，该文件提出要加强乡村文化旅游体育人才队伍的建设。完善扶持政策，培养一批乡村文艺社团、创作团队、文化志愿者、非遗传承人和乡村旅游示范者，鼓励运动员、教练员、体育专业师生、体育科研人员参与乡村体育指导志愿服务❸。

三、人才振兴促进文旅融合的政策保障

（一）加强党建领导

要加强人才振兴促进文旅融合的政策保障，党管人才原则是要放在第一位的。乡村人才振兴应该纳入党委人才工作之中，这样农村基层一线才能有各类人才的流动，才能建设一支有能力承担乡村振兴使命的高质量人才队伍。

中共中央办公厅、国务院办公厅印发的《关于加快推进乡村人才振兴的意见》就明确指出了要加强乡镇党政人才队伍的建设。在乡镇的领导班子，特别是乡镇党委书记的选择上，应该选择优秀、有能力的人才。从驻村第一书记、优秀村党组织书记等优秀人员中选拔乡镇领导干部的机制也应更加健全和常态化。实行乡镇编制专编专用，明确新录用乡镇公务员在乡镇的最低服务年限，加强从乡镇借调工作人员的规范化管理。在人才考录方面，艰苦边远地区应在招考各方面降低门槛，县级及乡级可以面向高校应届毕业生、退役军人等给出一定数量的职位，降低该类报考人员的竞争力，给予相应的就业机会。在待遇方面，应确保乡镇机关的工作人员收入比县直机关公职人员要高，对在偏远、艰苦地区的工作人员应给予一定补贴。

还要加强村党组织带头人队伍的建设和提升，政治标准应坚定不移的作为选拔和

---

❶ 数字乡村发展战略纲要［EB/OL］.（2019-05-16）［2022-02-19］. 中国政府网. http://www.gov.cn/zhengce/2019-05/16/content_5392269.htm.

❷ 关于加快推进乡村人才振兴的意见［EB/OL］.（2021-02-23）［2022-02-19］. 中国政府网. http://www.gov.cn/zhengce/2021-02/23/content_5588496.htm.

❸ 关于加快推进乡村人才振兴的实施意见［EB/OL］.（2021-12-06）［2022-02-19］. 中国政府网. http://www.yn.gov.cn/zwgk/zcwj/swwj/202112/t20211206_231212.html.

考核的首要条件，协调能力、带富能力、将为群众服务牢记在心付诸于行等特质也是重要选拔标准。本地大学毕业生、退役军人、有致富商业经验的党员是培养选拔村党组织书记的重点群体。在村党组织选拔和资格审核中，应采取近亲属回避机制，并建立公正的审核程序和联审机制。对于乡镇公务员和事业编制人员的考录，应加大对优秀的村党组织人才的重视程度，且县级党委对村党组织书记的培训每年至少一次，并鼓励和支持农民和村干部提升学历，接受教育❶。

（二）完善组织结构

乡村人才振兴是乡村振兴的关键，应该是各级党委在乡村振兴战略中的重中之重，因此各部门和组织要共同努力、相互配合，建立健全乡村人才振兴工作联席会议制度。在农村工作干部培养和队伍建设方面，应加强培养力度，在管理、配备等方面也应给予重视，引导农村工作干部的培养重心更偏向乡村振兴一线；在涉农部门和乡村振兴相关部门的领导干部及队伍人员选择上，要优先选取能力强、成绩好的人员，在农村工作干部的提拔方面要将政治过硬、实绩突出作为重要标准❷。

（三）强化政策保障

乡村人才振兴投入保障的加强，离不开对涉农企业的支持，也离不开加大对乡村人力资本开发的投入。要鼓励农村证券、保险、基金等相关金融机构服务的发展与创新，以此推进农村金融产品和服务发展，带动人才回乡建设，强化乡村振兴政策保障。农村集体经营性建设用地以及复垦腾退建设用地指标，注重支持各类乡村人才发展新产业新业态，也有利于强化乡村振兴政策保障❸。

在相关文件中，通过提出完善相关政策制度，确保人才的能力与职责任务相匹配。在工作中，为人才提供各种福利政策，保障文旅人才对于后续工作的推进，促进文旅融合。2021 年 8 月，中共中央办公厅与国务院办公厅印发的《关于进一步加强非物质文化遗产保护工作的意见》指出，各级党委和政府在非物质文化遗产部门建设和管理方面应依法作出规定和管理，明确各部门职责，提升工作人员责任感和使命感，让非物质文化遗产保护工作的进行有效又有力。此外，需要完善非物质文化遗产保护专业技术职称评审制度，组织或个人若对非物质文化遗产保护和传承有突出贡献，则按国

---

❶ 关于加快推进乡村人才振兴的意见［EB/OL］.（2021-02-23）［2022-02-19］. 中国政府网. http://www.gov.cn/zhengce/2021-02/23/content_5588496.htm.

❷ 关于加快推进乡村人才振兴的意见［EB/OL］.（2021-02-23）［2022-02-19］. 中国政府网. http://www.gov.cn/zhengce/2021-02/23/content_5588496.htm.

❸ 关于加快推进乡村人才振兴的意见［EB/OL］.（2021-02-23）［2022-02-19］. 中国政府网. http://www.gov.cn/zhengce/2021-02/23/content_5588496.htm.

家有关规定予以表彰奖励[1]。2021 年 12 月，文化和旅游部办公厅、人力资源社会保障部办公厅与国家乡村振兴局综合司发布的《关于持续推动非遗工坊建设助力乡村振兴的通知》指出，对待符合条件的非遗工坊带头人，应按照相应规定给予创业担保贷款、税费减免、创业补贴等政策上的支持。同时，鼓励优秀的非遗工坊带头人建设技能大师工作室，并给予资金支持，解决了文旅融合中的各种问题，保障文旅人才的工作，从而促进文旅融合的发展[2]。

2021 年，江苏省人民政府办公厅发布的《省政府办公厅关于促进文化和旅游消费若干措施的通知》指出，要深化产业融合发展，支持文化遗产地和各类文博场馆优化旅游功能，支持开发非物质文化遗产主题旅游，创设一批可作为非遗体验场所和旅游目的地的江苏省非物质文化遗产创意基地，鼓励非遗大师工作室、非遗体验工坊进入旅游空间，深度开发具有江苏特色的文化旅游商品和纪念品。强化科技应用支撑，大力发展智慧旅游，加强大数据、云计算、物联网、人工智能、区块链等新技术在文化和旅游领域的应用，发展基于超高清、虚拟现实、增强现实、混合现实、5G 等技术的新一代沉浸式体验型文化和旅游消费内容。鼓励业态多元创新，大力发展休闲农业和乡村旅游，推动我省各地更多入选全国休闲农业示范县（市、区）、乡村旅游重点村名单，继续办好江苏省乡村旅游节[3]。

实践篇

一、壮大人才振兴队伍，搭建文旅融合“人才高地”

文旅融合发展，人才是关键。头雁展翅群雁飞。文旅融合，带头人很关键。基于这样的认识，在乡村人才振兴队伍的管理上要重心下移、力量下移，以党建引领人才建设，通过深化乡村配套改革，充分激发乡村党支部干事创业的激情活力，发挥基层“造血”功能。乡村振兴要靠人才支撑，各地各级相关部门还要注重营造人才发挥作用

[1] 关于进一步加强非物质文化遗产保护工作的意见［EB/OL］.（2021-08-12）［2022-02-19］. 中国政府网. http://www.gov.cn/zhengce/2021-08/12/content_5630974.htm.

[2] 关于持续推动非遗工坊建设助力乡村振兴的通知［EB/OL］.（2021-12-16）［2022-02-19］. 中国政府网. http://www.gov.cn/zhengce/zhengceku/2021-12/16/content_5661193.htm.

[3] 关于促进文化和旅游消费若干措施的通知［EB/OL］.（2021-02-23）［2022-02-19］. 江苏省人民政府办公厅，省政府办公厅. http://www.jiangsu.gov.cn/art/2020/4/1/art_46144_9030068.html.

的良好环境，增强乡村对人才的吸引力，同时结合产业发展需求，既要重视人才的引进，吸纳专业文旅人才，创新发展文旅产业，又要注重本土人才的开发利用，培育更多“土专家”“田秀才”，激活文旅融合内生动力，壮大乡村文旅融合人才队伍。

（一）吸纳专业文旅人才，创新发展文旅产业

人才资源匮乏是乡村发展的一大难题，现今，乡村广纳贤士，为乡村文旅融合提供智力支持。多地积极破除城市人才下乡的制度障碍，建立城市专业人才定期服务乡村机制，搭建乡村建设志愿服务平台，鼓励各类人员返乡下乡创业创新、投身乡村文旅融合发展。

例如，重庆市彭水苗族土家族自治县充分利用中央外办协调各方优势，协调德勤中国与彭水签订乡村人才振兴战略合作协议，积极推动迪士尼（中国）公司与彭水就品牌宣传和人才培训进行合作。积极协调国家林业草原局，把彭水摩围山景区打造为“国家青少年自然教育绿色营地”。同时深化与腾讯公司合作，协调推动腾讯棋牌联合彭水打造重庆首条游戏 IP 主题旅游路线“欢乐之旅”，通过“一机游彭水”小程序实现扫码入园，在线预订、在线购物等，携手打造彭水智慧景区，赋能彭水旅游提档升级，打造“世界苗乡，养心彭水”的品牌口号。[1] 山西省平定县岔口乡与山西农业大学动物科学学院签订校地合作协议。通过省校合作进农村的方式挖掘岔口乡红色文旅资源，把红育口爱国主义教育基地建成党性教育基地，吸引越来越多的人来到这考察学习。[2]

人才制高点决定发展制高点，在引进人才方面，各地积极将专业人士引进来，为乡村文旅融合建言献策，让他们的智力成果在乡村落地生根、开花结果。

（二）挖掘培养本土人才，激活文旅融合内生动力

本土人才对本地的文旅资源有深刻的了解，许多地方利用这一优势，挖掘培养本土人才，重点培育新型职业农民和乡村实用人才，全面建立职业农民制度，出现了一批“新乡贤”“新农人”，为乡村文旅融合注入了内生动力。

例如，西藏自治区江孜县的“三区”人才支持计划开设文化专项民族器乐培训班，进一步发挥“三区”人才支持的作用，提升江孜公共文化服务能力。其中“三区”人才支持计划是加快建设边远贫困地区、边疆民族地区和革命老区三个“区”科技、文

---

[1] 一“石”激起“振兴浪”[EB/OL].（2022-01-22）[2022-02-19]. 重庆日报. 澎湃新闻. https://m.thepaper.cn/baijiahao_16408284.

[2] 一“石”激起“振兴浪”[EB/OL].（2022-01-22）[2022-02-19]. 重庆日报. 澎湃新闻. https://m.thepaper.cn/baijiahao_16408284.

化等人才队伍，提升服务水平，充分发挥技术人才在支持“三区”经济社会发展中的积极作用的国家层面实施的重要举措。其为加快“三区”文化人才队伍建设，提高“三区”文化工作者素质，为推动“三区”文化发展、提升公共文化服务水平提供人才支持。近几年，江孜县积极响应国家关于文化人才建设的系列指导精神，结合“三区”工作实际，相继开展了艺术团编导下村开展行政村文艺演出队培训指导、唐卡绘画人才培训、卡垫织造技艺技能提升培训等文化工作者专项培训、培养工作。江孜县在提高本土人才技能的同时，为江孜县文旅融合发展培育了更多可用人才，激活了江孜县文旅融合的内生动力。❶

挖掘培养本土人才也是壮大人才振兴队伍的重要一环，培养本土人才将有效促进基层文化人才队伍建设，提高基层文化人才的专业素质，推进基层公共文化服务能力的提升。

（三）党建引领人才建设，发挥基层“造血”功能

人才不仅要引进和培育，更要用党建引领建设，打造一支高质量人才队伍。加强干部队伍建设，以优良作风推动人才振兴。加强“一懂两爱”的“三农”工作队伍建设指导意见，大力开展实施乡村振兴战略培训，发挥基层“造血”功能。

例如，新疆和田地区和田市吉亚乡阿孜乃巴扎村，拥有国家级非物质文化遗产艾德莱斯绸，在过去的一段时间里，由于村里人纺织标准不一，产品质量参差不齐，缺乏销售渠道，这项非物质文化遗产没有形成良好的市场效益。但驻村干部来了以后，经过充分考察，组织当地艾德莱斯绸纺织技艺传承人成立“讲师团”，开设艾德莱斯绸制作讲堂，给从业人员面对面传经验、手把手教方法。不仅如此，在保持原有制作技艺外，驻村干部还注重引进吸收发达地区先进设计理念，邀请苏州、杭州等优秀丝绸纺织企业专家来实地考察指导，开办创意培训班。❷ 在专家的指导下，加工厂从原来仅生产绸料和裙子，到现在已有领带、钱包、遮阳帽、手提包等 20 余种产品。艾德莱斯绸打开了市场，搭乘乡村旅游的东风，当地政府部门对“吉亚丽人”艾德莱斯绸加工厂加工改造，建成了生产基地，成功入选国家 3A 级旅游景区。驻村干部通过有效管理和开发，使艾德莱斯绸重新焕发了生机。

不仅在新疆和田地区，全国还有许多地区利用党政人才带动，建立长效帮扶机制，选派优秀第一书记、驻村干部、下派干部到村担任第一书记，形成了协调统一、齐抓

❶ 江孜县“三区”人才支持计划 民族器乐培训开班［EB/OL］.（2021-09-17）［2022-02-19］. 西藏自治区文化厅. http://wht.xizang.gov.cn/xwzx/dsdt/202109/t20210917_261618.html.

❷ 丝路古技“织出”乡村振兴新途［EB/OL］.（2022-11-29）［2022-02-19］. 国家乡村振兴局. http://xczx.xinjiang.gov.cn/xjfp/fpdzdt/202111/49f35917a27040499f0a852a77a7d113.shtml.

共管的良好工作局面，积极推动当地文旅产业发展。

二、增强人才振兴功效，提高文旅人才专业能力

明确人才能力提升方向，根据“十四五”文旅发展新蓝图需求，坚持“问题导向、需求导向”，明确人才提升重点。以提高服务效能为核心，充实群众文化人才基层队伍；以提高传承能力为核心，更新非遗传承人才知识结构；以提高操作水平为核心，丰富项目包装人才实践经验；以提高文旅融合能力为核心，提升产业发展人才开放创新能力。各地区大力实施文旅人才培训计划，以强化培训为突破口，针对基层需求多样化、个性化的情况，采取联合办班、专家授课、外出考察、传帮带等形式，广泛开展针对性更强、贴近度更高、更受基层欢迎的专业化、系统化培训，逐步建立文旅专业人才整体培养模式。

（一）加强培训教育，提升素质能力

人才振兴是乡村振兴的必要条件，人才培养则是人才振兴的核心关键。文旅人才首先要具备扎实的专业技能，成为素质过硬、本领过强的乡村振兴“领头雁”。培训教育通常包含专题研讨、主题活动、系统讲座、实地考察等，内容丰富、针对性强，能够提升文旅人才创新意识、创意能力，有效促进文旅人才队伍建设，提高团队整体的专业素质，进而推进文旅融合高增速发展与高质量提升。

例如，在专题研讨方面，福建省莆田市于 2019 年 7 月开设文化旅游融合专题研讨班，就全球视野推动地方文化资源的价值发现、文化振兴等方面进行交流研讨，旨在进一步增强领导干部和旅游资源开发部门在文旅融合方面的决策能力和管理水平，培养文旅复合型人才[1]；在主题活动方面，陕西市妇联在全市农家乐中开展了寻找“安康市巾帼示范农家乐”“最美厨娘”活动，2021 年 6 月底召开揭晓大会，通过现场观摩和理论讲解，农家乐业主不仅开阔了眼界又学习了管理知识；在系统讲座方面，重庆市万盛经开区建立起来“多元化”教育培训体系，组建教师资源库，2021 年开设“新型农业服务主体经营”“乡村休闲旅游业”等培训班，完成高素质农民教育培训 1190 人。[2]

（二）发展“以一带百”，焕发文旅活力

近年来，各地区大力实施人才振兴战略，开发了“以一带百”“以老带新”等多

---

❶ 聚力文旅融合 加强人才建设 我市举行文化旅游融合专题研讨班［EB/OL］. 湄洲日报. （2019-07-15）［2022-02-19］. https://www.putian.gov.cn/zwgk/ptdt/ptyw/201907/t20190715_1386470.htm.

❷ 激活妇女发展引擎 为乡村振兴提供新动能［EB/OL］.（2021-07-08）［2022-02-19］. 中国妇女报. https://www.women.org.cn/art/2021/7/8/art_20_166648.html.

种乡土文化传承模式，发挥人才示范带动作用，破解地方发展瓶颈。具体培育方式主要通过实践一线、跟岗学习等，注重人才“引领力”，提升区域文旅发展水平。

例如，2019 年 4 月，黑龙江省富锦市组织鱼骨画设计师面向农村、农民免费传授鱼骨画创作技巧，同时以“金色田野美丽乡村行”“红色文艺轻骑兵下基层”为载体，选派 27 名文艺辅导员和文化志愿者，深入镇村开展辅导培训和文化活动 200 余场次，带动组建农村秧歌队 220 支。[1] 2021 年，贵州省铜仁市碧江区抢抓东西部协作机遇，精心选派包含文化、旅游等领域的专业技术人才到东莞进行为期 6 个月的跟岗学习，积极落实“五个一批”要求，以“结对帮带、专题培训、跟岗锻炼”等方式强化培养锻炼。[2]

2019 年 5 月，在邹城市大束镇山头村，中断了 50 多年的省级非物质文化遗产“山头花鼓戏”重新唱起。10 个表演节目里，唱腔、配乐、着装、化妆等完全依照传统，演唱者、乐器演奏者则是新老结合，皆由本村村民完成。早在 2018 年年初，邹城市委宣传部干部孔祥如被组织选派至山头村担任党支部书记。出于对文化遗产的热爱和关注，孔祥如结合群众意愿，积极申请上级扶持，于 2018 年 11 月份成立了山头村“山头花鼓”戏演唱团，并用以老带新的方式，将这一濒临失传的宝贵艺术传承下去。如今演唱团已培养出了 8 个年轻传人，初步解决了这个关乎长远发展的关键问题。演出当日，400 余名慕名而来的观众共同欣赏了传统戏剧的魅力。[3]

（三）推动平台建设，筑牢人才高地

为推动文旅人才的长效运营及管理，各地区着力搭建三大服务平台，促进文旅人才规模不断壮大、素质稳步提升、结构持续优化、作用发挥明显。

一是建好用活专家工作站。以 2020 年文旅部吉林培训基地驻通化专家工作站为例，该站以建立一个站、形成一支专家团队、培养带动一批人才、孵化一批企业、促进一个新兴产业发展、服务地方经济为总体目标思路，主要运用柔性方式引进和吸收一批省内外知名规划、开发、行业管理等专家学者开展技术咨询服务或项目合作，为通化文旅事业发展提供强力的人才智力支撑。[4]

---

[1] 黑龙江富锦：以人才振兴助力乡村振兴［EB/OL］.（2019-04-14）［2022-02-19］. 搜狐网. https://www.sohu.com/a/308089189_100114158.

[2] 碧江：念好“四字诀”构筑乡村振兴人才高地［EB/OL］.（2021-11-19）［2022-02-19］. 碧江区乡村振兴局. http://xczx.guizhou.gov.cn/xwzx/dfdt/202111/t20211119_71734654.html.

[3] 濒危古戏曲“山头花鼓戏”在孔孟故里“复唱”［EB/OL］.（2019-04-14）［2022-02-19］. 中国山东网. https://baijiahao.baidu.com/s?id=1634018573883625798&wfr=spider&for=pc.

[4] 文旅部吉林培训基地驻通化专家工作站成立［EB/OL］.（2020-12-23）［2022-02-19］. 潇湘晨报. https://baijiahao.baidu.com/s?id=1686834168411513810&wfr=spider&for=pc.

二是成立文旅人才服务站。作为上海市第三批乡村振兴示范村的新南村，依托艺术家和创客集聚的人才优势，以乡创、文旅为特色，于2021年12月成立了新场镇新南文旅服务中心。作为乡村文旅产业发展的平台，该服务站提供一站式乡村创业和文旅服务。通过盘活、赋能、融合等手段，探索农文旅新产业、新业态，带动集体经济壮大和农民增收，探索现代化国际大都市以人才振兴带动乡村全面振兴的“乡创新南模式”。❶

三是推进创业孵化基地建设。广东省开平市人社局改变以往单一的创业基地建设模式，从结合产业发展及重点项目角度进行推动，积极寻求新的工作思路。一方面，结合广东省“粤菜师傅”工程的发展与赤坎镇政府共建开平市粤菜师傅创业基地，基地以具有侨乡特色的红砖小楼“侨小馆”为载体，既扶粤菜师傅进驻创业，也发挥自身的文化旅游价值，打造成为新的网红打卡点。另一方面，立足塘口镇粤港澳大湾区青年文创小镇定位，引导集结文创、文旅行业新生创业品牌于一体的塘口青创基地打造成为开平市第一家返乡创业孵化基地，为乡镇文创、文旅产业的发展注入双倍动能。❷

三、强化人才振兴硬支撑，解决文旅人才后顾之忧

推动乡村文旅融合发展，需多措并举、多管齐下，强化人才振兴硬支撑。要始终坚持“一个目标”，始终把实现乡村人才振兴作为谋划和推动工作的出发点和落脚点，始终坚持用人才发展引领事业发展，坚定不移地推进人才强农战略，不断强化乡村振兴的人才支撑。要坚持在资金投入、要素配置、制度供给、公共服务等方面优先保障，大力发展乡村文旅产业，促进农民就地就近就业创业，让他们务农有尊严、干事有平台、成功有褒奖、失败有保障，真正让文旅产业成为有奔头的产业，以此推动乡村发展。

（一）坚持靶向服务，增强人才归属感

在服务人才方面，多利用优质服务为人才发展保驾护航，加大乡村人才服务力度，完善乡村人才看病就医、子女入学、安居出行等配套服务政策，或者专门设立乡村人才活动项目，吸引海内外高水平人才参与乡村振兴。

例如，福建省泉州市利用优质服务留住人才，增强人才的归属感。推动建设德润

❶ “古镇+乡村”怎么玩？浦东这个中心提供一站式服务［EB/OL］.（2021-12-31）［2022-02-19］. 新民晚报. https://baijiahao.baidu.com/s?id=1720638588411846625&wfr=spider&for=pc.

❷ 开平市：创业基地建设初见成效，为推动乡村振兴发展添动力［EB/OL］.（2020-08-13）［2022-02-19］. 开平发布. https://m.thepaper.cn/baijiahao_8729693.

产业园、立亚新材等8个“人才之家”，打造建利达“党建+人才”双融合服务中心、玖龙纸业“党群人才服务中心”等阵地，切实发挥其团结引领、贴心服务阵地作用，不断增强人才的归属感。组建各乡镇、区直重要涉才部门、区行政服务中心、用人单位和行业协会商会等5支“党建+人才”服务队伍，坚持靶向服务，明确服务清单、服务事项，确保服务直通“末梢神经”。同时探索智能人才服务模式，升级行政服务中心线上线下一体化人才政务服务，推行人才人脸识别服务，提升人才办事效率。❶

西藏自治区阿里地委、行署强化交通、市政、水电、供暖供氧、通信网络等基础设施建设，大力实施食堂、浴室、活动室、蔬菜大棚、理发室、机关生态园、职工之家“七小工程”建设；同时积极出台人才激励政策，对引进人才实行5万元至15万元不等的奖励，推行带薪休假、家属随迁等优厚待遇，使人才来之能安，安之能干。❷

（二）完善人才保障机制，调动人才参与文旅融合积极性

多地完善乡村人才评价机制，并加大乡村人才激励力度，落实县级以下事业单位管理岗位职员等级晋升制度改革，破除职员晋升“天花板”，充分调动人才参与文旅融合的积极性。

例如，在加强乡村人才组织保障方面，重庆市将建立乡村人才工作责任制，依托川渝合作、鲁渝协作、“一区两群”协同发展等机制，将乡村人才支援作为结对帮扶的重要任务；探索建立“智慧乡村人才超市”，提供信息化平台服务、智能化人才匹配，为城乡人才资源流动提供支撑。❸

西藏自治区康马县进一步健全完善保障机制，将驻村工作经费及生活补助纳入财政预算，改善驻村干部工作生活条件。对大学生村干部在村工作期满后，其期满专项考核及年度考核结果均为优秀等次的，优先提拔使用或晋升职务职级，符合优秀年轻干部条件的，纳入优秀年轻干部库重点培养，严格执行驻村督导检查、请销假制度，明确驻村干部与原单位工作脱钩，杜绝出现驻村干部“两头跑”“两不管”现象发生。❹

在新的历史起点上，乡村着力扩大人才增量，完善人才保障机制，破除乡村人才

---

❶ 打好“引用留”组合拳 推动乡村人才振兴［EB/OL］.（2020-06-10）［2022-02-19］. 福建省农业农村厅. http://nynct.fujian.gov.cn/xxgk/gzdt/qsnyxxlb/qz/202006/t20200610_5299854.htm.

❷ 阿里地区多举措夯实乡村振兴人才基础［EB/OL］.（2019-04-09）［2022-02-19］. 中国西藏新闻网. https://www.al.gov.cn/info/1035/15350.htm.

❸ 重庆乡村振兴专报〔2021〕24期 重庆：村支书赴鲁挂职“取真经” 助力乡村治理显实效［EB/OL］.（2021-11-18）［2022-02-19］. 重庆市乡村振兴局. http://fpb.cq.gov.cn/zwxx_231/zqfp/202111/t20211118_9990350.html.

❹ 康马县为基层发展选派乡村振兴人才［EB/OL］.（2021-06-09）［2022-02-19］. 西藏自治区人民政府. http://www.xizang.gov.cn/xwzx_406/qxxw/202106/t20210609_246525.html.

振兴瓶颈，为乡村文旅融合添砖加瓦。

（三）出台多项优惠政策，保证人才持续参与乡村文旅融合

多地为人才“蓄水池”注入动力，出台优惠政策，解决人才后顾之忧，强化留才、用才有效激励机制，为文旅融合留住人才。

例如，贵州省铜仁市优化对人才的服务，出台《铜仁市碧江区“优才卡”制度实施办法（试行）》，明确医疗待遇、子女入学、配偶安置等 9 项优惠便利政策，向 35 名符合条件的高层次人才发放“优才卡”。出台《碧江区高层次人才和企业人才子女入学管理办法（试行）》，明确企事业单位各层次人才子女入学待遇及办理程序。出台《碧江区乡村人才服务站建设实施方案》，在 15 个乡（镇、街道）建设乡村人才服务站，动态掌握乡村人才底数，实施分类管理服务，为乡村人才提供政策咨询、技能培训、项目申报、“优才卡”申报等服务。实施“人才日”制度，在“人才日”召开各领域优秀人才座谈会，倾听各领域人才意见和建议，开展走访慰问优秀人才活动，由区四大班子主要领导带队，走访慰问“优才卡”高层人才、市（区）管专家、教育医疗领域优秀人才等代表，发放慰问金共 25000 元。❶

在留才方面，各地实施一系列引得进、留得下的人才激励保障政策措施，增强人才的归属感，保证人才持续参与乡村文旅融合，为乡村文旅融合注入动力。

四、发挥人才智力优势，引导人才参与文旅融合

“致天下之治者在人才”，文化旅游工作是满足人民群众对美好生活向往的服务型、创意型工作，其服务对象是人，发展动力是创意，核心要素是人才。要牢固树立人才资源是第一资源的理念，创新机制引才聚才、养才育才、留才强才，以不断壮大的人才队伍强力助推文旅事业高质量发展和建设。知人善用、人尽其才，正确用才是人才成长的关键。文旅融合以来，各地区通过实践实现用人之所长、用人之所专，达到在实践中锻炼人、培养人的目的。

（一）人才振兴加速文旅产业融合，创新文旅融合发展之貌

在文旅融合的过程中，人才要素不可或缺。人才的汇集能够带来思路的创新、实践的创新，将人才作为重要资源与产业发展紧密联系，能够获得持续发展之力，构建产业产才融合全新景象，为乡村振兴高质量发展打下坚实基础。

❶ 碧江：筑牢“三大体系”构建人才生态先行示范区［EB/OL］.（2022-04-19）［2022-05-19］. 碧江区人民政府. http://bjq.gov.cn/xwzx/bjyw/202204/t20220419_73495636.html.

作为安徽省特色小镇的“金字招牌”，殷港小镇从曾经的“空心村”变身为“万人艺创小镇”，吸引2000多名创业青年入驻创业，带动5000人就业，人口也实现了从3000人到1.5万人的增长，这样的成就离不开殷港艺创小镇的发起人——夏云兴。他深爱着生于斯长于斯的农村，深知乡村振兴的关键在人，夏云兴是第一个学成归来的艺术人才，当年伴随他而来的还有一群寄望通过艺考实现人生梦想的学生。[1] 殷港小镇以艺术教育平台为依托，以特色人才集聚特色产业，引进和培育出一条包含艺术教育、文化创意、研学体验、数字科技等领域的闭环“艺创”产业链，上下游企业共计100多家，成功孵化出“六好儿郎文旅”“学豹欢乐总动员”“图优手绘地图”等品牌，高高在上的艺术如果“俯下身来”，接上地气，可以释放出巨大的创造力，激活农村的经济与文化，为乡村赋能。[2]

而在安徽省的另一处地区，人才智慧同样大力推动着当地产业发展，为乡村振兴夯实产业基础，黟县特别注重旅外人才回归创业，为发展壮大村集体经济锻造了一批“生力军”，县里建立了1000余人的高素质农民人才库，培育“有文化、懂技术、善经营、通市场”的乡村振兴新农人队伍。黟县素来被戏称为“黑多县”，[3] 古黟黑茶基地负责人郑东依托茶博园和茶博馆开展“黑茶+旅游观光”“黑茶+研学体验”，以“吸纳就业+黑茶产业联合体+产业振兴”形式，建成了兰湖、泗溪、古黄等3处茶园基地，带动5个专业合作社发展。2020年，该县村级集体经济收入达3370.8万元，同比增长10.2%，村均51.07万元，10万元以下薄弱村全面消除。[4]

（二）人才振兴推动乡村生态建设，筑牢文旅融合发展之基

乡村振兴，生态宜居是关键，良好的生态环境是当前乡村发展的独特优势和宝贵财富。各地区人才队伍建设以“绿水青山就是金山银山”为遵循，找准经济发展与生态环境保护的平衡点，为乡村振兴提供重要支撑。

福建省杉城镇际溪村则以深化海峡两岸乡村融合振兴为契机，聘请台湾上趣智业团队开展陪护式规划建设服务，团队以丹霞山乡的田园风光和尚书故里的人文底蕴为依托，在方圆4平方公里闭环圈内，尽可能保留村庄原有肌理，保护性地开发资源。

---

[1] 芜湖殷港：“空心村”变身“万人艺创小镇”［EB/OL］.（2021-08-24）［2022-02-19］. 东方城乡报. https://baijiahao.baidu.com/s?id=1708932380382952466&wfr=spider&for=pc.

[2] 安徽芜湖殷港小镇：艺术振兴乡村 艺创人才“回流” 昔日“空心村”变身“万人艺创小镇”［EB/OL］.（2021-08-10）［2022-02-19］. 中国青年网. https://baijiahao.baidu.com/s?id=1707655080221953278&wfr=spider&for=pc.

[3] 黟县：点燃“人才引擎” 激活乡村振兴源动力［EB/OL］.（2021-11-19）［2022-02-19］. 中部城市生活指南. https://www.sohu.com/a/502259028_121106991.

[4] 安徽黟县：优选新农人 创意新乡村［EB/OL］.（2021-10-08）［2022-02-19］. 农民日报. https://baijiahao.baidu.com/s?id=1713000812122915070&wfr=spider&for=pc.

在团队的努力下，际溪村老旧的村居变成错落有致的民宿，陈年的“尚书故里”重现昔日荣光。团队还设计了两岸文创品展示馆、乡村图书吧、香草馆等场所，并结合在地绿色生态环境、台湾乡建经验和高校人才，促进两岸文旅产业融合，营造出“一方农耕乐园，一处心灵原乡”的田园胜景，探索出了台湾乡建理念的福建乡村经验。际溪村统筹投入项目建设资金 2000 余万元，完成了房屋立面改造、生态停车场、生态护岸建设等 30 余个生态环境整治项目，实现了“耕读李家”全线内杆线下地及绿化亮化，打通了 7.5 公里环村沥青骑行慢道，把丹霞、森林、田园、村落等风貌原真性地呈现给游客。❶

“除了地盘大，什么也没有：要钱没钱要人没人；1000 来亩坡梁地，种下作物能把本收回来就不错了；山上养的牛羊也是有一年没一年，今年挣钱明年赔。”这曾是山西省大同市灵丘县红石塄乡的写照。近年来，灵丘县邀请在乡村建设领域有丰富经验的建筑师团队进行整体规划设计，以唐河大峡谷自然风光、北魏历史文化及有机社区农业为构架，进行乡村近远期规划与建设。经过几年的发展，红石塄乡用市场手段，将此前难有产出的山、水、林、田、河资源激活，变成资金、股金，吸引企业投资、运营，与村民建立合理的利益链接机制，发展出高质高效的有机农业和宜居宜业的美丽乡村。❷

（三）人才振兴促进乡土文化传承，塑造文旅融合发展之魂

依托乡村独特的历史文化资源，发展乡村特色文化传承，是实施乡村振兴战略、培育乡村发展新动能的一大抓手。各地区涌现出诸多优秀文旅人才，争当乡村振兴“主人翁”，各司其职、相互促进，真正实现乡村个性化振兴。

张理萍是手工竹编省级非物质文化遗产传承人，也是瓷胎竹编第五代传承人。瓷胎竹编是国家级非物质文化遗产，以竹丝为材料编织瓷器的“外套”。江西萍乡市湘东区优质竹资源丰富，为响应当地政府号召，带动乡亲们一起致富，曾在“瓷都”景德镇从商的张理萍回到湘东区江口村，建起了竹艺中心和竹编博物馆，手把手传授村民瓷胎竹编指尖技艺，先后培养吸纳了 30 多名村民进入竹产品加工行业。

经江口村村支书杨文群介绍，为帮助这个基础较差的穷山村，2020 年在湘东区委、区政府的支持下，江口村先后引进三石竹艺中心、零 799 艺术区、油葵花草种植基地等项目，三产融合帮助村庄发展文艺经济。零 799 艺术区又与中央美术学院合作推出

---

❶ 泰宁际溪村：活化传统村落文旅资源 助力乡村振兴高质量发展［EB/OL］.（2022-01-21）［2022-02-19］. 三明市农业农村局. http://www.agri.cn/V20/ZX/qgxxlb_1/fj/202201/t20220121_7807655.htm.

❷ 中国乡村，能否走出一条“个性化振兴”之路？［EB/OL］.（2021-12-29）［2022-02-19］. 潇湘晨报. https://baijiahao.baidu.com/s?id=1720489435515452974&wfr=spider&for=pc.

社会实践展，大量艺校生、游客等前来写生旅游，这里一时间成为“网红打卡点”。[1]

同样的改变也发生在江苏省溧阳市西北端的上兴镇。2016 年，溧阳市启动建设曹山旅游度假区，于 2018 年年初获批为省级旅游度假区。与此同时，上兴镇抓住省里政策契机，在牛马塘开展特色田园乡村建设试点。牛马塘拥有富硒土壤，土质疏松，盛产红薯。2019 年，留学归来的包艺舟发挥专业特长，深度挖掘红薯文化，打造了文创品牌“薯院”。店内琳琅满目的红薯制品令人目不暇接，曾经滞销在地的红薯，现在成了游客喜爱的“伴手礼”。包艺舟说：“政府部门和村民们都充分尊重我们的创意，鼓励我们大胆创新、大胆尝试，我们会在严格保护生态环境、充分保护村居风貌的前提下，打造独一无二的牛马塘”。[2]

个案篇

一、“夯基础”：创新文旅队伍人才机制

推动旅游与文化深度融合发展，人才是关键。文化和旅游的深度融合发展，不断催生出新模式与新业态，推动旅游产业变革发展，也对人才提出了新要求。人才培养是推动旅游产业转型升级的关键动力和根本保障，旅游产业高质量发展需要一批人才与之相适应。

（一）河北张家口：推动人才返乡，扎实团队基础

河北张家口积极探索建立人才返乡下乡机制，创新工作改革机制。选派干部到村任职机制的探索，符合农村发展需要，可以激发更多党员干部到农村一线尽展其才、干事创业。该地以村情为基础，既选推进发展基础差、精准脱贫难度大的“难点村”，又选产业发展有特色、集体经济有示范的“重点村”，为文旅发展输入新鲜的人才血液。

1. 基本情况介绍

河北省张家口市坝上和坝下地区部分农村，因党组织书记年龄老化、能力欠缺，

---

❶ 点醒传统：荒山长出艺术区［EB/OL］.（2021-12-25）［2022-02-19］. 半月谈. https://weibo.com/ttarticle/p/show?id=2309404718273400013039.

❷ 走进江苏看乡村振兴新鲜事之一：曹山深处有人家，海归扎根做文旅［EB/OL］.（2019-02-21）［2022-02-19］. 常州旅游推广中心. https://www.sohu.com/a/296217373_120047444.

出现了党组织软弱涣散、集体经济薄弱等问题，农村年轻人大多外出打工、返乡创业人数少，一些村甚至出现空心化、集体经济空白等情况。近年来，张家口市按照中央《关于鼓励引导人才向艰苦边远地区和基层一线流动的意见》要求，制定《关于选派中共党员干部到村担任党组织书记的实施意见》，以农村党组织书记为重点，积极探索建立人才返乡下乡机制，推进人才工作改革创新，取得了较好的成效。

2. 主要做法和成效

（1）吸培乡土人才，凝聚党员干部。到村任职干部积极联系动员外出务工党员返乡创业、反哺家乡，关心慰问老党员，使他们保持本色、发挥余热，支持村党组织工作。把大学毕业生、退役军人等年轻人作为后备力量来培养，帮助他们学习党务知识、掌握致富技能，培养发展入党，为村里储备人才，使村“两委”班子一改过去软弱涣散的面貌。

（2）规范治理制度，优化创业环境。到村任职干部坚持公开公正基本准则，带动“两委”干部、农村党员、村民代表健全完善“六位一体”村级治理组织体系。对村级重大事项、贫困户政策落实、“低保”“五保”办理等，按“四议两公开”制度进行民主议事决策，规范村级事务“小微权力清单”，推进党务村务财务公开，赢得了群众的信任和拥护。同时积极开展文明家庭、星级文明户、好儿女等道德模范评选活动，组织广场舞、健美操、唱村歌等健康向上的文体活动，营造人才创业就业的良好环境。

（3）抓培训谋发展，扎实队伍基础。市县组织部门积极组织到村任职干部参加省“万人示范培训”、市重点培训和县普遍培训，引导他们围绕“一村一策”“一村一品”，找到适合本村实际的产业振兴之路。充分利用扶贫脱贫的政策、项目、资金支持，充分利用本单位行业资源和自身人脉等优势，大力发展村级集体经济，本着因地制宜的原则，灵活运用土地物业经营、闲置宅基地综合利用、混合经营等多种新型村级集体经济发展模式，实现了村集体经济稳定增收，贫困户稳定脱贫，提升了村民群众幸福指数。❶

（二）山东安丘市：招贤纳士，构筑乡村振兴人才高地

2021 年以来，新引进安丘籍万人计划专家 1 人、长江学者特聘教授 1 人，高层次创业人才 2 人。同时，依托投资 120 亿元的安丘农谷，鼓励支持在外优秀人才回乡大胆创业、领办兴办项目，累计为 728 名返乡农民工发放创业担保贷款 8721.8 万元，为 173 名农村创业青年发放创业担保贷款 2177 万元，为 122 名返乡大学生发放生活补贴

---

❶ 抓乡村人才振兴根本 选派党员干部担当农村党组织书记［EB/OL］.（2022-01-19）［2022-02-19］. 河北省张家口市委组织部. http://www.irencai.gov.cn/tszs/202201/t20220119_243201.html.

58.2万元。

1. 基本情况介绍

安丘市以改革的思维创新乡村人才振兴机制，坚持多源灵活引人才、相互联合育人才、因岗制宜用人才，塑造了乡村人才新优势，走出了一条乡村人才振兴的新路子。近年来，山东省安丘市坚持把推动人才振兴作为乡村振兴的重要支撑，大力实施乡村人才“外引内培”工程，千方百计筑巢引凤、聚贤返乡，构筑乡村振兴“人才高地”。

2. 主要做法和成效

（1）多措并举，培育人才“生力军”。紧抓回乡创业人员教育培训，整合组织、团委、工会、农业农村、妇联、扶贫等部门的人才培训资源，重点开展农村电子商务、家政服务、种植养殖、食品加工、实用科技等方面的培训，提高农民工职业技能和就业竞岗能力。推动专家与农民、农业企业“结对子”，通过现场指导、专题讲座等方式，引导农业领域专家人才深入“田间地头”，破解产业发展难题，提升乡村人才创业能力。与潍坊职业学院签订战略合作协议，重点围绕优势特色农业，创建现代农业示范区专家大院。

（2）重点培育，构建人才成长“生态链”。注重政治吸纳，每年从全市发展党员计划中单列指标，从优秀回乡大中专毕业生、在外务工经商能人、农村青年致富能手中发展党员。加大从“回引”人才中推选“两代表一委员”力度。及时总结回乡人才创业发展先进经验，重点选出一批服务村级发展、带领群众致富的优秀典型，发挥典型示范作用，利用各类媒体大力宣传，带动形成回乡创业发展的浓厚氛围，激发在外人才回乡创业发展、投身家乡建设的热情。出台优惠政策，把优秀回乡人才纳入现代农业人才培养选拔的范围，享受人才扶持政策。

（3）人尽其用，共享人才资源圈。根据人才库资源和企业需求清单，以联合商会为纽带，实现人才与企业的精准对接，有效提高人才匹配度。人才库，即在4个引才区和市级建立总人才库，实现信息互通、资源共享。需求清单，是向每个企业派驻专员，根据企业发展活动情况和人才需求定期汇总需求，形成人才需求清单。联合商会，根据企业需求和人才清单，从人才库选定相关人才，在组织内部定期举行专题会议商讨，连接企业与人才面对面交流，促进企业与人才签约。[1]

（三）张掖市山丹县：培育乡村特色工匠，书写乡村新画卷

山丹县通过强化队伍建设、强化激励扶持、强化素质提升等方式，全面聚集人

[1] 安丘市构筑乡村振兴“人才高地”［EB/OL］.（2021-11-25）［2022-02-19］. 安丘市融媒体中心. https://baijiahao.baidu.com/s?id=1726700831667504515&wfr=spider&for=pc.

才，夯实创新发展人才基础，促进各类人才积极投身乡村振兴，以人才驱动引领乡村振兴。

1. 基本情况介绍

山丹县创新工作机制，深化效能建设，改进管理服务，不断加强文化人才队伍建设，多措并举激发各类文化人才的创新活力和潜力，为加快文化山丹建设提供了强有力的人才支撑。山丹县坚持把本土人才资源开发放在首要位置，着力在政策保障、柔性引才、培养培育、指导服务工作上精准发力，持续引导人才向乡村一线流动，汇聚推动乡村振兴强大动能。

2. 主要做法和成效

（1）积极搭建平台，挖掘和培养本土文化旅游人才。制定文化人才队伍发展建设规划，紧紧围绕挖掘、培养和使用三个环节，坚持行政管理人才、专业技术人才和文化经营人才三支队伍一起抓，挖掘和培养了一支特色鲜明、管理有序、体系完善、富有活力的本土文化人才队伍。通过政策宣传扶持、推荐参加节会赛事等方式，在技能人才培养载体建设上持续发力。举办了 2021 年创建全国旅游标准化试点城市山丹县文化旅游从业人员技能培训暨技能大赛、非物质文化遗产、书法绘画、文保员、农家书屋管理员、文创产品等培训班 25 期，组织参加各级文化、旅游、体育、康养从业人员培训班 22 期，参训达 3800 多人次。通过组织多层次多形式的培训和技能大赛，促进了文化旅游从业人员业务能力提升。

（2）不断优化环境，引进和集聚高端文化旅游人才。着力优化旅游服务环境，借力长城国家文化公园项目、艾黎精神传承教育基地、焉支山景区提升改造、城市记忆馆、四坝文化展览馆、新城区健身中心和县游泳馆等建设项目，吸引和集聚特色文化旅游人才；借助已成功举办的全国大众冰雪季世界雪日、北京大学“丝路行知集结号”、全国徒步活动、全省青少年自行车锦标赛、省歌舞剧院“文艺轻骑兵”、文化进万家省民族歌舞团走进景区、全市广场舞大赛等活动赛事，吸引旅游、文化、体育等方面的人才参与该县文旅建设，通过有效加强与外来专业人才的相互交流，发挥文化传播力量，引进和集聚高端文旅人才。

（3）健全产业体系，培育和壮大文化旅游人才队伍。开发滑冰滑雪、登山健身、户外露营、徒步穿越、赛马赛车等新业态，推出艾黎红色文化励志研学产品，扩大文化消费，全年累计发放“文化消费”优惠券 2 万多张，落实优惠文化消费补助资金 60 万元，拉动文化消费 2.01 亿元；建成山丹烙画传习所 3 个、山丹非遗研发中心 1 个、名家工作室 6 个和非遗扶贫工坊 4 家，4 名非遗传承人被评为山丹工匠，27 所非遗传习所挂牌运营，135 项非遗项目列入山丹县非物质文化遗产名录，147 名传承人列为非物质文化遗产项目的标志性人物。设计开发药枕、砚滴等文创产品2000多件。选送参加中国旅游商品大赛和中国国际旅游商品博览会，石木堂红枣木多功能养生系列产品荣获2019年、2020年中国特色旅游商品大赛铜奖。通过对文化旅游人才的激励和引导，加强优秀传统文化保护利用和传承传播，深化文化+大数据、文化+旅游，推动文化体制改革，培育和壮大文化旅游人才队伍，实现社会效益和经济效益有机统一。❶

二、“储才能”：强化文旅发展智力支撑

实施人才振兴，一方面是要在农村着力打造一支懂农业、爱农村、爱农民的人才队伍，另一方面，就是要组织引导各类人才向农村集聚，并为他们干事创业、实现梦想搭建平台、营造环境。重点是要突出农村发展实际需求，抓住“乡土人才”这个主要对象，着力“引、育、用、留”四个关键环节，健全有利于各类人才干事创业的政策体系，蓄人才之水养发展之鱼。

（一）浙江淳安县：把牢人才振兴主抓手，厚植乡村振兴原动力

淳安县将高质量人才引进和城乡人才共同体推进的同时，也注重本土人才强化和培育，立足于人才引领，加强农业机械化、智能化与数字化转型建设，不断建设和巩固乡村振兴成果。

1. 基本情况介绍

浙江省淳安县，是浙江省名副其实的农业大县，也是实施乡村振兴战略的主阵地。近年来，淳安县坚持“乡村振兴，人才先行”，紧扣特别生态功能区定位，聚焦刚柔并济强扶持，深化校地合作建平台，以生态为优先区位完善服务，不断探索人才振兴和共同富裕的举措途径，取得显著成效，获得全国“绿水青山就是金山银山”实践创新基地等荣誉。

2. 主要做法和成效

（1）实施专项培养计划，持续增强文旅发展的内驱力。培养非遗传承人才，深化“双百工程”燎原计划，实施“青苗工程”“拔节工程”“金穗工程”三大乡村文化文艺人才培养工程，给予非遗传承项目最高额奖励，重点培养根雕、刺绣、竹马等19个门类的民间艺术人才，培育三角戏、淳安竹马等国家级非遗代表性项目2项，八都麻绣工艺、青溪龙砚制作技艺等省级非遗代表性项目10项。相继建成八都麻绣馆、鸠坑茶博馆等一批特色非遗和民俗文化展示馆，非遗人才“栖息地”不断扩大。培育农技

❶ 山丹县四项举措加强文化旅游人才队伍建设［EB/OL］.（2021-12-08）［2022-02-19］. 澎湃政务. https://m.thepaper.cn/baijiahao_15760388.

农艺人才，以五星级乡土人才评鉴为抓手，挖掘培育民间艺人和能工巧匠。创新开展“新农民培育营”，引进上海市民俗文化学会会长仲富兰、陕西国画院副院长张华等文艺界大师驻扎乡村，打造西湖蚁巢艺术村等独具特色的文化乡村典范，培育农民画家，并在上海中心大厦举办新农人绘画艺术展，展出村民原创油画作品，开创艺术振兴乡村新路子。

（2）回引专业人才，为乡村治理“筋强骨壮”赋新能。创新农村社会治理人才队伍建设，重点引进专业化、高素质基层治理人才，为实现农村长治久安、农民共同富裕增强智力支撑。选聘经营人才，创新成立大下姜联合体，在全国率先招聘乡村职业经理人，为“三农”发展注入创新活力。选聘知名文旅企业家黄立法担任经理人，以专业化运营团队助力大下姜乡村产业发展持续向好，村集体经济总收入由2001年的0.86万元增长到2020年的151.33万元，村民人均可支配收入由2001年的2154元增长到2020年的42433元，并入选中央党校教学案例。引导人才回归，深推“一村一名大学生”培育计划，结合村（社）换届，创新设置部分村（社）干部岗位，吸引大学生和优秀青年人才走上乡村振兴大舞台。创新成立在杭流动党委，统筹在杭流动党支部力量，做好在外优秀青年的“招、培、引”，为村“两委”换届储备治理人才，引导在外创业青年回归投资发展。连续3年召开淳商大会暨新乡贤论坛，以“抢机遇、精对接”为原则牢牢系紧与乡贤人才项目的纽带，激发乡贤人才回归热情。

（3）智汇高端人才，文旅产业“强基固本”育新机。深植“产才融合”理念，紧抓省市人才西进战略契机，刚柔并济借力“最强大脑”，助力乡村产业振兴发展。人才助力农企技术升级。创新建设“两山”高层次人才集聚库，吸引高等院校如宁波大学以及乡村政策研究院等25家机构入驻，为农企发展给予“高端”智力支撑。千岛湖龙冠茶叶有限公司引进陈宗懋院士工作室，创立茶园水溶性农药替代技术，公司产茶直供G20杭州峰会、“一带一路”高峰论坛；下姜村春鑫蜂业有限公司引入福州大学陈文锋博士等蜜蜂专家，创新智能蜂箱，将蜂蜜产量提高4倍；杭州进生生物科技有限公司引进享受国务院政府特殊津贴专家梁宗锁，设立专家工作站，创新改良覆盆子膏方、覆盆子蜜饯等养生农产品，带动周边村民百余人“家门口就业”。

（4）人才助力农旅业态更新。创新举办“2020千岛湖论坛”之旅游峰会、产业对接会等，邀请联合国世界旅游组织专家库成员冯翔、北京巅峰智业创始人刘锋等6位旅游大咖主旨演讲，聘任原中国旅游研究院学术委员会主任、世界休闲组织中国分会副会长魏小安等25名国内外旅游领域专家大咖，共同为乡村旅游等产业振兴出谋划策。此外，下姜村携手浙江旅游学院、福建农林大学，创办乡村旅游创新发展高级研

修班，将红色旅游资源与新农村建设有机结合，成功入选首批全国乡村旅游重点村。❶

（二）云南丽江：万名人才兴万村，播下乡村振兴“金种子”

近年来，云南丽江市为促进人才振兴制定实施了多项政策文件，大力实施“人才强市”战略，构建了“1+9”的人才政策体系，积极盘活人才存量、做大人才总量、做优人才增量，培养引进人才总量达到近 13 万人❷。

1. 基本情况介绍

乡村振兴，人才为先。为突破人才困境、打破人才难题，丽江市于 2021 年 6 月启动实施“万名人才兴万村”行动，共派遣 1000 余名人才深入农村，计划在 5 年的时间内，覆盖帮扶全市 470 个村（社区），努力发挥人才优势谱写乡村振兴新篇章。

2. 主要做法和成效

（1）内引外挖“聚人才”，培养文旅发展智多星❸。按照“千村千业，百村百态”的发展思路，丽江市华坪通达乡党委依据“突出重点、按需引进、以用为本”的工作原则，坚持引进人才，扎实开展各村人才需求调研工作，将人才需求瞄准专业型人才。一是充分挖掘本土人才。在本地开展全面、深入、细致的调查摸排，挖掘出各村“土专家”“田秀才”、致富带头人、种养殖大户、民族文化传承人等各类精英人才 87 名。在掌握人才数据的基础上，建立人才信息库，强化人才管理服务，夯实人才工作基础建设。二是深入实施农村优秀人才“回引计划”。利用节假日举办返乡创业座谈会，邀请在外优秀人才参与交流，以真情鼓励在外创业有成、热爱家乡的人才回乡创业，以座谈交流会的方式吸引更多人才返乡，汇聚更多力量助力家乡发展。三是善用人才。用活驻村工作队及“万名人才兴万村”选派人才，充分发挥人才的专业特长，通过召开分析研讨会等方式，因地制宜为当地制定发展方案，5 个村编写出了各村的乡村振兴工作 5 年规划、“万名人才兴万村”调研报告、帮扶计划及措施等。

（2）立足人才，因地制宜带动乡村旅游科学发展。一是积极号召、推动、组织行业专家深入实地开展调研。充分了解所服务村的村情村貌，深入剖析所服务村的发展问题，在充分调研的基础上形成帮扶调研报告，为所服务村提供未来发展建议。二是人才队伍制定确实可行的帮扶方案，在充分调研的基础上，与乡（镇）党委共同制定

---

❶ 以人才振兴助力乡村振兴［EB/OL］．（2019-06-28）［2022-02-19］．浙江省淳安县委组织部．http://www.zuzhirenshi.com/rencaizazhi/showinfo/72567455-bf21-4aa9-93f1-0cf6e7a657f0.

❷ 云南丽江：万名人才兴万村［EB/OL］．（2021-09-16）［2022-02-19］．云南网．https://baijiahao.baidu.com/s?id=1711057624915339882&wfr=spider&for=pc.

❸ 丽江华坪：通达乡："三举措"夯实乡村振兴人才力量［EB/OL］．（2021-12-08）［2022-02-19］．华坪县委统战部．http://www.swtzb.yn.gov.cn/gdtz/dfyw/202112/t20211208_1068102.html.

发展方案，积极打造一批生态示范村、努力培育一批乡村特色品牌、培养一批乡村治理人才、培育一批村集体经济项目。三是因地制宜谋发展。人才队伍根据所服务村的自然优势，结合自身专业技能，通过技术指导、项目合作、试验示范、人才培养、资源对接等方式积极发展区域特色产业、积极挖掘区域民族特色文化、积极打造生态宜居环境、积极发展壮大集体经济，在帮扶高山花卉、道地中药材、食用菌、马铃薯种薯、优质晚熟杧果等产业转型升级的同时，着力推动软籽石榴、沃柑、花椒、木本油料等产业培育，并创新帮扶举措助力产业融合发展❶。

（3）壮大乡土人才队伍，助力文旅品牌建设。丽江永胜县以乡土人才的挖掘和培养促进农村产业的发展，通过提升乡土人才技能水平和理论知识，推动产业发展不断扩大、不断成熟，形成了“一村一品”“一乡镇一特色”。年产值超过 3 亿元的荷花产业，种植规模达 6 万多亩的沃柑，获得地理品牌认证、有机食品认证的明星产品软籽石榴等一批响当当的特色农业产品，既让老百姓得到实惠，又促进了县域经济发展。农村产业的不断发展壮大，让更多的乡土人才有了接受理论培训，进行实际操作的机会，也吸引越来越多的人才加入到产业发展中，不断壮大了乡土人才的规模和队伍，为乡村振兴稳步推进提供智力支持。片角镇卜甲村“人人都是软籽石榴专家”，种植技术辐射县域内所有软籽石榴种植乡镇；三川镇翠湖村培育了一批荷花产业种植能手、致富能手、销售能手、服务能手❷。

（三）山东淄博石马镇：“人才+体育+旅游”，新理念促文旅融合发展

2018 年，石马镇紧紧围绕区委“一个目标、三个聚力”总体思路和“一二三六”工作部署，以五阳湖运动休闲小镇规划建设为突破口，全面推进乡村振兴，奋力开创石马镇经济社会发展新局面，以“人才+体育+旅游”开启乡村振兴新理念。

1. 基本情况介绍

2018 年 5 月，该镇在市文明办成功立项创建全国文明镇。石马镇以国家级运动休闲特色小镇创建为目标，以全国文明镇创建为载体，以“全省乡村振兴示范镇”建设为突破口，以“工作落实年”为抓手，统筹推进经济、政治、文化、社会和生态文明协调发展，努力打造博山特色乡村振兴样板。

2. 主要做法及成效

（1）以项目拉动文旅品牌。一是提升招商引资的精准性和实效性。石马镇以五阳

---

❶ 云南丽江：万名人才兴万村［EB/OL］.（2021-09-16）［2022-02-19］. 云南网. https://baijiahao.baidu.com/s?id=1711057624915339882&wfr=spider&for=pc.

❷ 丽江市永胜县用活乡土人才助力乡村振兴［EB/OL］.（2022-02-18）［2022-02-19］. 潇湘晨报. https://baijiahao.baidu.com/s?id=1722265763151151087&wfr=spider&for=pc.

湖旅游综合开发项目为发展契机，将招商引资作为度假区建设重点突破口，策划14个招商项目，明确对接责任人，不断提高招商精准性和实效性。二是实施精准化招商，重视策划与包装。保护、修复、利用历史文脉，对九曲尚苑、金牛山景区、南坪石城等进行打造升级，提升区域旅游影响力和竞争力；积极建设开发山水旅游项目，以山水为基底，以度假休闲为打造方向；重点建设好“双十”旅游漫道、五阳胜景、五阳湖体育运动休闲公园等项目；努力传承发扬打铁花等民间非物质文化遗产；用心策划举办“跑游山东”半程马拉松总决赛、省铁人三项锦标赛等体育赛事；积极引进有实力的文旅公司，积极壮大和培育文旅产业新发展。三是创新招商模式，利用度假村内现有的优势资源，整合区域内生态资源、土地资源、人文资源等优势资源，建立园区资源与项目信息库，与优秀企业合作，采取公司化招商模式，力争引进大企业、名品牌、强资本❶。

（2）挖掘专业人才，打造特色小镇。石马镇积极推动“人才+体育+旅游”的发展战略，打造融观光旅游、休闲度假、体育运动、民俗文化为一体的多元旅游业态，将旅游、运动、休闲、民宿融为一体，形成体育与旅游、产业、文化深度融合发展的新格局。同时，以“人才+体育+旅游”为亮点，邀请专业的体育人才促进体育与文旅融合，积极做好文旅工作，立足小镇特色，以体育赛事拉动经济增长，积极促进乡村发展❷。

三、“造引擎”：释放文旅融合乡村特色

促进文旅融合发展可以释放农村发展活力、赋予旅游发展新内涵，这是推进乡村旅游的重要措施，也是推动乡村振兴的积极实践。旅游业的发展能够提升乡村现有资源价值、促进资源开发，打造乡村特色品牌。文旅人才在促进乡村文旅融合中起着重要推动作用，利用专业人才立足村情村貌、挖掘本土潜在资源，促进资源的合理利用，带动开发乡村生态旅游业，是扩大农民就业，带动当地经济发展的有效尝试。

（一）四川大邑县：人才下乡发展农创项目新模式

2020年以来，四川大邑县深入实施乡村振兴人才集聚培育工程，积极引导优秀人才到乡村一线建功立业。开展“大邑人才计划”项目评审，已认定高层次人才134名、团队9个，其中乡村人才（团队）占比22%。与中科院云计算中心合作建设“人才大

---

❶ 博山区石马：项目引领“文旅之都”［EB/OL］.（2017-02-21）［2022-02-19］. 淄博市人民政府. http://www.zibo.gov.cn/art/2017/2/21/art_12_292162.html.

❷ “人才+体育+旅游”促文旅融合发展［EB/OL］.（2017-09-14）［2022-02-19］. 大众日报. http://finance.china.com.cn/roll/20170914/4390501.shtml.

数据平台”，组建“农村实用人才库”8002人。探索岗编适度分离等方式，推进县域内校长教师交流和基层卫生健康人才“县聘乡用”“乡聘村用”管理机制改革，112名乡村医生转岗成为全科医生，150名教师纳入乡村教师支持计划❶。

1. 基本情况介绍

大邑县距成都市区40公里，总人口50万，其中农村人口40余万，比重高；境内70%是山区，由于在地理区位上不占优势，长期以来，大邑县经济基础薄弱，发展变化缓慢，财政收入长期处于较低水平。自2017年起，随着乡村振兴政策的实施落地，大邑县立足本地优势特色，积极促进乡村发展，改变过去的落后面貌，加快建设新时代现代化农村。

如今，大邑县辖区面积1284平方公里，辖11个镇（街道）147个村（社区），其中现存乡村形态的村（社区）共有123个，占比达83%。大邑县境内海拔落差近5000米，高山丘陵平原呈“七山一水两分田”之势，拥有诗圣杜甫笔下“窗含西岭千秋雪”的西岭雪山、中国博物馆小镇安仁古镇、中国道教发源地鹤鸣山、佛教南传第一站雾中山、最后的川西坝子新场古镇等6个国家4A级旅游景区，是四川省拥有4A级景区个数最多的县。

2. 主要做法和成效

（1）人才下乡，打造独具特色乡村名片。大邑县积极践行引才、用才、留才的理念，通过完善人才机制、重视人才服务吸引了一批农业专业人才。农业专业人才立足大邑农业环境，发挥大邑地理优势，因地制宜培育本土农业特色产品——大邑蓝莓、大邑葡萄。不仅如此，当地农业创业人才还积极推动大邑农产品远销海外，延伸农业产业链。在发展农业种植业的同时，大邑县还积极建设文创平台，发挥青年力量，邀请优秀青年和大学生团队入驻创新创业孵化园区，共同助力乡村振兴，打造大邑县独具特色的乡村新名片。

（2）农商共建，农创项目催生乡村之变。一是与村民形成共建、共享、共生、共荣的发展模式。当地党委、政府积极与优质企业合作，打造专业化产业园区，带动村民致富增收。当地政府立足实际，积极推动体制机制改革创新、推动产业功能区转变升级、推动农商文旅体融合发展，让广大农民共同为实现农业现代化出谋划策，共享发展成果。二是以专业团队为依托组建运营管理公司。大邑县按照“政府引导、政策支持、农民参与+市场化运营”的方式，以集体股份合作社为主体，吸纳社会资本，整合专业团队，共同成立运营管理公司，建设文化主题公园，促进产业融合发展，实现

---

❶ 四川：农商文旅融合发展 构筑大邑乡村振兴路［EB/OL］.（2018-06-08）［2022-02-19］. 成都日报. http://travel.china.com.cn/txt/2018-06/08/content_51816460.htm.

农民收益增收❶。

截至2018年，大邑县已经规划了6个现代农业综合体项目，在尊重农村的发展现状与传统民俗风情的基础上，计划打造融文化、艺术、科技为一体的新型田园综合村落，坚持“农业+旅游”的发展理念，促进一二三产业融合发展。目前共打造了4个特色镇、5个景区化的村庄、19个特色川西林盘，推动了农商文旅融合发展❷。

（3）幸福公社，探索乡村文旅发展新模式。幸福公社是大邑县重点打造的乡村振兴文创平台，大邑县青霞镇开创了幸福公社项目，开创了围绕社区打造、人才引进、产业发展等多元功能为一体的乡村文创旅游模式。公社以创意为核心打造乡村特色文化创意园区，通过举办创意活动如木艺比赛、手绘地图比赛、幸福创意集市等，吸引城市青年下乡，将农业和文创产业结合，带动村镇居民就业，共同打造大邑文化❸。此外，幸福公社积极引进专业人才，创建成都农业创客中心，成为全国首批“星创天地”，为品牌提供孵化园地。同时，幸福公社积极践行发展人才的理念，组织了专业的设计团队下乡，依托农产品优势，创意设计包装品牌，通过设计，让村村有文创、户户有特色，以幸福公社带动本地村民创业就业。

截至2018年年底，大邑县打造特色文创农业区约2000亩，打造了稻田创意工坊、四季农博体验区、禅源精修聚落和健康乐活社区等四大产业体验区，通过盘活现有农业资源，在保护生态的基础上，打造了主题科普馆。同时大邑县还开发建设田园度假村，在成片打造美丽乡村集群的基础上，紧紧把握文创产业的发展机遇，建设四川美丽乡村文化品牌“试验田”，积极发展生态旅游、精品旅游，让村民们腰包都鼓起来。

（二）青海省黄南州：创新人才振兴新模式　探索美丽乡村新样板

近年来，黄南州各类人才队伍建设取得了一定成效，截至2017年年底，各类人才资源总量为1.66万人，占全州总人口的6.1%。但与实施乡村振兴战略的内在需求相比，黄南州人才总量不足、结构不合理、分布不均衡、人才“青黄不接”等问题还很突出，远远不能满足各项事业发展对人才的需求。破解人才发展瓶颈，必持人才是第一资源的原则，紧紧围绕乡村振兴创新更具竞争力的人才集聚制度，加快推进人才强州战略，创新人才振兴新模式，探索美丽乡村新样板。

---

❶ 四川：农商文旅融合发展 构筑大邑乡村振兴路［EB/OL］.（2018-06-08）［2022-02-19］. 成都日报. http://travel.china.com.cn/txt/2018-06/08/content_51816460.htm.

❷ 四川：农商文旅融合发展 构筑大邑乡村振兴路［EB/OL］.（2018-06-08）［2022-02-19］. 成都日报. http://travel.china.com.cn/txt/2018-06/08/content_51816460.htm.

❸ 农商文旅融合发展 构筑大邑乡村振兴路［EB/OL］.（2018-06-14）［2022-02-19］. 大邑检察. https://www.163.com/dy/article/DK9CU9S60514N50T.html.

1. 基本情况介绍

青海省黄南藏族自治州始终坚持把人才振兴作为乡村振兴的基础性、先导性、关键性工程，积极营造爱才、惜才、用才环境，以开放的胸襟吸引人才、以优惠的政策留住人才、以良好的机制用好人才，探索创新“组织部门主导、特邀顾问指导、技术人才帮扶、驻村队员传授、村民参与发展”的人才振兴新模式，带动乡村群众奋力谱写乡村振兴新篇章。

2. 主要做法和成效

（1）特邀顾问指导，做好乡村发展蓝图“规划者”。聘请专业人才找准乡村发展思路。鼓励各乡村自主聘请专业人才为特邀顾问，为乡村规划发展蓝图、编制乡村布局规划，因地制宜对全州 262 个行政村分类组织中心村、历史文化名村、民族特色村、一般村编制乡村建设规划，指导划定生态、农牧业、城镇等空间和生态保护红线、永久基本农田，满足乡村发展需要。

（2）技术人才帮扶，当好文旅融合“推动者”。一是建立人才工作机制，制定《黄南州柔性引才引智实施办法》《人才发展体制机制改革若干措施及重点任务责任清单》《黄南州关于推进人才工作高质量发展的实施意见》，坚持全职引才和柔性引才相结合，构建更加开放、更具活力的引才机制，从产业选种育种、田间管理、收获储藏、品牌营销等方面提供技术支持。二是创新服务体系，建立城乡、区域、校地之间人才培养合作与交流机制，着力打造充满活力、更加开放的人才环境。创新服务乡村机制，通过完善政策保障、加大资金支持等措施，鼓励引导城市医生、教师、科技文化人员等人才定期向艰苦边远地区和基层一线流动，加快推进乡村人才振兴。鼓励事业单位专业技术人员通过兼职方式，为农户、合作社等提供增值服务合理取酬，进一步调动各类人才深入基层、服务农村、助力振兴的积极性、主动性。三是推进为民办事。开展百名人才下基层“一讲二办三助力”活动，组织全州教师、医务人员、科技人员深入基层一线、农牧科技园区、合作社等领域进行义务诊疗、科技推广、产业指导等服务。

（3）村民参与发展，当好人文旅发展“实践者”。一是培育新型乡土人才，鼓励高校毕业生、农牧民开展种养殖业、唐卡、手工艺品制作、旅游服务等多种方式自主创业，培育一批家庭工场、手工作坊、扶贫车间，促进乡村经济多元化。二是鼓励返乡人员发挥自身优势，创办企业、家庭农场牧场、农牧民合作社、农业社会化服务组织等农牧业经营主体，进一步激发农牧民群众的积极性、主动性、创造性，乡村振兴吸引了村内高校毕业生、退役军人、农村待业者成为致富路上的坚定支持者、亲身实践

者和不懈奋斗者。❶

（三）浙江临安：乡村运营师走出乡村振兴新路子

截至 2021 年 9 月底，临安有运营商在运营的村落景区共 20 家，实现旅游收入 4.2 亿元，村民收入增加 257 万元，村集体收入增加 4708 万元❷。

1. 基本情况介绍

2017 年 5 月以来，临安创造性开展“村落景区市场化运营”。临安区文旅局从整村运营的角度出发，引入市场化运营商，让专业的人来经营村庄，根本性解决了美丽乡村变现难的问题。经过四年多时间的实践，临安找到了实现乡村振兴的发力点，坚持以市场化手段经营村庄，撬动“两进两回”，实现共同富裕，取得了显著的成效。

2. 主要做法和成效

（1）乡村运营师“上山下乡”，让美丽乡村也有美丽经济。2017 年年初，临安首次提出“村落景区”概念，同年 5 月，临安进一步提出“村落景区运营”，并开始探索市场化运营新模式，积极寻求热爱乡村、熟悉策划、掌握营销的人才团队开展合作，挖掘村落资源的价值，让乡村资源发挥市场化效应，将资源优势转变为经济优势、生态优势转变为发展优势，让美丽乡村也有美丽经济。3 年时间里，在乡村文旅运营方面，临安做了许多积极探索和实践。目前，已有 14 家村落景区与运营商签约合作，完成落户项目 53 个，项目总投资达 5.2 亿元，3 年来，12 个村落景区共吸引返乡青年 100 余人，各类手工匠人参与业态运营 96 个，增加村民就业岗位 200 余个❸。临安村落景区市场化运营的创新举措，引起全国各地的广泛关注，不少地方学习“临安模式”，开始推广实施乡村市场化运营。

（2）把“旅游+”植入乡村，为乡村旅游赋能。一是立足乡村资源，打造运营方案。各村的乡村运营师结合当地优质文旅资源，深挖自然资源和人文资源的优势，将资源转变为文旅产业，激活临安乡村发展的活力。3 年时间里，临安石门村、龙上村、大山村发展成为区域游客争相打卡的“网红村”；杨溪村乡村运营师依托当地独特的地貌，打造攀岩体验馆，同时在狮子山上建成 125 条专业攀岩线路，使龙上村一跃成了

❶ 黄南州创新人才振兴新模式探索乡村共同富裕新样板［EB/OL］.（2021-12-16）［2022-02-19］. 黄南藏族自治州人民政府. http://www.huangnan.gov.cn/Html/Contents/18/6097.html.

❷ 央媒采访团临安探寻乡村运营“共富密码”［EB/OL］.（2021-11-25）［2022-02-19］. 杭州日报. https://baijiahao.baidu.com/s?id=1717414413328712324&wfr=spider&for=pc.

❸ 让乡村振兴的“里子”更充实［EB/OL］.（2021-01-01）［2022-02-19］. 人民网. https://baijiahao.baidu.com/s?id=1687634811173574595&wfr=spider&for=pc.

全省唯一的“攀岩小镇”❶。二是激活乡村活力，打造特色产业。依托临安优质的自然资源，打造农村特色民宿、菊花种植基地、高山蔬菜基地等，促进旅游业转型升级。在临安太阳镇双庙村，乡村运营师打造了一条长达 4 公里的乡村旅游线路，有效串联起山谷、水库等当地文化资源，并且还在沿线建立豆腐坊、酒坊、油坊等新业态，并通过乡村集市、音乐节、酿酒节等活动，让游客在旅游中感受乡村美丽，助力乡村振兴❷。

（3）发挥村民主体地位，激活文旅融合发展热情。2020 年年初，临安乡村运营师团队与当地农户合作开发出“暇暇农”平台，设计了“田地认养”“农产品售”“村民有话说”等板块，村民通过平台定期发布信息，传授农业种植经验，引来不少关注度❸。

理论篇

一、人才振兴是实施文旅融合的关键力量

“功以才成，业由才广”。人才是第一资源，是乡村振兴的重要力量，是实施文旅融合的关键力量。2009 年，国家文化部与国家旅游局发布的《关于促进文化与旅游结合发展的指导意见》提出将文化和旅游结合发展，指出文化是旅游的灵魂，旅游是文化的重要载体❶。党的十九大以后，文旅融合的步伐逐渐加快。确保文旅融合纵深化发展的关键力量则是人才振兴。人才振兴是文旅融合的内在要求，也是文旅融合的助推器，高素质人才的引入，能为文旅融合注入新的活力。

（一）人才振兴是文旅融合的内在要求

随着人民生活水平的提高，旅游消费观念以及需求也在不断变化，从开始的观光

❶ 浙江临安：乡村运营师带来新思路新活力［EB/OL］.（2021-01-07）［2022-02-19］. 中国旅游报. https://www.mct.gov.cn/whzx/qgwhxxlb/zj/202101/t20210107_920576.htm.

❷ 浙江临安：乡村运营师带来新思路新活力［EB/OL］.（2021-01-07）［2022-02-19］. 中国旅游报. https://www.mct.gov.cn/whzx/qgwhxxlb/zj/202101/t20210107_920576.htm.

❸ 双庙村运营之路：乡村之美物尽其用，这就是我们向往的生活［EB/OL］.（2020-08-26）［2022-02-19］. 临安乡村旅游运营. https://baijiahao.baidu.com/s?id=1676078384632096624&wfr=spider&for=pc.

❶ 关于促进文化与旅游结合发展的指导意见［EB/OL］.（2009-09-15）［2022-02-19］. 中国政府网. http://www.gov.cn/zwgk/2009-09/15/content_1418269.htm.

型旅游阶段向着更高层次的休闲度假方向发展。只有更高质量的文旅融合，才能满足人民需求的改变。文化和旅游业高质量融合发展归根结底取决于人才，人才培养是其中的关键动力和内在要求。

文旅高素质人才，能够深入理解文化与旅游两者的内涵，指导文旅和农业、工业等其他产业的融合发展，充分发掘和利用乡村文旅融合的价值。乡村文化与旅游融合具有多元化、独特化与原生化的特性，为乡村文旅带来了更多吸引力和开发价值。借助数字型人才的培养与引进，能对乡村文旅资源进行更深入地挖掘与整合，将乡村的文化与旅游风貌更全方位、多样化地呈现。通过挖掘培养乡村手工艺人，传承非遗等技艺，使得文化向旅游深度引入与渗透。创新型人才的引入，能推动文旅融合体制的改革，促进文化旅游产业的升级，将闲置的文旅资源利用最大化。

文旅融合离不开人才振兴，人才振兴是文旅融合的内在要求。人才的培养与引入，保障文旅融合的质量，推动着文旅融合产业与其他产业的融合，丰富着文旅融合的内涵。

（二）人才振兴是文旅融合的助推器

文化与旅游的融合不能只是表面的、浅层的融合，而是要纵向的、深入的融合，要让文旅在实践层面落到实处，实现深度融合并取得实质成效，需要人才振兴。对于文旅融合来说，人才能够起到加速作用，人才振兴是文旅融合的助推器。

人才振兴与文化振兴是潜在的，偏向于精神层面，聚焦于行为与文化，是更深层次、更核心的方面，起着支撑的作用。作为国家战略，无论是从乡村振兴这一较大的方面还是文旅融合这一较小的方面来看，其依靠的主体都是人。而作为依靠人的文化和旅游产业，相关人才队伍的培养、建设尤为重要。

文化旅游人才队伍的质量能够影响文旅融合的质量。高质量、高水平的人才队伍能够让文旅融合在原有基础上更进一步，实现文旅融合的纵深化发展。文化与旅游的融合发展也离不开人才振兴。人才振兴中对于人才的引入与培养，能够助力非物质文化遗产的传承，促进文化旅游经济的转化，使文旅融合朝着更深、更实的方向迈进，从而促进乡村振兴。

文旅融合想要更好、更快、更高质量地发展离不开各方人才的共同努力，高质量、复合型的人才能够为文旅融合增添可能性，助推文旅融合发展前进。

（三）人才振兴为文旅融合注入新活力

文旅融合不是文化与旅游两者简单的拼凑，而是文化向旅游深度地渗透，提升旅游产品的文化内涵。人才振兴不仅要引进和培养如导游、非遗人才、产业管理人员等最直接相关的文旅产业人才，还要引进高新技术人员。根据 2018 年 3 月，国务院发布《关于促进全域旅游发展的指导意见》，指出要推动旅游与文化、科技融合发展，强调要借助大数据技术推动全域旅游发展❶。高新技术人才能够熟练掌握并运用智能化技术，从人工智能、5G、数字视觉艺术等多方面为文旅融合产品的变现形式添加创新性，使文旅融合的呈现形式更加多元化，促进文旅融合向纵深化发展。

不仅如此，创新能够丰富旅游文化的内涵，吸引受众，给用户带来更为多样化的体验。文旅融合中创新所依靠的主体在于人，人具有主体能动性和创造性。乡村人才的引入，能够从多方面改善农民的固有思维方式，让他们了解更多新信息和新知识，为文旅融合注入新的活力，带来更多新思想的火花碰撞，提升文旅融合的质量。

人才振兴不仅是文旅融合的关键，也是整个乡村振兴的重中之重。人才振兴能够吸引多方人才投入文旅融合及乡村振兴建设，为文旅融合提供新概念、新想法，并将创新落实到实践，拓展文旅融合发展思路，切实地为文旅融合注入新活力。

二、人才振兴战略下文旅融合发展现实困境

从各地的实践来看，在促进文旅融合方面，虽然有不少成效，但也反映出一些问题，比如各地对于文旅人才的重视程度不足、文旅人才严重短缺以及文旅人才保障机制不够完善等，这些实践中存在的问题需要各地政府面对且积极应对。

（一）文旅人才受重视程度不高

在各地工作推进过程中，由于缺乏本地政策的顶层设计，难以整体推进“乡村文旅人才”的工作进度。“乡村文旅人才”多停留在媒体宣传报道地方经验和少数学术论文进行理论探讨的层面上，鲜有针对性、制度性的措施出台。

以往出台的相关政策主要是围绕产业扶贫、乡村治理、提供基本公共服务，重点倾向于生产型人才、经营型人才、生产技术人才，以及教师、医疗卫生人才、基层治理人才，乡村人才队伍建设工作也主要是围绕以上人才展开。而传统手工业人才、乡村文化能人、新乡贤、乡村旅游、乡村规划等人才受重视程度不高，还不能适应新时代乡村振兴的需要，较大阻碍了文旅融合的进一步发展。

实际上，很多省份的旅游行政管理部门过于偏向乡村旅游的景区开发与宣传工作，而在产业融合、资源整合以及科学合理的专业规划方面有所忽视，尤其是在文旅人才的管理与营销方面较为薄弱。专业人才在旅游规划、商品开发、电商促销等方面能够

---

❶ 国务院办公厅关于促进全域旅游发展的指导意见［EB/OL］.（2018-03-22）［2022-02-19］. 中国政府网. http://www.gov.cn/zhengce/content/2018-03/22/content_5276447.htm.

提高更多可能性，但是很多地区总是以现有的从业人员替代专业文旅人才，根据经验主义进行决策、开发、运营文旅产业，无法有效发挥专业人才带来的收益。

（二）文旅人才严重短缺

当前，人才短缺、人口空心化已成为乡村振兴的主要难题。专业人才的匮乏是制约农业农村发展的重要因素。在促进文旅融合的工作中，特别缺乏具有创新意识的新型人才。主要表现在欠缺具有高文化水平，丰富旅游行业经验和创新意识的新型人才。

之所以乡村文旅人才数量严重短缺，储备人才不足，主要有以下三方面原因。

一是青年人才的流失殆尽。城镇化进程的加快，大量青年农村人口进城务工，文化程度较低的老年人大多留守农村。而当下乡村旅游业主要集中于旅游特色村、农家乐等传统模式，常由邻里帮干、家庭合伙等形式运营，其中大部分的中老年人年龄普遍较大，文化程度较低，服务意识不到位。换言之，对于文旅行业的专业知识有所欠缺。青年人的减少导致乡村建设队伍难以获得人力资源，从而失去了助推乡村振兴的重要力量。

二是文旅人才引进困难。在各地积极开展人才引进的工作时，在乡村部门、合作社等部门缺乏点对点的人才培养政策和人才培养专项资金的支持，要求发展人才的内容经常出现在文件规定中，但是并没有具体落实到实际工作中，也没有建立与之对应的配套措施和资金支持，人才工作难以真正落实。同时，乡村发展领头人的综合素质不足，地方单位也缺乏更新人才培训模式的能力，培养人才的路径单一老旧，难以吸引青年才俊入驻乡村建设。

（三）文旅人才保障机制有待完善

在人才引进工作的初期，多地政府会出台一些优惠政策提升自身的吸引力。但是人才保障机制仍然不足，比如工作环境差、激励机制不完善等问题使很多优秀的文旅人才流失，“引得进、留不住”成为大多数地方的通病，主要表现在以下三个方面。

一是外来文旅人才流失问题。在政策红利和资金的支持和吸引下，一批高素质的专业文旅人才的确被引进，但由于缺乏对引进人才的职业发展进行合理规划，导致这种吸引力只是暂时的，很多专业人才流失。

二是本地的文旅人才发展受限。当前，部分地方政府的政策多倾向于外来人才的引进，而忽略对本土人才的挖掘和培养。

三是青年文旅人才储备不足。乡村青年人的匮乏导致乡村建设难以构建完备的文旅队伍，从而缺乏人才振兴的助推力量。

总之，无论是引进外来人才还是发展本土人才，部分政府管理部门都缺乏对人才培养的整体规划方案，没有根据本地特色制定适合人才发展的具体培养计划，没有充分发挥人才价值，给予其空间创造价值。这主要体现在三个方面：一是思想固化，用传统思想束缚、限制文旅人才的创新思想，久而久之失去人才引进的初心本意。二是薪酬待遇较低，无法发挥优秀人才的积极性。三是缺乏制度化、常规化的教育与培训，导致人才的知识更新与时代发展脱节。

三、多项措施并举，培养乡村振兴文旅人才

当前，人才短缺已经成为乡村文旅融合发展的一个难题。乡村留不住人才，关键的问题在于，乡村没有好的产业和发展环境，那些拥有高精尖技能的专业人才来到乡村，总感觉英雄没有用武之地。培养乡村人才重点还是要落在乡村如何培植吸引人才的土壤。

（一）强化爱才、惜才意识，吸纳人才到文旅融合工作队伍

在政策引导方面，首先要根据当地发展情况，拟定各岗位文旅人才发展目标和中长期人才发展计划，制定专门方案和办法推动人才发展工作。落实乡村振兴战略中“人才是乡村第一资源，创新是第一动力”的要求，以会议、讲座等学习方式开展工作，强化乡村领导班子和带头人对旅游人才及文旅融合等内容的意识。

其次，选择专业文旅人才时，应不能仅看高学历，不拘泥于文旅人才的年龄、性别学历等，要选择具备实干精神的专业型人才，尽量吸纳接收民间文化人才进入到乡村文化工作队伍中来，保证民间文化的传承，让民间优秀文化资源得到充分的发挥与利用。[1] 同时，要懂得尊重文旅人才的想法与意见，充分考虑规划、开发、运营方案的可行性，既要引才，也要识才、惜才、爱才。

再次，发挥党建引领作用，搭建平台，汇聚青年新力量。党支部可以开展“主题党日”“党员进村”等活动，让青年党员参与到村里面的试岗锻炼、文旅融合发展的相关工作中，让他们在帮助群众解决实际困难和问题中，提升服务能力和工作实战水平，在实践中锤炼工作技能。

最后，加强媒体宣传报道工作，营造文旅人才引进培育的优良氛围。要不断反映各地人才工作的生动实践和人才典型，多宣传文旅人才在文旅融合工作中的创新做法、先进事例。邀请一线专家就等相关话题展开讨论，让人才现身说法，调动各方面力量营造人才工作舆论氛围。

---

[1] 王璐，唐成．乡村振兴战略背景下的文旅人才培养模式［J］．福建茶叶，2019，41（11）：82-83.

（二）利用优势教育资源，构建人才培育体系

加大对乡村用人制度的建立健全力度，培养在各方面具有突出优点的乡村文旅工作者。在乡村推进人力资源改革创新，建立完善科学的用人机制与人事管理制度，乡村用人管理部门应引入“价值付薪”的人才理念，以市场化的思维来设置岗位，针对岗位签订劳动合同，并设定职业晋升通道和激励考核制度。[1]

从引进、培养到用人，应坚持“上接天线”与“下接地气”相融合，既要牢牢把握政策文件的要求，也要结合当地实际情况，突出文旅产业的核心内涵，注重乡土文化的熏陶与灌输，进而挖掘特有的乡土文旅资源，打造特色化、品牌化的乡村文旅招牌。

寻求外界教育资源，为文旅人才注入先进动能。高校和研究院是乡村文旅融合发展的“智库”，乡村可以同一些高校的文旅专业或者文旅研究院建立合作联系，为高校或者研究院提供实践场地，以此带动乡村文旅融合。也可以向文旅融合发展做得比较好的乡村“取经”，定期组织乡村人才到其他单位学习进修，将成功的经验带回乡村，助力乡村文旅发展。

充分利用当地教育资源，通过学校这一平台传播乡村的风俗民情、传统道德、文艺精粹，提高乡村学校的竞争力与吸引力，吸引本地学子留乡学习，同时通过定点培养以及联合培养的方式，加强与本地院校的合作学习，丰富乡村文旅人才的知识面，培养出既掌握传统乡村文化，又能适应时代发展的新型乡村文旅人才。

（三）多项政策向人才倾斜，完善人才保障机制

要发挥农村人才助推文旅融合发展的主体作用，必须创造适合各类人才发展的大环境，在待遇、住房、职称、子女上学、医疗等方面向农村人才倾斜，激励优秀农村人才扎根基层、建功立业。大力培育涉农经营、管理、技术和金融等方面的干部、人才，切实选好村委班子成员，村委班子成员要真正发挥致富带头人、党建带头人的作用，发挥基层组织的核心作用，为文旅融合提供坚强有力的组织保证。

拓宽文旅人才服务乡村渠道，挖掘整合本土乡村文旅人才资源，不能停留在“仅引不用，无地施才”的困境。需要同步推动乡村文化和旅游发展，建设一批乡村旅游特色景区、构建一批旅游新业态，充分挖掘旅游资源的内涵和外延，为文旅人才提供广阔的发展前景和施展舞台。

要想文旅人才扎根乡村，不仅要用事业留人，还要用生活留人。返乡入乡人员不

---

[1] 王璐，唐成．乡村振兴战略背景下的文旅人才培养模式［J］．福建茶叶，2019，41（11）：82-83.

仅需要资金支持、素质提升、基础设施改善、创业平台支撑，也在子女教育、住房保障等方面有刚性需求。要尽可能地考虑到人才的多方面需求，构建长效保障机制，建立稳定的人才福利待遇，对文旅人才的编制、安居、流动、创业资助等方面做出具体规定，进一步优化留才环境。

在农村人才培养工作中，积极培养本土优质人才，强化乡村振兴人才支持；吸引涉农企业家、技术人才、优秀教师以及农业管理和农村发展等相关专业人才作为智力支撑，营造有文化特色的舆论氛围，全面提高人才服务质量和服务水平，促进乡村文旅融合。

第三章　产业振兴促进文旅融合

政策篇

一、产业振兴促进文旅融合的政策沿革

（一）改革开放初期

党的十一届三中全会上，在总结了历史经验和教训的基础上，提出“必须首先调动我国几亿农民的社会主义积极性，必须在经济上充分关心他们的物质利益，在政治上切实保障他们的民主权利。”把降低成本的好处让给农民，会议还讨论了加强农业科学教育、制定发展农林牧业的区域规划、建立现代化的农林牧渔业基地、积极发展农村社队工副业等重要问题，决定采取相应的措施。可见在当时，一些关于发掘农村除农业外的其他价值已经被讨论，发展农村第二产业也已受到政策的关注。

（二）新农村建设阶段

党的十六届五中全会上提出，建设社会主义新农村是我国现代化进程中的重大历史任务。要统筹城乡经济社会发展，推进现代农业建设，全面深化农村改革，大力发展农村公共事业，千方百计增加农民收入，要把增强自主创新能力作为调整产业结构、转变经济增长方式的中心环节，加快发展先进制造业，努力提高产业技术水平，加快发展服务业，加强基础产业基础设施建设，推进产业结构优化升级。[1] 在建设社会主义新农村的道路上，乡村产业正在逐渐起到重要的作用。

党的十七大基于对“三农”问题在国民经济发展中重要地位的判断，指出要把解决好“三农”问题作为全党工作的重中之重，并致力于打造城乡经济社会发展一体化新格局。党的十八大将解决好农业农村农民问题摆在全党工作的重中之重，明确指出

---

[1] 中共中央第十六届五中全会公报［EB/OL］.（2008-08-20）［2022-02-19］. 中国政府网. http://www.gov.cn/test/2008-08/20/content_1075344.htm.

了推动城乡发展一体化的基本方向和着力重点，是党对解决“三农”问题思路的新认识。[1] 党的十八大以来，党中央高度重视“三农”问题，并在全面建成小康社会的高度上考虑，提出一系列有分量、有内涵、有远见的战略，总任务“加快推进农村现代化”被明确。

（三）乡村振兴阶段

乡村振兴战略可认为是社会主义新农村建设思想的升级，是新时代背景下，农村发展的新目标。[2] 党的十九大报告中最早提出实施乡村振兴战略，将是未来一段时期内中国三农工作的纲要。

党的十九大召开之前，党和国家事业有了新的局面，同时新阶段的发展也有新的要求需要遵循：坚定不移贯彻新发展理念，坚决端正发展观念、转变发展方式。在“必须坚定不移把发展作为党执政兴国的第一要务，坚持解放和发展社会生产力，坚持社会主义市场经济改革方向，推动经济持续健康发展。”的要求下，乡村振兴战略应运而生。报告要求：“必须始终把解决好‘三农’问题作为全党工作重中之重。要坚持农业农村优先发展，按照产业兴旺、生态宜居、乡风文明、治理有效、生活富裕的总要求，建立健全城乡融合发展体制机制和政策体系，加快推进农业农村现代化。构建现代农业产业体系、生产体系、经营体系，完善农业支持保护制度，发展多种形式适度规模经营，培育新型农业经营主体，健全农业社会化服务体系，实现小农户和现代农业发展有机衔接。促进农村一二三产业融合发展，支持和鼓励农民就业创业，拓宽增收渠道。”[3]

产业兴旺促进生活富裕，农村的土地资源、自然资源以及文化资源都能够参与到经济大市场的运作中，使农村资源得到充分地利用，百姓的收入也会相应地增加。

二、产业振兴促进文旅融合的政策内容

（一）培育文旅融合发展新动能

2018 年《中共中央 国务院关于实施乡村振兴战略的意见》中提到，乡村振兴，

---

[1] 中共中央 国务院关于全面推进乡村振兴加快农业农村现代化的意见［EB/OL］.（2021-02-21）［2022-02-19］. 中国政府网. http://www.gov.cn/zhengce/2021-02/21/content_5588098.htm.

[2] 深入理解乡村振兴战略的总要求［EB/OL］.（2018-08-25）［2022-02-19］. 国务院新闻办公室网站. http://www.scio.gov.cn/xwfbh/xwbfbh/wqfbh/37601/37956/xgbd37963/Document/1622930/1622930.htm.

[3] 习近平：决胜全面建成小康社会 夺取新时代中国特色社会主义伟大胜利——在中国共产党第十九次全国代表大会上的报告［EB/OL］.（2017-10-27）［2022-02-19］. 央广网. http://news.cnr.cn/native/gd/20171027/t20171027_524003098.shtml.

产业兴旺是重点。要提高农业创新力、竞争力和全要素生产率。在创新逐渐成为重要竞争要素的今天，产业振兴的创新举措，为文旅融合培育了新动能。

2018 年 9 月，中共中央、国务院印发《乡村振兴战略规划（2018—2022 年）》，其中提到，深入实施创新驱动发展战略，加快农业科技进步，提高农业科技自主创新水平、成果转化水平，为农业发展拓展新空间、增添新动能，引领支撑农业转型升级和提质增效。[1] 具体表现在提升农业科技创新水平、打造农业科技创新平台基地、加快农业科技成果转化应用这些方面。要将农村具有的创新与创业活力和潜力激发出来。以市场化为方向，优化农村创新创业环境，放开搞活农村经济，合理引导工商资本下乡，培育新动能。研发绿色智能农产品供应链核心技术，加快培育农业现代供应链主体。实施休闲农业和乡村旅游精品工程，发展乡村共享经济等新业态，推动将科技、人文等融入农业之中。

2020 年 1 月，《中共中央 国务院关于抓好“三农”领域重点工作确保如期实现全面小康的意见》指出，依托现有资源建设农业农村大数据中心，加快物联网、大数据、区块链、人工智能、第五代移动通信网络、智慧气象等现代信息技术在农业领域的应用。[2] 开展国家数字乡村试点。这些重要的科技创新措施应用到实践中，是对传统模式的补充，也提供了新的发展动力。

（二）畅通文旅融合发展新渠道

构建农村一二三产业融合发展体系，是一项重要举措，其突破了传统的“乡村的产业就是农业”思维，有利于打通一二三产业之间的壁垒，在不同产业之间形成有机联系。即以农业为基本依托，通过延伸产业链条、产业融合、技术渗透、体制创新等方式，将资本、技术以及资源要素进行跨界集约化配置，拓宽了农民增收渠道、构建现代农业产业体系，加快转变农业发展方式，这也为农民带来了增收。

农村一二三产业融合的提出起初只是为了确保粮食稳定生产制定的战略，但是随着农业现代化体系的加快建立，农村一二三产业融合有了更加丰富全面的意涵解释。2016 年 1 月，在《关于推进农村一二三产业融合发展的指导意见》中，国务院办公厅对一二三产业融合的主要目标、融合方式、融合主体、融合机制、融合服务等方面进行了具体说明。2017 年 12 月，农业部办公厅发布《关于支持创建农村一二三产业融合发展先导区的意见》，支持各地培育打造和创建农村一二三产业融合先导区，构建现代

[1] 乡村振兴战略规划（2018—2022 年）［EB/OL］.（2018-09-26）［2022-02-19］. 中国政府网. http://www.gov.cn/zhengce/2018-09/26/content_5325534.htm.

[2] 中共中央 国务院关于抓好“三农”领域重点工作确保如期实现全面小康的意见［EB/OL］.（2020-02-05）［2022-02-19］. 中国政府网. http://www.gov.cn/zhengce/2020-02/05/content_5474884.htm.

农业生产体系、产业体系和经营体系。2018 年《中共中央 国务院关于实施乡村振兴战略的意见》提到，构建农村一二三产业融合发展体系，大力开发农业多种功能，实施农产品加工业提升行动，重点解决农产品销售中的突出问题，实施休闲农业和乡村旅游精品工程、发展农村共享经济和特色文化产业等。

2022 年《中共中央 国务院关于做好 2022 年全面推进乡村振兴重点工作的意见》提到，持续推进农村一二三产业融合发展。鼓励各地拓展农业多种功能、挖掘乡村多元价值，重点发展农产品加工、乡村休闲旅游、农村电商产业。实施乡村休闲旅游提升计划。支持农民直接经营或参与经营的乡村民宿、农家乐特色村（点）发展。将符合要求的乡村休闲旅游项目纳入科普基地和中小学学农劳动实践基地范围。实施"数商兴农"工程，推进电子商务进乡村。促进农副产品直播带货规范健康发展。农村一二三产业融合在逐渐丰富产业链态，为乡村文旅发展提供更多的可能性，构建新的融合渠道。

（三）营造文旅融合发展新环境

农产品质量与安全也是实现产业兴旺的重要内容。实施质量兴农战略是增强我国农业和农产品核心竞争力、保障农产品安全的必由之路。2018 年《中共中央 国务院关于实施乡村振兴战略》提到，推进农业结构调整与保障农产品质量安全，应当以各地资源禀赋和独特的历史文化为基础，有序开发优势特色资源，做大做强优势特色产业，创建特色鲜明、优势集聚、市场竞争力强的特色农产品优势区，着力培育农业产业强镇，打造一乡一业、一村一品的发展格局，实施农业品牌提升行动，构建我国农产品品牌保护体系。2022 年 1 月《中共中央 国务院关于做好 2022 年全面推进乡村振兴重点工作的意见》也提到，全力抓好粮食生产和重要农产品供给，稳定全年粮食播种面积和产量，并且统筹做好重要农产品调控，必须全方位确保农业质量。

质量兴农的实施离不开绿色安全的保障。2018 年《中共中央 国务院关于实施乡村振兴战略的意见》就提到，良好生态环境是农村最大优势和宝贵财富。正确处理开发与保护的关系，运用现代科技和管理手段，将乡村生态优势转化为发展生态经济的优势。加快发展森林草原旅游、河湖湿地观光、冰雪海上运动、野生动物驯养观赏等产业，积极开发观光农业、游憩休闲、健康养生、生态教育等服务，创建一批特色生态旅游示范村镇和精品线路，打造绿色生态环保的乡村生态旅游产业链。[1] 绿色的生态是进行文旅融合的基础，乡村没有了青山绿水，自然也就谈不上更进一步的融合发展了。

---

[1] 中共中央 国务院关于实施乡村振兴战略的意见［EB/OL］.（2018-02-04）［2022-02-19］. 中国政府网. http://www.gov.cn/zhengce/2018-02/04/content_5263807.htm.

2019 年《国务院关于促进乡村产业振兴的指导意见》指出，践行绿水青山就是金山银山理念，严守耕地和生态保护红线，提高乡村产业质量效益。

《中共中央 国务院关于做好 2022 年全面推进乡村振兴重点工作的意见》提到，推进农业农村绿色发展，建设国家农业绿色发展先行区，构建以国家公园为主体的自然保护地体系。当然除了加强保护之外，对遭到破坏的乡村生态的恢复也被提及，比如实施生态保护修复重大工程，复苏河湖生态环境，加强天然林保护修复、草原休养生息。质量保障、绿色引领，是产业振兴促进文旅融合创建的新的发展环境。

三、产业振兴促进文旅融合的政策要求

（一）注重科技与创新竞争力

早在 2016 年，国务院办公厅发布的《农村电子商务加快发展的指导意见》就明确指出，通过大众创业、万众创新，加快农村电子商务发展。近些年来，中国农村电商网络零售额不断增长，在传统农产品销售的基础上，建立农产品特色品牌，并借助数据平台与技术手段，进行农村资源整合，深度挖掘乡村潜力。

2022 年公布的中央一号文件对 2022 年乡村振兴重点工作作出全面部署。文件提出要聚焦产业促进乡村发展。鼓励各地拓展农业多种功能、挖掘乡村多元价值，重点发展农产品加工、乡村休闲旅游、农村电商三大产业。

在挖掘乡村多元价值的基础上，以主题特色化、产品极致化、功能复合化为手段，要不断细化品类，形成涵盖美食、民宿、慢生活、科教、养生等内容的文旅产品体系，不断创新，形成独特竞争力。充分彰显乡村在食品保障、生态涵养、休闲体验、文化传承等方面的功能和价值。

（二）促进就业创业

乡村振兴归根结底是人的振兴，乡村建设离不开懂乡村、爱乡村的高水平乡村人才。基于此，打造一支强大的乡村振兴人才队伍是迫切的要求。有研究指出，未来将有五类人下乡：新一批的因年老而返乡的人员，以及主动回乡的“新乡贤”，创业的农民工，返乡创业大学生，城市人到乡村进行养老和从事一些乡村产业经营，海外华侨同胞寻根回乡，他们的回归将为乡村带来更大的活力与生机。一些地方就出台一系列优惠政策，开展例如“回流工程”“华侨要素回流工程”等项目，在吸引人才入乡村的同时，也带动了地方的就业创业。

在当前城镇化成为大趋势的背景下，乡村振兴不能仅将眼光放在乡村里。当然这不是说要农民逃离乡村前往城市寻求就业机会，而是需要重塑城乡关系，以此推动城

乡优势互补。在产业边缘逐渐淡化，产业边界逐步消弭的进程中，可以积极探索诸如产旅融合、产居融合等概念的可能性，利用好文旅融合这个统筹城乡、互动发展的天然桥梁，促进城乡产业的融合与互动。

（三）做好文旅资源转化

在乡村文旅融合的发展进程中，农村一二三产业的融合使得乡村文旅产业成为重要的农村产业。近年来我国乡村文旅产业蓬勃发展，休闲农业与乡村旅游从业人员不断增加，带来越来越多的农民收益，已成为天然的农村产业融合总体。

文旅融合强调文化是灵魂，旅游是载体，产业是方向。相比城市而言，青山绿水、林木田园、古老村落与传统民俗、熟人社会是农村的优势资源。但当前大多数的乡村资源还未能与社会资本及城市消费实现有效对接，尚处于“沉睡”状态，农村的绿水青山还未能转变成金山银山，独特的文化也未转变成可消费和可体验的产品。通过文旅融合，可以进一步丰富乡村旅游的文化内涵，丰富体验场景。在不破坏生态环境的前提下，激活乡村资源潜能。例如，利用农村院落发展立体的庭院经济，在传统的种养业之外，农家庭院为农村手工业传承与发展提供了重要空间。还有近年来非常流行的“农家乐”，就是利用农家庭院来打造集生产、生活、娱乐、文化、旅游为一体的综合生活空间。乡村有丰富的资源，进行合理的转化，有助于延伸农村产业链、拓展农业功能。

四、新阶段乡村产业振兴促进文旅融合的目标

（一）加强组织引领

加强组织引领，坚持党对标准化工作的全面领导是任何标准化工作的根本。健全统一、权威、高效的管理体制和工作机制，强化部门协同、上下联动，能够确保各项任务落到实处。压实全面推进乡村振兴责任，制定乡村振兴责任制实施办法，明确中央和国家机关各部门推进乡村振兴责任，同时完善市县党政领导班子和领导干部推进乡村振兴战略实绩考核制度，按规定建立乡村振兴表彰激励制度，奖罚制度的实施有利于促进工作的层层开展。在细分领域内，健全党组织领导的自治、法治、德治相结合的乡村治理体系，推行网格化管理、数字化赋能、精细化服务。

《中共中央 国务院关于做好 2022 年全面推进乡村振兴重点工作的意见》还提到，建强党的农村工作机构。各级党委农村工作领导小组要发挥“三农”工作牵头抓总、统筹协调等作用，同时继续推进各级党委农村工作领导小组议事协调规范化制度化建设，建立健全重点任务分工落实机制，协同推进乡村振兴，在决策参谋、统筹协调、政策指导、推动落实、督导检查方面进一步强化职责。

（二）强化人才支撑

加强乡村振兴人才队伍建设。通过启动“神农英才”计划，发现和培养、使用农业领域战略科学家，加快培养科技领军人才、青年科技人才和高水平创新团队。实施高素质农民培育计划、乡村产业振兴带头人培育“头雁”项目、乡村振兴青春建功行动、乡村振兴巾帼行动。[1] 发掘真正有潜力、有实力的人才投入到乡村产业建设当中来。

完善耕读教育体系。优化学科专业结构，支持办好涉农高等学校和职业教育，培养乡村规划、设计、建设、管理专业人才和乡土人才，鼓励地方出台城市人才下乡服务乡村振兴的激励政策。

（三）深化制度改革

在制度优化方面不断改进，由于产业振兴的具体目标多元，因此需要协调多元目标，明确目标功能，增强引导力度，将多元目标一体化，才能盘活资源。此外，要明确与政策相关的发展目标和功能，鼓励利益相关者关注和追求这些目标。除此之外，对各地区政策进行评估，将绩效较好、适用面广的政策进行全国推广，及时改正未达到预期效果的政策以及带来负面效果的政策。尽管我们国家在产业振兴促进文旅融合方面出台了许多相关政策，但是也要随着环境变化与实践发展不断更新改进。同时广泛吸收借鉴先进经验，采取多种形式加强教育宣传和舆论引导，在社会层面增强民众对政策的理解与认同。

实践篇

一、产业振兴促进文旅融合概况

乡村振兴战略是党的十九大报告中提出的战略。报告指出，农业农村农民问题是关系国计民生的根本性问题，必须始终把解决好“三农”问题作为全党工作的重中之重。乡村振兴按照“产业兴旺、生态宜居、乡风文明、治理有效、生活富裕”的总要

[1] 中共中央 国务院关于做好 2022 年全面推进乡村振兴重点工作的意见［EB/OL］.（2022-02-22）［2022-05-19］. 中国政府网. http://www.gov.cn/zhengce/2022-02/22/content_5675035.htm.

求，要实现乡村的产业振兴、文化振兴、人才振兴、生态振兴、组织振兴。乡村产业振兴作为乡村全面振兴中的基础和关键，具有重要的地位与意义。产业是乡村最重要的经济基础，直接关系着农业发展、农民增收。只有通过发展产业才能带动农村的经济发展，吸引人才聚集和资源聚集，解决农民就业实现共同富裕，最终实现“三产融合”，才能使得农业成为有奔头的产业，农民成为体面的职业，农村成为安居乐业的美好家园。

乡村产业振兴在不断推进步伐中带动了农村文旅融合的发展。关于文化与旅游融合发展，习近平总书记指出：“文化产业和旅游产业密不可分，要坚持以文塑旅、以旅彰文，推动文化和旅游融合发展，让人们在领略自然之美中感悟文化之美、陶冶心灵之美。”文化和旅游深度融合，实现相互促进、相得益彰。❶

乡村文化旅游的融合发展需要丰富乡村文化旅游的形式，创造乡村文化创新的驱动空间。其中代表性的观点有：张颖探索乡村旅游与文旅融合 4 种产业发展模式，分别为创意农业模式、创意民俗文化模式、乡村创意旅游综合体模式和民宿发展模式；接着，杨柳进一步探讨关于“建设乡村旅游文化产业园，促进多产业融合”的创新观点。安玉青从乡村旅游发展文化创意角度，提到“美丽乡村模式”，并指出浙江安吉利用生态农业与文化产业相结合，促进乡村文化的传承与发展。

“文旅农”融合简单说就是乡村旅游，主要是利用农业景观、农村空间和乡村文化吸引游客参观游玩的一种经营形态，即以农、林、牧、副、渔等广泛的农业资源为基础开发旅游产品，并提供相关特色服务的旅游业。我国是一个农业大国，伴随着经济的不断发展和城乡居民生活水平的不断提高，我国的乡村旅游始于 20 世纪 80 年代末 90 年代初。2012 年 10 月，党的十八大报告提出，要大力推进生态文明建设，努力建设美丽中国，实现中华民族永续发展。要推动城乡发展一体化，形成以工促农、以城带乡、工农互惠、城乡一体的新型工农、城乡关系。随着我国经济的高速发展及城市化进程的不断推进，从 2016 年开始，我国进入了“大乡村旅游时代”，乡村旅游逐步成为短期旅游目的地。据相关统计，2012 年至 2018 年全国乡村旅游人次年均增长 30%，由 8 亿人次增加到 30 亿人次。营业收入年均增长 27%，由 2400 亿元增加到 8000 亿元。❷ 到 2019 年，我国乡村旅游发展态势一片大好。仅上半年实现乡村旅游总收入 0. 86 万亿元，同比增加 11. 7%，这一数值超过 2018 年全年收入。截至 2020 年 11 月，我国目前共有国家级休闲农业与乡村旅游示范县 389 个，国家级休闲旅游和乡村旅游示范点 641 个，由此可见乡村旅游发展势头迅猛。

---

❶ 毛寒，陈幸瑜．乡村文旅融合发展的研究综述［J］．湖南包装，2021，36（6）：54-59.

❷ 陆勇．乡村振兴战略下“文旅农”融合发展研究［J］．北方经贸，2020（3）：153-15.

（一）乡村振兴背景下文化旅游产业与生态农业融合的互动过程

文化旅游产业主要是由人文旅游资源所开发出来的旅游产业，是为满足人们的文化旅游消费需求而产生的一部分旅游产业。文化旅游的核心是创意，可以将其理解为“蕴含人为因素创造的生活文化的创意产业”。生态农业是指按照生态学原理和经济学原理，运用现代科学技术成果和现代管理手段，以及传统农业的有效经验建立起来的，能获得较高的经济效益、生态效益和社会效益的现代化高效农业。随着乡村振兴战略的逐步开展，文化旅游产业与生态农业的融合并非是这两大产业简单意义上的叠加，而是两大产业系统各要素之间相互作用、相互影响的一个互动过程。在乡村振兴背景下，实现文化旅游产业与生态农业的融合发展，其本质是实现两者在产品、技术、市场层面的融合与互动，即由产业分立逐步向新产业形态转化。下面将从这三大要素出发探析文化旅游产业与生态农业融合的互动过程。

1．互动基础：旅游产品层面的融合构成了产业融合的基础

旅游产品是文化旅游产业与生态农业融合发展的核心。文化旅游产业与生态农业的交汇点与共同点是在实践过程中产品整合开发的一个重要中心。比如，针对民族村寨旅游产业与生态农业融合发展，民族村寨本身所具备的自然风光和人文气息为游客带来了高层次的精神享受，使之通过旅游满足自身求新求异的心理，这就为文化旅游产业开发提供了参考点；在此基础上，应充分结合当地生态农业中的传统农耕文化、农产品种植体验等内容，将生态农业与文化旅游完美地融合起来，进而实现民族村寨旅游项目的有效设计。总而言之，两大产业融合发展的基础是产品层面的融合，其融合成功的关键就在于两大产业在产品设计上的共同点。

2．互动过程：技术层面的融合作用于产业融合发展全过程

技术融合，是指运用新方法、积累新经验、采取新手段，用新兴的生产经验和管理标准来代替落后的技术，从而实现技术融合，为两大产业融合创造条件。例如，从目前来看，民俗文化游是文化旅游业的主流，但是单纯意义上的民俗文化难以让游客收获多维度体验，为此就有必要在技术层面进行整体统筹、观念革新。比如可以将民俗文化游与生态农业中的农耕文化、梯田风光、花果种植等结合起来，这样可以突破单一化的旅游功能，让游客从中感受到旅游业与生态农业融合发展的多样化功能，从而有效满足游客多样化的旅游诉求。同时，为了更好地实现两大产业融合，应实现组织化运作，通过文化渗透与组织协同发展，让文化旅游产业与生态农业融合发展有据可依，以此来有效推动新兴产业形态的出现。

3. 目标实现：市场层面的融合是产业融合发展的核心目标

文化旅游产业与生态农业的融合发展落脚点终归还是市场层面的融合，其核心归宿是打造新的产业链条，开发出更加符合游客期待的产品，从而实现文化效益和经济效益的共同提升。这两大产业的融合是实现乡村经济转型升级，激发乡村经济活力，助力乡村振兴的关键所在。因此，在实践过程中，应厘清不同产业主体在价值、利益等方面的关系，在此基础上立足市场环境、游客需求和旅游发展态势，开发设计出符合市场动向的产品和项目，从而实现产业效益提升。❶

（二）以农旅融合为核心的乡村旅游休闲产业表现形式

农业与文化、科技、生态、旅游、教育、康养等服务业深度融合形成符合各地特色的观光农业、游憩休闲、健康养生等新产业、新业态，已经成为推动乡村经济现代化的新型产业手段。2019 年中国休闲农业和乡村旅游营业收入为 8500 亿元，同比增长 6. 3%，其旅游接待人数 32 亿人次，同比增长 6. 7%。2019 年中国休闲农业和乡村旅游营业收入占旅游收入 14. 2%。在“互联网+”初次融入乡村旅游业时，传统文化确实得到了一定的传播，也吸引了更多人的关注。2020 年 1～8 月中国休闲农业和乡村旅游接待人数为 12 亿人，同比下降 62. 5%。

1. 发展生态旅游，打造乡村生态产业链

乡村拥有丰富的生态资源，乡村振兴的重要抓手之一就是要创新农村发展模式并结合当地的旅游资源，将乡村生态优势转化为发展生态经济，积极开发符合当地特色的生态旅游、文化旅游、健康养生等多种模式的服务活动，着力打造生态景观+生态环保+生态旅游+生态农业的生态相关多元产业格局，形成业务组合优势，真正实现将生态保护和经济发展有机结合。未来随着乡村人居环境的改善和生活质量的显著提高，以乡村生态旅游业为代表的农村新产业将成为未来农村环境建设的持续动力。

2. 鼓励文化和旅游相结合，推动旅游创新型发展

文化是内容，旅游是载体，二者结合才能保证旅游业的活力永驻。乡村文化游强调要结合当地的特色文化资源，强调以文化特征为切入点，创新打造出一批符合当代气息的特色文化产业乡镇、文化产业特色村和文化产业集群，做大品牌输出影响力。

3. 保护传统乡村古迹，开发特色资源

乡村旅游开发要加快改善农村地区基础设施和公共环境，合理开发利用当地特色

---

❶ 张祝平. 乡村振兴背景下文化旅游产业与生态农业融合发展创新建议［J］. 行政管理改革，2021（5）：64-70.

资源，形成特色资源保护与乡村发展的良性机制。传统村落、少数民族特色村寨、历史文化名村等多记载着中国优秀文化的变迁史，是彰显和传承中华优秀传统文化的重要载体，保护、统筹、利用并发展它们是乡村旅游的重要关注点。

4. 打造农旅融合新业态，打开城乡消费新需求

通过培育休闲度假、观光游览、商务会展和创意文化等农旅融合新产业、新业态，一方面有利于打开城乡日益增加的旅游、休闲消费需求，另一方面有利于促进农业产业链、价值链延伸，进而形成以龙头企业、新型经济组织带动的农旅全产业链发展模式。目前农旅融合分别经历了1.0农家乐与2.0精品民宿，进入了3.0现代庄园时代，在市场需求的推动下形成布局科学、结构合理、特色鲜明、效益显著的庄园经济带，打造丰富的精品旅游线路、发展不同形式的农家乐，带动乡村经济稳步发展。❶

二、产业振兴与文旅融合实施路径

（一）产业振兴实施路径

1. 区域性产业发展模式选择差异

在乡村产业振兴的实现路径上，针对两种区域可以采取不同模式。对产业基础薄弱的地区而言，该地区一般缺乏资源、区位优势，其产业振兴应以产业扶贫为第一目标，且在产业扶贫实施过程中，以产业振兴为蓝图，为产业振兴奠定较好的物质、人才基础，并在制度安排上留好接口。而在已经有一定产业基础的地区，则其产业发展应以实现产业转型升级为目标，着力推动产业融合发展和产业一体化体系的形成。在发展模式上，资源禀赋条件较好的区域适宜走内生型发展模式；而在经济基础薄弱、资源优势不明显的区域，则需要从外部借力，通过外部资金、技术、劳动力等生产要素的注入，以及强有力的政策指导，即采用外部诱发型发展模式，才能有效促进经济发展。

2. 激活乡村产业振兴各类要素资源

激活乡村各类要素资源，是乡村产业振兴过程中常见的思路，也是必要的实施途径，主要包括人才振兴、土地资源利用、产业技术升级和完善资金保障四方面。

乡村产业振兴离不开一定的实施主体或载体，推动乡村人才振兴，其中一项重要内容是加快培育新型农业经营主体。对于乡村产业振兴的主体问题，学者们并无统一意见。一种观点主张应以外来资本形成的新型经营主体为主，因为他们资金实力雄厚，

---

❶ 李国英. 乡村振兴战略视角下现代乡村产业体系构建路径［J］. 当代经济管理，2019，41（10）：34-40.

经营理念和市场开拓能力突出。另一种观点则提倡以本土农民为核心力量，发挥农民主体地位，进而防范“精英俘获”和“部门寻租”。

应该说明的是，无论选择何种类型的乡村产业振兴主体，都离不开人才振兴，即农村产业兴旺亟须打造一支结构合理、素质优良、能力突出的乡村振兴人才队伍，需要形成一大批有文化、懂技术、善经营、会管理的新型职业农民。而现阶段中国农村从业人员的老龄化、兼业化、依靠经验从事农业生产的特征较为显著。无论是组织“小农”还是倚仗“中坚农民”都需要重视新型职业农民或“新农人”。其中新型职业农民作为农业领域创业的重要力量，已经成为推进农业供给侧结构性改革的先行者。

在土地资源利用上，鼓励将土地流转作为突破口，通过现代化经营方式，实现农业生产适度规模化。学者一般主张继续通过产权细分放活土地使用权，按照“三权分置”思路推进农地制度改革。在乡村产业技术方面，提倡持续推进科技创新，努力提高产业的技术装备水平，为产业升级提供可靠的现代化技术支持。

另外，实施乡村振兴战略，促进产业兴旺，必须解决资金来源问题。对此学者建议鼓励资本下乡。资本能够撬动土地、劳动、知识、技术等要素，能促进农村生产方式的创新。据此，通过深化体制改革实现资本下乡可以说是农村产业兴旺首先需要解决的问题。常瑞等学者将农业产业资本形成分为三类：政府主导形成型、市场驱动形成型、自有投入形成型。这意味着乡村产业振兴的资金来源具有多种途径，且每类资金都存在各自的优势和不足。王吉鹏等学者在乡村产业振兴资金保障问题上，还提供了一种提高资金使用效益的思路，即认为发展特色产业为平台实施涉农资金整合，能提高涉农资金的使用效益。

3. 产业发展方向下多角度路径选择

（1）产业提质增效角度

从产业提质增效角度出发进行产业选择，目的是让农民从农业提质增效中获得收益，通常有传统种养业、休闲旅游业、林业、农业社会化服务业等多种类型。

对于产业如何提质增效，学者提出了量化农业、设施农业、生态农业、智慧农业、创意农业、立体循环农业等方向，这也是农村经济发展进入新的历史时期所呈现的显著变化。有学者认为“量化农业”能利用大数据、互联网、物联网、区块链等信息技术，在农业供给侧结构性改革的外部动力推动下，能使农业产业由粗放走向精准，由定性走向量化，还能有效解决农业生产、流通、市场和管理过程中存在的各种问题，从而提高农业生产力，成为乡村产业发展的新路径。而创意农业整合了文化传承、绿色低碳、休闲养生、观光旅游等多个方面，可以大大提升乡土文化的传播以及乡村观光旅游业的发展，在增加农民收入的同时，又拉动了乡村产业的发展。

（2）产业可持续发展角度

在乡村发展过程中，对于产业生态发展以及长远的可持续发展，相关学者也进行了一定的考虑，讨论了乡村产业融合发展过程中的生态适应性，并进行了有意义的研究。有学者提出要积极打造新农产业全价值链，并围绕乡村生态环境与产业发展的互动机制，探讨生态化视域下的产业发展转型框架和具有生态适应性的乡村产业体系框架图。同样是关注乡村产业发展中的生态问题，还有学者则根据产业生态学原理，提出了村镇产业生态链结构模型，包括农业生态链、工业生态链、服务业生态链。

（3）产业融合角度

改革开放以来，我国城市化率大约以每年 1% 的速度不断提高。截至 2017 年年底，我国常住人口城市化率达到 58.52%（户籍人口城镇化率为 42.35%），仍然有农村常住人口约为 5.77 亿人，即使城市化率达到 70%，仍然会有 4 亿多农村居民。2021 年根据相关数据统计，我国 8.5 亿城镇常住人口中，既包括 5 亿多居住在 684 个县级以上城市的市民，又包括 3 亿多居住在 2 万多个建制镇中的镇民。所以，我国常住人口城市化率不到 40%。出于我国人口基数大的原因，我国的农村人口很难像西方特别是欧美等国家那样不断缩小到较小的规模。更有可能的是，我国农村人口会在相当长的一段时间保持很大的规模。由此可见，农村地区需要建立发达的产业体系、生产体系和经营体系，才能使农村经济持续保持增长的活力。这一点也在党的十九大报告中有所体现，十九大报告提出要加快构建现代农业产业体系、生产体系、经营体系，这是实现乡村振兴战略的重要一环。农业是农村产业的重中之重，它既是农村的基础产业，也是主导产业，因此农村应该围绕现代农业构建发达的产业体系、生产体系、经营体系。

对于产业体系来讲，产业融合是构建产业体系，推动产业发展的另一重要角度，主要是让农民从二、三产业发展的增值收益中分享利润，即通过发展新产业、新业态，促进产业增产、增值、增效。在政策层面，国家在 2015 年发布了《关于推进农村一二三产业融合发展的指导意见》，为推进农村产业融合提供了行动指南。在理论研究层面，国内多位学者研究了农村产业融合的内涵及特征、动因、经济效应、融合发展模式等。

乡村振兴的基础在于乡村产业兴旺，产业兴旺的出路在于农村三产融合发展。促进产业融合、培育新业态是农业增效、农村繁荣、农民增收的新动能，对于实现乡村振兴具有重要意义。靳晓婷等学者总结出农村产业融合具有宏观（促进农业产业创新、有利于农业产业优化升级）、微观（有利于优化企业组织结构、促进农民增收、改善生态环境）等多重经济效应。同时认为虽然现阶段中国农村产业融合处于初始阶段，存在产业融合度低、层次浅等问题，但是产业融合发展仍然是实现农村产业兴旺的基本路径。关于乡村产业融合发展模式，学者陈赞章将农村产业融合模式分为城市经济带动型、产业链延伸型、功能拓展型、技术渗透型四类。周立等学者提出了“六次产业”

的概念，主要是借鉴日韩两国乡村振兴的经验，发挥六次产业的加法效应和乘法效应，创造新供给和新业态，进而发挥农业多功能性价值，有效促进乡村产业融合，以此振兴乡村产业。此后他还基于农业多功能性理论、产业组织理论和价值链理论，把农村三产融合发展的样态分为起始型、专业型、休闲型和理想型四种，并在此基础上提出三产融合实现价值增值的三条路径，即起始型—专业型合纵路径、起始型—休闲型连横路径以及起始型—理想型的合纵+连横路径。另外，在特色产业方面，相关学者认为特色产业表现出驱动产业融合主体生成并产生规模效应、集聚效应、示范效应和溢出效应等一系列优势。学者普遍认为，产业融合成为乡村产业振兴的基本路径，即乡村发展不能局限于农业，而是充分挖掘农业多功能性价值，延伸农业产业链，完善相关利益链条，推动一二三产业融合发展。❶

总之，我国乡村振兴的一二三产业融合的发展方式如图 3-1 所示。

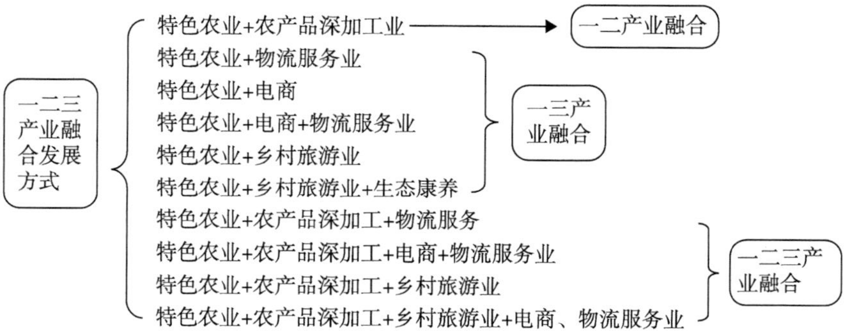

图 3-1　一二三产业融合的发展方式

（二）文旅融合实施路径

乡村旅游是乡村发展的关键，乡村振兴要把乡村旅游作为重点，突出文旅融合发展，以乡村旅游促进乡村人流扩大，进而带动乡村消费和经济增长，拓宽农民增收渠道，促进农民致富增收，有力推进产业与旅游共兴，为乡村振兴事业铺平道路。

文旅融合是乡村振兴的“捷径”。“文化是旅游的灵魂，旅游是文化的载体”。古人说，“读万卷书，行万里路。”现代社会，随着人民群众生活质量的不断提升，对文化的追求、旅游的需求都在不断扩大，人们更加有时间和精力用在文化享受、旅游体验上，这为乡村发展打开了一扇大门。对于文旅消费者来说，一场完全没有文化的旅行是不可想象的，正如一种完全不能流动的文化是不可持续的。从旅游消费的“大数

❶ 廖嗨烽，王凤忠，高雷. 中国乡村产业振兴实施路径的研究述评及展望［J］. 技术经济与管理研究，2021（11）：112-115.

据”统计看，人们选择旅游的出行方式，多是以异地为主，这就意味着对“他乡”的文化了解有一定的期盼，正如当下流行的“诗与远方”追求。因此，在旅游目的地打造上，文化融入是不可或缺的重要一部分。

促进文旅融合，资源整合是关键。资源整合是实现资源优化配置的重要抓手。在文旅融合的道路上，乡村最大的优势就是资源优势，比如传统的文化习俗资源、生态环境资源、人文风情资源、文化古迹资源等，乡村旅游打造就是要挖掘这些优势资源，发展必须突出资源效益最大化。这就要求各级干部，要认真分析文旅融合的突破口，找到地方发展与现有资源之间的结合点，通过打造旅游目的地，带动产业高质量发展。同时，也要求参与旅游目的地打造的干部，要对地方的自然生态、历史遗迹、现代文明、演艺文化等文旅资源进行充分的挖掘、包装，凸显出“吸引点”“卖点”。

推进文旅融合是一篇大文章，不能操之过急，必须循序渐进。在推进上要强化统筹，突出规划引领，把文旅融合发展与乡村振兴实际结合起来，把人民群众需要与地方经济发展结合起来，寻求文旅资源与市场需求最佳结合点，推进文旅融合走市场化运作路径，切实降低人民群众参与或入股的责任风险，确保人民群众的利益不受损害，以发展促进人民群众增收致富。[1]

1. 现代特色农业

农业是建设乡村产业的主体部分，发展乡村产业，最重要的一步就是建设现代农业。目前，我国人均 GDP 已经超过 1.2 万美元，可见我国正处于消费升级加快提升的阶段，这同时给乡村特色农业的发展带来重要机遇。因此，在当前环境下，要在保障粮食安全的前提下，结合各地的实际情况来发展特色农业，确保把地方优势的特色农产品做大做强，做出独具特色的当地品牌，使之成为农民增收、就业的重要途径。

2. 农业生产性服务业

从世界范围看，农村地区分工分业都是一个不断深化的过程，可以看到一些国家在发展现代农业的过程中，也催生出了多种多样的农业生产性服务组织，以促进农业全产业链的发展。随着农村社会结构和经济结构的变化与发展，农业生产性服务业的市场需求将会得到快速增长，因此必须尽快应对和适应这种要求，大力发展农业生产性服务业，来推进农资供应、技术推广、疫病防治、农机作业、金融保险、储存和运销、产品分级等服务性质的专业化与社会化，为每家每户农民提供产前、产中、产后服务的有力保障。

---

[1] 以文旅融合促乡村振兴、以产业振兴实现乡村振兴［EB/OL］.（2020-09-27）［2022-05-19］. 搜狐网. https://www.sohu.com/a/421196194_100203671.

3. 农村生活性服务业

随着经济社会快速发展，无论农村人口还是城市人口对农村生活性服务业的需求都会显著上升。从农村人口上看，随着城镇化深入推进，农村的人口结构发生很大变化，人口老龄化的速度加快，以及高龄、失能和患病老人的照料护理问题也变得日益突出，纺锤形人口的结构给农村经济社会的发展带来严峻挑战。未来当城镇化达到一个较高水平后，仍然会有几亿人在农村居住生活。随着农民收入水平的持续提高，以及生活观念和方式的更新变化，农村的养老托幼产业、物品维修产业、电子商务、批发零售业等生活性质类的服务业大有可为。从城市人口看，随着农村地区基础设施的完善和生态环境建设的加强，农村地区美丽的田园风光，清新的空气和良好的人居环境，自然会吸引大量的城市人回归农村养老、休闲、康养、旅游，这为农村生活性服务业的发展提供了很大的发展空间。

4. 乡村传统特色产业

我国传统文化历史悠久，勤劳智慧的人民和多彩的民族，培育了许多具有地域特色的传统文化产业，如竹编、木雕、石刻、蜡染、剪纸和民族服饰等传统的手工业，再比如卤制品、酱制品、豆制品以及腊肉腊肠、火腿等传统食品，这些具有地域性特色的传统产品，地域特色浓厚，承载着多年历史的记忆，也传承着民族的文化，有独特的产业价值。因此，要把这些特色产品很好地传承保护和开发利用，发挥品牌效应，提升“乡土产品制造”的魅力和效益，这不但能够满足人们日益多样化、特色化的市场需求，培育形成地方的乡村土特产业，而且能够传承民族文化、保护传统技艺。

5. 农产品加工业

农产品加工业是拉动农村地区经济发展和农民的就业增收的重要途径。但目前就总体上看，行业大而不强，增长的方式粗放，发展水平不高的问题也比较突出。特别是农产品产地储藏、烘干、保鲜等初加工，设施简陋、方法原始、工艺落后，农产品产后的损失也比较严重。大量农产品产后会腐烂变质，不仅滋生蚊蝇、污染环境，甚至还会被个别不法经营者拿去把霉变的农产品加工成食品或饲料，这固然成为影响食品质量安全的重大隐患。另外，我国人民生活水平的逐步提高，随着人们的生活节奏不断加快以及食物消费理念的更新转变，人们一日三餐的主食消费的方式由家庭自制为主转变为大量依赖社会化供应。而我国目前主食产品的工业化的水平极低，大量主食产品主要还是靠小作坊和小摊贩为主进行生产和供应，产品的质量、安全和卫生都无法得到保障，加快主食工业化发展成为一项紧迫的民生工程。因此，各地区可以根据市场需求和当地的资源条件，积极地建设和发展适合本地产业特点的农产品加工业，进而延长农业产业链、就业链和效益链，拉动农业农村经济和县域经济发展。

6. 休闲农业与乡村旅游

休闲农业与乡村旅游具有连接城乡资源和融合农村一二三产业的天然属性，农村休闲与旅游发展有巨大的市场空间，应该稳步推进具备条件地区的乡村旅游。但是，从目前看来，各地发展休闲农业和乡村旅游的积极性很高，遍地开花、盲目发展的势头较猛，进而导致同质化的问题也比较突出。发展休闲农业和乡村旅游需要的是独特的资源禀赋和基本条件，需要厘清各地区的市场需求和目标群体，同时也需要有创意的设计和巧妙的营销。因此，各地在发展过程中要认真研究，理性选择。

7. 乡村环保产业

我国每年农村生活垃圾、畜禽粪便、农作物秸秆等生物质资源高达几十亿吨，目前有很多都没有得到合理的资源化利用，不但浪费了资源，而且这也成为农村的重要污染来源。除此之外，乡村环境的基础设施建设滞后问题也比较突出，各地区应有针对性地促进乡村环保产业的发展。

8. 乡村文化产业

当前部分农村地区的精神文化建设还相对滞后，农村文化的基础设施建设也不健全，农民对健康向上精神文化的需求无法得到很好的满足。因此要大力发展乡村特色文化产业，支持农村农民农业文化产品的创作，深入挖掘地域传统文化，尝试用农民喜闻乐见的戏曲、小品等形式，发扬好传统文化的魅力，传播正能量，丰富农民精神世界，更好地促进乡风文明建设。

三、地区具体实践案例

"文旅融合"的健康发展对于解决大众旅游时代中国社会基本矛盾具有重要意义，在目前乡村振兴战略大背景下，解决好乡村层面的文旅融合，对发展现代优质乡村产业、有序传承乡村文化、有效改善乡村风貌、加快提升村民收入等有着积极作用。

（一）广州花都推进农文旅结合，产业融合发展助力乡村振兴

2021年10月3日，广州心远建设科技有限公司和该区花山镇启动小布村"壹园农旅小镇"项目村民签约仪式，打造集现代化科技智慧能源产业园、农业公园、创意民宿和古色古香的唐宋风韵建筑为一体的广州农业文化庄园全新网红地标，创造了村庄新价值。❶

❶ 广州花都推进农文旅结合，产业融合发展助力乡村振兴［EB/OL］.（2021-11-12）［2022-05-19］. 广州日报. https://baijiahao.baidu.com/s?id=1716238590991077556&wfr=spider&for=pc.

立足农业本色统筹引领特色发展。花都区以建设“临空农业融合发展示范区”为目标，充分利用地处广州国际化大都市和粤港澳大湾区的有利条件，积极引入龙头企业，促进村企合作，着力打造以农业为依托，向农耕文化展示、田园休闲观光、加工品牌助力辐射延伸的现代都市乡村产业。同时实施“面上扩容、点上提质”工程，大力发展集生产、生态、生活功能于一体的特色小镇、农业公园、田园综合体等“园区型”乡村产业，梯面康旅小镇、花东七溪地芳香小镇、岭南盆景小镇等成功纳入广东省特色小镇清单管理名单，全区创建农业公园 21 家、各类特色农业休闲采摘体验点 50 多处。

提升科创成色打造主题研学基地。花都区积极打造智慧休闲农业平台，完善休闲农业数字地图，推广数字创意漫游、沉浸式体验等经营新模式，加快推进数字赋能农业。立足当地农业资源禀赋和特点，围绕七溪地芳香小镇花卉制香、绿沃川特色果蔬种植、鲍菇艾康旅休闲产业、宝桑园蚕桑文化等进行动态创意开发，包括芳香遗址博物馆、空中草莓园、自动蔬菜工厂、艾情海陆空、桑蚕系列研学课程等，为游客提供营地教育、农耕体验、休闲观光、健康科普和亲子娱乐活动等服务。据悉，七溪地芳香研学实践教育基地、广州绿沃川研学实践教育基地、花都宝桑园被评为 2021 年广州市第一批中小学生研学实践教育基地。

突出文旅特色推进农旅深度融合。花都区依托花卉盆景、康养等产业优势和本土岭南古建筑、华侨碉楼等特色文化，通过实施《花都区亲商助企二十六条》优化营商环境，吸引社会资本投资乡村产业，助力乡村振兴。目前，马岭原乡风情小镇、港头村岭南国际建筑师公社、洛场花山小镇等城乡融合项目加快推进，打造璞宿·花见、麦客花客、溪云香宿等精品民宿，培育康体养生、营地休闲、森林度假等文旅新业态，推动乡村产业提质增效、融合发展，为广大游客提供休闲度假、生态康养、文化体验的旅游好去处。2021 年，赤坭镇瑞岭村入选“全国乡村特色产业亿元村”，梯面镇红山村获评“中国美丽休闲乡村”，梯面镇（休闲旅游）被评为全国“一村一品”示范镇，花山镇洛场村（休闲农业）等 8 村 1 镇获评省级“一村一品、一镇一业”专业镇村。

（二）河南新县坚持文旅融合发展，推动乡村产业振兴

新县地处河南省南端、大别山腹地、鄂豫两省接合部，总面积 1612 平方公里，辖 17 个乡镇（区、街道）、206 个行政村（社区），总人口 36.8 万人，是全国著名的将军县，也是国家生态县、国家扶贫开发工作重点县和大别山集中连片特困地区扶贫攻坚重点县。近年来，新县坚持以习近平新时代中国特色社会主义思想为指导，全面深入贯彻落实习近平总书记关于文化和旅游融合发展的重要论述，依托丰富的红色历史、

绿色生态、古色乡村资源，坚持“以文促旅、以旅彰文”的工作发展思路，树牢“旅游兴县、旅游富民”的发展理念，认真走好文旅融合发展这一步，构建新县全域旅游发展大格局，着力打造旅游强县、旅游富民大产业，走出一条以文旅融合引领全域旅游、促进乡村产业振兴、带动农民增收的可持续发展之路，探索出了一种全新的、可推广和可复制的文旅融合发展“新县模式”。[1]

打造“新县模式”的第一步是做好顶层设计，即强化组织领导、创新工作机制、完善要素保障，成立县旅游委，由县委书记任主任，由县长任第一副主任，明确一名副县长主管旅游，强化旅游委在政策协调、文旅融合、产业布局等方面的统筹领导，建立健全县有旅游委、乡有旅游办、村有管委会新的三级旅游管理体系，树立大抓旅游的鲜明导向。结合全县机构改革，整合文化、旅游、广电、体育职能，成立文物事务中心、文化旅游规划发展中心和非物质文化遗产保护中心，重组县文化馆、图书馆，构建“文广旅体”大盘子。完善公共文化服务体系建设协调机制，实现县、乡、村公共文化设施全覆盖。探索建立全域旅游统计指标体系，优选600个样本点，在传统旅游统计的基础上，增加乡村旅游消费、农业观光采摘等7个统计门类。建立多元投入机制，组建文化旅游发展投融资平台，统筹整合项目资金和财政资金，设立“5个1000万”的产业发展引导资金，鼓励乡村内置金融投入建旅，支持工商资本下乡兴旅，实现政府筹资、部门争资、招商引资、市场融资、民间注资“多轮驱动”。实施“999”回归工程，鼓励外出人员返乡创业，实施“红城英才”计划，招录旅游专业大学生，通过“大别山旅游讲堂”“红城管家”等培训，让更多专业的人做专业的事，为文旅融合发展提供强有力的人才资源支撑。

第二步突出山水特色科学规划。即尊重自然生态、尊重历史风貌、尊重群众主体。倡导视山如父、视水如母、视林如子的生态理念，坚持不挖山、不填塘、不砍树、不截断河流、不取直道路，守好生态底色。坚持因地制宜、因势利导发展全域旅游，挖掘乡村传统文化积淀，建设非遗博物馆、村史馆等文化传习场馆，开发出民俗文化体验、传统文艺表演、农耕文化展示等特色文旅产品，重拾传统民俗技艺，举办乡村文化艺术节，展现最动人的乡俗乡愁，让有形的乡村文化留得住，活态的乡土文化传下去，守护乡村旅游的“灵魂”。坚持为民做主不替民做主、强力推进不强迫推进，真正让群众唱主角，让村民真正有归属感、自豪感和幸福感，形成全员共建、全民共享的发展格局。

第三步是注重文化资源挖掘。立足境内丰富的“红绿古”资源，深挖蕴藏其中的

---

[1] 河南省农业农村厅．坚持文旅融合发展 推动乡村产业振兴——河南省新县乡村产业振兴案例研究［M］．北京：社会科学文献出版社，2021.

红色文化、山水文化、传统文化，将文化因素最大限度融入旅游之中，不断探索文旅融合新路径。以红色文化引领研学游，对全县 365 处红色遗址遗迹进行排查、保护，先后实施鄂豫皖苏区将帅馆、红四方面军将士纪念馆、河南省检察博物馆等精品工程 40 多个，重点对鄂豫皖苏区首府博物馆、烈士陵园和首府旧址街区等进行改造提升，建好红色景区。以大别山红色革命故事为蓝本，创作了《红色大别山》《少年李德生》等一批舞台剧、情景剧和红色歌曲，持续举办“千里跃进大别山 · 红色旅游助脱贫”“牵手鄂豫皖 · 放歌大别山”等活动。以大别山干部学院、大别山商学院为依托，深入挖掘大别山精神内涵，大力发展红色教育、商务培训产业，开发了现场式、访谈式、体验式等十余种教学方式，打造现场教学点，开展多层次红色旅游体验活动，构建了多门类教学体系，开班以来共培训学员 20 余万人。❶

以山水文化带动生态游。引进大别山露营公园公司建成大别山房车小镇，推进香山湖水上游乐园、大别山体育馆、武占岭漂流度假区等生态旅游项目建设，拓展旅游空间。建成全省首条 500 公里大别山（新县）国家登山健身步道，先后举办了国家登山健身步道联赛、全国百公里户外运动挑战赛、亚洲越野大师赛等大型体育赛事，步道经济繁荣发展。利用大别山四季花、四时景，坚持以花为媒、以花会友，打造“赏花济”旅游品牌，带动了旅游、民宿、餐饮等行业发展。发展以田园风光为依托的文化采风游，中央人民广播电台首个民歌采风基地、大别山摄影采风基地、大别山文学创作基地等落户新县，吸引更多游客追寻乡村故事、发现山水之美，推动“山水之乐”向“文化之乐”升级。❷

以传统文化来助力乡村旅游发展。打造西河湾、丁家湾、毛铺等古村落休闲度假基地。建成千斤乡农耕文化馆、奇龙岭民俗文化园、丁李湾古村落生态博物馆、大别山油茶文化公园等一批文化旅游精品项目，展现原生态豫南乡村的独特魅力。举办全国村晚盛典、大别山民间文化艺术节、大别山民俗文化节等系列大型文化旅游活动，拍摄多部乡村微电影，如《美在九镇十八湾》《西河恋歌》等，除此之外还与中央电视台合作拍摄《中国影像方志 · 新县篇》，从各个方位展现了新县民俗文化、饮食文化和农耕文化。

在新县的努力下，发展全域旅游不仅为广大游客提供优美的自然环境，还改善了当地村民的居住环境。如推广生活垃圾分类，推进“厕所革命”，新县被评为河南省“厕所革命”先进县。在立体布局上，山上重点发展避暑休闲、观光览胜，山下重点发展乡村旅游、休闲自驾，重点发展特色文化与写生创作；在时间布局上，可以发展全

---

❶ 张占仓. 河南省丘陵山区县域全域旅游发展模式研究［J］. 中州学刊，2021（4）：27-33.

❷ 张占仓. 河南省丘陵山区县域全域旅游发展模式研究［J］. 中州学刊，2021（4）：27-33.

天候、全时段的四季游，打破旺季淡季的界限，形成全景、全域、全时的旅游经济生态圈。全县发展旅游商品加工企业 68 家，开发茶叶、油茶、葛根、山野菜等农副土特产品和特色手工艺旅游商品 340 多种，建成了一批村级旅游商品示范店，催热了备受欢迎的“后备厢”经济。截至 2019 年，第三产业增加值占全县 GDP 比重由 2012 年的 33.5%上升至 42.6%。❶ 成功创建 4A 级景区 4 个、3A 级景区 14 个，鄂豫皖苏区首府革命博物馆晋升为国家一级博物馆，建成国家级森林公园、自然保护区、水利风景区、湿地公园各 1 处，省级湿地公园 2 处，29 个村入选河南省传统村落，12 个村入选中国景观村落，10 个村入选中国传统村落。

（三）旅游与产业“穿珠成链”——天津北辰区积极推动乡村文旅和产业振兴融合发展

近年来，天津市北辰区充分利用“大都市近郊区”的区位优势，大力发展乡村休闲旅游，打造精品线路。同时，采取项目化、市场化运作模式，打造乡村文旅品牌，不断扩大规模、提升品质，推动乡村旅游项目“穿珠成链”，让农村发展有产业支撑，让农民得到真正实惠。发展产业不仅是脱贫致富最直接、最有效的办法，也是增强造血功能、帮助百姓持续增收的长远之计。❷

文旅活动丰富多彩。赵庄子村位于北辰区最东端，曾是远近闻名的困难村。近年来，赵庄子村依托原有的生态底色，积极发展生态旅游和渔文化旅游。2019 年，在区委、区政府的大力支持下，“牵手”华北集团，把小规模景区升级成为拥有 5000 余亩水面的原生态风景区——曙光水镇，全方位打造集休闲观光、生态保护、文化传承、健康养老、就业增收于一体的特色渔业田园综合体。2020 年 7 月，曙光水镇一期正式开园纳客，开园期间共接待游客 30 万人次，单日客流量峰值近两万人，迅速成为津城乡村旅游的“新地标”。除此之外，在北辰区文化旅游节期间还会举办夜晚灯光秀、民俗文化表演、“非遗”展演等一系列文化活动，游客在此可以与萌宠亲切互动、参观牡丹大道、泛舟游湖等。曙光水镇为赵庄子村的发展注入了新活力，也让村民们有了更多的就业机会。54 岁的赵庄子村村民赵绍友在景区负责开电瓶车接送游客，每月收入 3500 元，比起过去种地的收入翻了几倍，生活水平也更加稳定。

生态文化产业融合。在曾经的结对帮扶困难村——双口镇平安庄村，1000 余亩土地已完成高标准农田改造，致力将这里打造成集生态、文化、产业融合的奶业小镇。这一绿色环保项目，不仅使土地的种植功能得到了基本保证，还可为村里带来股金、

---

❶ 张占仓．河南省丘陵山区县域全域旅游发展模式研究［J］．中州学刊，2021（4）：27-33.

❷ 旅游与产业“穿珠成链”——北辰区积极推动乡村文旅和产业振兴融合发展［EB/OL］．(2021-04-29)［2022-05-19］．网信北辰．https://baijiahao.baidu.com/s?id=1698340802469089975&wfr=spider&for=pc.

租金、薪金的“三金效益”。北辰区与梦得集团“牵手”，在双口镇前丁庄、后丁庄、平安庄3个村庄规划建设14.62平方公里的奶业小镇。该项目依托北辰区西部的运河、林地、农田、村庄等良好资源，结合高标准农田种植和特色民宿建设，重点发展休闲农业和乡村旅游，分为生态建设样板区、运河文化展示区、产业融合示范区、综合改革实验区等功能片区。特别是产业融合示范区中的奶牛基地是项目建设的基础，该基地占地约15公顷，可饲养奶牛3500头，日产奶量可达100吨。同时，小镇还将建设牛宝宝幼儿园、牛产房农业旅游片区，让游客在休闲观光中体验奶业文化，未来的奶业小镇将成为集奶牛粮仓、奶品工坊、奶业科普、迷你牧场、房车营地于一体的特色小镇。

启建特色艺术村庄。庞嘴村地处北运河西岸，邻近京津公路，优美的村落、优越的交通很适合发展乡村旅游。近两年，村里实施了全域清洁化改造，原先坑洼的道路平整了、多年留存的污水沟消失了。2020年，庞嘴村启动了特色艺术村建设，邀请知名艺术家设计打造了柳塘畔园、熙园、弓贤居等艺术民宿，建设了五棵榆艺术馆、左锋义雕塑馆，以村落原生态为底色，利用村庄生态资源和民俗风情，重点发展农村休闲旅游和小型会展经济。此外，结合民宿开发，庞嘴村还建起了馒头工坊，注册了品牌商标，通过线上线下进行销售，仅春节期间销售收入就达到了60余万元，带动了村民就业增收。

近年来，北辰区积极推动乡村文旅和产业振兴互相促进、融合发展。西堤头曙光水镇、韩家墅墅外桃源建成运营，庞嘴艺术民宿初具规模，“小五堡”林海果缘和双街都市绿谷均入选全市第二批田园综合体培育名单，双街镇也获得了“国家农业产业强镇”的称号，韩家墅村和东赵庄村获评全国“一村一品”示范村。为了扩展农产品的销售路径，还新建智慧“三农”指挥中心、农产品展示中心和“果梦源”电商平台，建成65个村级益农信息社，农产品网络销售体系基本成形，入选国家农产品质量安全区创建名单。

（四）山东威海：农业与文旅相融合 蹚出乡村振兴新路线

每年五月，都是山东威海经区桥头镇千亩杜鹃花盛开的最佳时期，花开成海。白色纯洁似雪，红色张扬如火，漫山遍野，交相辉映，绚烂夺目，时时刻刻都要把人淹没在花海中，美不胜收！[1]

“来，把这边的花拍一下。”“大家好，我现在正在为大家直播……”2019年5月8

[1] 威海：农业与文旅相融合 蹚出乡村振兴新路线［EB/OL］.（2019-05-15）［2022-05-19］. 鲁网. https://www.sdnews.com.cn/wenlv/lyj/xc/201905/t20190515_2554648.htm.

日，由经区工委宣传部主办的“文旅融合秀美桥头”媒体采风行活动正式启动，9 家媒体记者受邀齐聚全市农业大镇桥头镇。活动期间，大家实地探访了恩特千亩杜鹃园和信义文化园，感受桥头镇立足传统农业大镇资源优势，紧紧抓住“休闲”两个字做文章，让农业与旅游、文化相融合，开发了一系列旅游项目，带给游客多方位的体验和感受，促进乡村旅游提质升级，全力打造乡村振兴样板片区。

样板片区以千亩杜鹃园为起点，途经信义文化园、石家河荷花景观带、北墩前垂钓园、彭家埠观景平台、千亩现代果园、所前泊水库绿化景观，到达涧北民宿、蔬菜采摘和甘薯种植示范基地。连点成线，连线成面，将发展花卉产业与乡村旅游、文化旅游有机结合，共同推动桥头镇现代农业产业、生态观光旅游、乡村生活体验一体化复合式发展。

1. 农业产业放首位，打造乡村文旅振兴品牌

农业产业聚合乡村振兴，是桥头镇发展乡村文化旅游助力乡村振兴的关键之举。不光是陌上花家庭农场，恩特千亩杜鹃观光园、新辉家庭农场等，都与旅游发展密切相关。为了更好地引导乡村旅游农业产业健康发展，实现特色化、规模化、持续化的发展目标，桥头镇专门聘请规划设计部门对全镇乡村旅游与都市休闲农业进行总体规划，以千亩杜鹃园为起点，途经信义文化园、石家河荷花景观带、北墩前垂钓园、彭家埠观景平台、千亩现代果园、所前泊水库绿化景观，最终到达涧北村的民宿、蔬菜采摘和甘薯种植示范基地，高起点打造一条乡村振兴景观带；同时，整合花卉产业，打造以国际鲜花港、恩特千亩杜鹃园、绿苑千亩梅园、七彩生物科技、双丰园林、紫薇花海、薰衣草庄园和石家河荷花景观带为主要内容的“七园一带”花卉产业布局，以每年举办的赏花节、采摘节、垂钓节等为契机，着力发展现代休闲农业。

此外，桥头镇还坚持走品牌化发展之路。以盘活闲置土地、发展花卉产业为契机，以旅游节庆活动为平台，聚人气，造商机、谋发展，打响特色旅游品牌，提升对外知名度。自 2014 年开始，每年举办千亩杜鹃赏花节，并与“花海桥头”文艺节目相结合，创造和树立了旅游文化搭台、经济发展唱戏的发展新模式，使单纯的赏花观景成为以花为媒，以节会友，以节招商的特色“旅游经济”，成为农民增收、经济发展以及推进桥头城乡一体化统筹发展的重要载体，促进了企业和村民的增收，全面将桥头乡村旅游推向品牌化发展之路。

2. 挖掘文化内涵，打造乡村文旅振兴产业景观带

信义文化园是十里花海田园综合体的中心，与周边的花卉产业、中草药产业、垂钓休闲产业连点成线，吸引更多游客来参观、体验，积极探索“十里花间路、百里闻花香”文旅发展新模式。整个项目按照 3A 级景区标准进行打造，总投资 1.5 亿元，计

划 2020 年全面建成。目前，千亩杜鹃园、千亩梅园、信义垂钓园、铁皮石斛种植园四个园区和石家河荷花景观带已经投入运营，每年的赏花节前来桥头赏花游客近 5 万人。

在开展文旅融合、乡村振兴建设工作中，桥头镇始终坚持把乡村文化振兴作为一项重要内容，深挖桥头镇的悠久历史和文化传统，借助信义文化园这个平台，尝试把信义文化与红色文化相结合、信义文化与传统文化相结合、信义文化与美德威海相结合、信义文化与社会主义核心价值观相结合，继承信义文化传统，弘扬守信守诺、传播公平正义的正能量。同时，开展了“桥头好人”等评选活动，深入开展移风易俗活动，促进农村乡风文明。同时，桥头镇还将重点在文化活动安排上进行创意开发。围绕“桥头风景美如画，千亩杜鹃映山红”的主题，开展赏漫山杜鹃、逛传统大集、品桥头羊汤、石家河上享垂钓、七彩生物感受花园植物展、陌上花家庭农场采摘等丰富多彩的秀美桥头一日游活动，使市民除了欣赏杜鹃之外，到桥头还有更多的游玩选择，对桥头的风土人情也能有更深感受。在举办各种文化活动同时，又举办“恩特杯随手拍”手机摄影大赛、“绚丽杜鹃秀美桥头”摄影征文大赛及摄影展，并设置丰厚奖品，进一步增强了活动的趣味性和吸引力。

桥头镇还将整合现有的千亩杜鹃园和千亩梅园、千亩现代果园、“信义文化园”以及陌上花薰衣草庄园、新辉家庭农场、所前泊水库周边绿化景观带以及甘薯种植示范基地等，将各个项目景点穿点成线，打造一条高品质的乡村旅游精品线路和乡村振兴的产业景观带，努力推动乡村旅游发展再上新台阶，为助推乡村振兴战略做出更大贡献。

四、建议与前景

乡村文旅融合以文化为内在，旅游为外在，是具有价值性和社会性的实践。长期探索实践过程中，需要确定文旅融合的方向、寻找核心优势，努力打造特色品牌，对乡村振兴与文旅融合协同发展模式进行研究。将文化产业和旅游产业高度结合，让旅游者真正地由外到内加以体验。文旅融合注入乡村旅游地是创新乡村旅游发展模式的最佳决策，乡村振兴战略与文旅融合策略都旨在解决当前的社会主要矛盾，文旅融合是乡村振兴战略的落实途径，为协同发展模式的可持续性打下基础。这是一次机遇，乡村文旅融合是实现乡村振兴的可选择路径之一；同时也是一次挑战，文旅融合的脆弱性和延续性是可持续性发展的一大难题，这种协同发展模式不一定能在乡村旅游地很好地被发展起来，需要投入更多的时间和精力。乡村文旅融合不能盲目进行，要进行多方面的分析研究并根据未来政策趋势的发展，以便更好地发展乡村旅游，从而使乡村振兴与文旅融合一体化。

（一）建议

针对当前文旅融合助力乡村振兴发展实际，结合存在的问题，提出以下建议[1]：

1. 深入挖掘本土文化资源，做好长期发展规划设计

建议文旅部门牵头对本地文化资源进行调查、整理、宣传，对于具有人文历史文化底蕴、具有红色革命历史传统、具有民族特色风情、具有自然奇异景观的地方要重点挖掘其文化内涵与秀丽风景，与农业农村部门以及地方乡镇政府合作，结合各地区域及乡村发展实际，广邀文化旅游领域专家学者与当地文创产业知名人士，进行乡村文化旅游的长远规划，要坚持因地制宜细化工作，要与附近乡村发展实况紧密结合，体现本土特色，达到区域资源最优配置。

2. 创新文化旅游体验模式，形成本地特色文化品牌

建议在进行乡村文化旅游长期规划时要广泛深入调研，充分掌握游客与消费者的基本需求与期待体验，结合本地产业文化特点，创新文旅设计模式，发挥创意手段，以年轻人较为喜欢的民宿、田园观光、美食等为思路，逐步打造一个又一个的本地特色文化品牌，在游客与消费者之中留下口碑，形成可持续性的发展模式。

3. 加大公共设施建设力度，提升乡村公共旅游服务水平

建议完善乡村文化旅游配套设施，结合乡村原有老年人文化活动、中年女性文体活动场所，根据观光客旅游路线与客流量因素，加大对高客流量地区配套设施的投入，完善公共卫生间、周边民宿、餐饮、展览馆、停车场等公共配套设施，以游客消费习惯为依据，建设商场、超市、小吃摊位聚集区，在保护好当地生态环境的同时为消费经济提供便利。

4. 做好乡村文化传承工作，移风易俗打造文明礼仪

对于有景观价值和文化底蕴的传统文化乡镇、传统村落及传统建筑等历史遗存，政府与社会应进行保护，开展乡村非遗申报、技艺传承、专利申报等工作，保护传统美术、戏剧、曲艺、民间舞蹈、杂技和民间传说等民间艺术，推进乡村非物质文化遗产展示、传习场所建设。同时加强对于乡村陈规陋习的引导，移风易俗提高当地民众科学水平与礼仪修养，以好客姿态迎接外地来客。

5. 推进乡村文化人才培育，招才引智搭建智能平台

针对当前农村普遍存在的文化人才匮乏的问题，要按照人尽其才的原则，多措并

---

[1] 推进文旅融合助力乡村振兴［EB/OL］.（2021-11-02）［2022-05-19］. 袖里谦堃. https://baijiahao.baidu.com/s?id=1715290755413578462&wfr=spider&for=pc.

举，挖掘和培养一批优秀本土文化人才，面向社会招贤纳才一批专业人才，鼓励大学毕业生与社会青年留在乡村，借助其年龄优势以及对文旅产业的了解，发挥人才创意，充分发挥新媒体优势，运用微博、微信、移动客户端、直播 App 等载体为乡村文旅发展插上互联网的翅膀。

（二）展望

乡村文旅融合发展已经成为旅游研究的热点领域，文化业与旅游业在乡村地区的蓬勃发展引起学者广泛的关注，将推动文旅融合的深入发展。结合我国乡村文旅融合的发展实践，对未来乡村文旅融合的研究可得出如下展望。

1. 振兴乡村文旅融合发展，助推乡土社会发展

在乡村旅游的建设过程中应坚持对乡村价值进行深入挖掘、解读与系统整理，尊重农村发展的律法的原则，探索路径提升农村传统价值，激活和释放农村文化价值，从而重塑农村价值体系和定义新时期农村的价值取向，这也是农村复兴的前提和基础。扎根在中国的农村，乡村建设者需要围绕乡村振兴的战略目标和实现要求，深入乡村进行实地调研，了解和把握乡村旅游文化创意设计的基本情况，发现新乡村的科学问题，注重发展乡村区域的地方体验，实现旅游开发与文化传承的融合。从这个角度看，促进乡村社会非物质文化遗产、文化创意产业的数字化、活态化、传承化的保护。

2. 促进乡村文旅融合产业发展，推动乡村经济发展

乡村经济的建设是乡村振兴战略的重要组成部分，结合农村第一和第三产业，推动地方农业、农副产品加工、生产、运输、服务相结合，发展多种产业，扩大渠道就业，提高村民生活水平，改变村民消费方式；在农村地区的党组织的领导下，村民们积极参加农村建设和管理，保持乡村旅游文化产业品牌，促进旅游产品的持续改进创新，改善村民精神文化生活，为乡村旅游市场经济注入活力。

3. 全面推进数字乡村建设，激发创意设计活力

随着乡村旅游和文化创意产业的发展，深入认识、因地制宜、创新乡村旅游，积极推进乡村旅游本土化和创意设计实践，形成乡村旅游发展模式和实施路径优势，推动乡村振兴的数字文化创意，具有十分重要的意义。乡村旅游文创的发展要跟上互联网时代的步伐，打造“互联网+”视域下的智慧旅游文创产业。此外，旅游业的发展必须打造富有特色的乡村旅游品牌，不同乡村地区的旅游资源存在较大差异，如借鉴“一村一特”思路打造特色旅游产品时，要同时体现产品的继承性、民族性、独创性和时代性。

因此，在未来的研究中，我们应该立足我国乡村的现实需求，坚持需求和问题导向法，在中国进行本土化的乡村旅游的实践与学术研究，深入了解农村旅游的长期发展特色。同时，形成符合中国旅游发展的理论阐释，促进研究对象、研究课题、旅游本土化的理论和研究方法的发展，从理论层面和实践层面不断推动我国乡村旅游研究的新发展。

个案篇

一、河南新县：深挖产业资源潜能助推文旅融合

（一）基本情况介绍

新县，别名经扶县，位于河南省信阳市南部，地处大别山腹地和鄂豫两省交错地带，与商城县、湖北省麻城市、罗山县等地毗邻，全县总面积 1554 平方公里，截至 2017 年统计，新县下辖 1 个街道、5 个镇、10 个乡，新县总人口 37.07 万人，其中常住人口 28.36 万，市镇人口 13.47 万，乡村人口 14.89 万。[1] 是国家生态文明建设示范县，国家全域旅游示范县，被誉为“板栗之乡”“银杏之乡”，也是中国十大将军县之一、国家扶贫开发重点县和大别山集中连片特困地区扶贫攻坚重点县。

践行乡村振兴战略以来，新县成功实现脱贫摘帽，成为信阳市率先摘掉贫困县帽子的辖区，2019 年习近平总书记视察河南，首站就是新县，肯定了新县依托红绿资源、推动乡村振兴的做法。新县依托现有资源，以政府牵头，民众广泛参与的方式构建旅游产业，打造新县旅游发展大格局，认真谱写文旅融合发展新篇章，走出一条乡村产业蓬勃发展、打造绿色乡村、促进文旅融合发展、提升农民经济增长的乡村振兴“新县模式”。

（二）主要做法

新县全面贯彻党的十九大精神，在县委带领下，坚持“红色引领，绿色发展”的科学理念，咬紧“山水红城，健康新县”的发展定位不放松，做好整体规划部署，稳中求进，秉持新发展理念，围绕高质量发展主题，坚持供给侧结构性改革主线，持续

---

[1] 张雨．信阳统计年鉴［M］．北京：中国统计出版社，2018：55.

推进产业振兴和文旅融合。

1. 产业转型升级

在“十三五”规划中，新县提出要培育“四个一百亿”健康产业集群，主要聚焦医药制造、农副产品加工、智能制造以及文化旅游、健康健身、休闲养生产业，以产业转型助推老区新跨越。聚焦乡村产业高质量发展，推进产业融合，科学规划产业结构，保障经济发展稳中有进，以产业发展助推乡村文旅融合。

一是加速产业优化，提升产业质效。把乡村企业纳入省项目库，推进企业向智能化、绿色化改革，培养龙头骨干企业，构建大企业与中小企业纵向分工协作、横向资源共享的产业生态链。深挖优质文化产业，成立文物事务中心和非物质文化遗产保护中心，新增国保单位2处，入选全国第一批革命文物保护利用片区分县名单。旅游产业精品化，构建空间全景化的系统旅游，精心打造“一城三线”精品旅游线路，培育精品民宿，新创3A景区。优化文化旅游、健康健身、休闲养生为一体的健康服务业，规划建设大别山全民健身公园、大别山房车露营公园，建设了“健康来吧”大别山健康旅游体验基地，启用省内首条国家登山健身步道——大别长淮新县国家登山健身步道，成立鄂豫皖三省六市十六县组成的大别山健康旅游联盟，持续打造新县“旅游+健康+体育”产业模式。发展绿色生态农业，因地制宜发展特色种养业，建设药材、农副产品种植基地，推出地方特色农产品，提升境内旅游服务质量，同时，以花为媒，打造以花卉和特色林果种植、旅游观光于一体的综合农业开发基地，走出“农旅融合、林旅融合”的现代农业发展之路，通过产业转型升级进一步推动文旅融合发展。

二是完善制度保障，增强产业动能。开展跑项争资、招商引资、项目建设“三项竞赛”，提升产业建设动能。强化“政银企互动”，成立优化金融营商环境工作专班。建立文化旅游发展投融资平台，建立“5个1000万”产业发展引导资金，鼓励各方资金下乡，形成政府牵头、部门争资、各方投融资的产业发展蓬勃之势，帮助中小微企业发展壮大。积极展开农村集体产权制度改革试点工作，鼓励农民以土地承包经营权、林权、宅基地使用权等流转入股乡村旅游产业，同时发展股份合作，组建股份经济合作社，推广“政府主导+合作社带动+运营公司管理+贫困户参与”的乡村旅游产业开发模式，打开农民创业增收新思路，提高农村文明习惯，扶贫扶智共举，助力乡村产业建设，文旅可持续发展。实施“999”回归工程、“红城英才计划”等计划，鼓励人才回流，引入人才资源，为乡村产业振兴、文旅发展献计献策。

三是创新工作机制，提升产业活力。优化政府工作流程，实施数据共享，极大提升业务办理效率，实现“一表一申请、一窗一办理”，目前政务服务事项“最多跑一次”比例提高到93.9%。推进工程建设项目审批制度改革，审批时间压缩至100个工作日以内，社会资本投资项目审批时限压缩至 90 天，推进省普惠金融试点县建设，推动产业发展“速度化”。成立行业协会，完善文化、旅游、体育等行业自律机制。

2. 本土文化资源开发

深挖本土资源，利用境内红色基因+绿色资源+传统风貌优势，将青山绿水、红色精神、传统文化与旅游产业融合，打造多元、精品、有生命力的旅游园区。

一是以红色文化为引领，发展红色研学旅游产业。实施大别山“百村传承、百村振兴”三年行动计划，打造“大别山红色乡村游”金名片，先后打造西河湾、田铺大塆等 27 处红色乡村景点，并围绕“红色传承”“星火燎原”“浴血抗战”“千里跃进”“红旗不倒”五大专题，打造出 5 条红色乡村游精品线路，并以此为中心推动研学游及相关产业的发展。对红色文化践行保护与发展并行，搭建“可参观、可学习、可体验”的乡村红色场馆，推广建设新时代文明实践站、新时代农民讲习所、农家书屋、村史馆等乡村文化阵地，开展红色遗址抢救性保护工程，完成革命遗址保护性修缮 60 多处，打造红色精品工程 40 余个。积极展开红色人才培育和红色文化宣传工作，开办“大别山旅游讲堂”，培训红色旅游相关服务人员，创新开展“闪闪红星—小小讲解员进景区”活动，将红色文化带入中小学生队伍中，使红色文化代代传承，推出《红色印记》《红色大别山》《送郎当红军》等红色读物、歌曲、舞蹈和剧目。实现红色文化与研学、农业、体育产业融合发展，依托独特的红色文化，培训行业在境内繁荣，以红色教育培训为核心的研学游达 50 万人次，红色文化+农业旅游模式为游客带来不一样的农务体验，依托大别山优越的山地资源，红色文化也扎根进体育行业，当地建成我省首条国家登山健身步道并多次举办大型体育赛事，掀起了体育旅游的热潮，带动沿线 16 个贫困村参与旅游发展。

二是推动山水文化与产业相结合，带动生态旅游繁荣发展。新县森林覆盖率高达 76.7%，植被覆盖率更是达到了 95% 以上[1]，依托青山绿水资源，新县打造“合作社+生态景区+惠民”生态扶贫模式，建成大别山房车小镇、香山湖水上游乐园、大别山体育馆、武占岭漂流度假区、天普大湾创客小镇等生态旅游项目。开展青山绿水保护工作，坚持宣传“视山如父、视水如母、视林如子”的生态理念，实施“美化大别 · 绿满山河”国土绿化行动，探索推行“河长制”“湖长制”“林长制”“树长制”，以最严格的监管机制守护青山绿水，打好新县生态旅游根基。新县把“青山绿水就是金山银山”切实落实执行，乡村借绿生金，目前新县拥有地方特色农产品品牌 89 个，旅游商

[1] 新县上榜全国第三批“绿水青山就是金山银山”实践创新基地［EB/OL］.（2019-11-20）［2022-05-19］. 河南省人民政府门户网. https://www.henan.gov.cn/2019/11-20/995305.html.

品 340 种❶，“新县味”成为新县全域旅游一大特色。新县还拥有生态观光、田园采摘等多种旅游体验，完成了“山区变景区、民房变客房、农产变特产”的系列转变。

三是将传统文化深入乡村建设，为乡村旅游赋予古色韵味。专注传统文化保护工作，增加国家级非物质文化遗产名录名单，专注非遗项目和传承人培养，为非遗及传统文化的保护护航。在传统建筑修缮工作上，坚持“修旧如旧”原则，尽量还原历史风韵，再结合现代公共服务设施，打造出了丁李湾、西河湾、毛铺等精品休闲度假基地。建成了以丁李湾传统古村落为中心的豫南民间文化旅游精品区，充分展现了民间文化。将大众创业、万众创新与美丽乡村建设有机结合，开展大别山乡村文旅创客大会，建立创客小镇田铺大塆，吸引文旅专家、创客大咖、非遗专家等前来交流，推动乡村文化产业和旅游产业高质量发展。全国春晚盛典、大别山民间文化艺术节、大别山民俗文化节等系列大型文化旅游活动的举办，使得乡村文化建设更加浓郁。《西河恋歌》《美在九镇十八湾》《中国影像方志·新县篇》等影视作品的呈现，记录和宣传了新县民俗、饮食、农耕等文化。

（三）发展成效

1. 促进了产业融合

新县利用自身资源成功将多种产业与旅游文化相融合，推动境内全域旅游的蓬勃发展。大别山健康旅游联盟等健康产业和体育产业推动境内体育旅游热潮，新县获得“全国体育旅游目的地”称号。农业的转型升级效果显著，全县建成“多彩田园、创业工程”产业扶贫示范基地 191 个，覆盖 3.6 万名贫困群众和所有贫困村，建成新型农业旅游园区 14 个，培育新型农业经营主体 115 家，仅 2020 年端午田铺大塆游客达 3300 人次，比上年增长 12.9%，2020 年新县农产品农药残留检测合格率、生猪屠宰检疫率均达 100%，电商交易额超 10 亿元，获评国家级电子商务进农村综合示范县。依托红色资源，教育业与旅游业也得到进一步融合，2019 年，县内红色培训机构发展至 17 家，全县累计培训学员超过 50 万人次，大别山红色教育旅游区域品牌价值经中国质量认证中心评估为 38.62 亿元。文化产业与旅游业的融合更展现了新县的精神风貌，非遗传承与文创开发相融合，开发民俗文化体验旅游，成功打造了奇龙岭民俗文化园、油茶文化博物馆、丁李湾民俗博物馆等文化旅游精品。

2. 扩宽了旅游空间

依托自身丰富资源和对空间的科学规划，新县旅游业与体育产业、健康产业、农

---

❶ 河南新县：发展全域旅游 促进乡村振兴［EB/OL］.（2021-07-15）［2022-05-19］. 信阳市文化广电和旅游局. http://whgdlyj.xinyang.gov.cn/index.php?m=content&c=index&a=show&catid=19&id=680.

业、教育业融合发展，将旅游空间从绿水青山扩展到乡村农家，打造全域旅游景观，不管是“一城三线”精品旅游路线、农业园区、大别山体育旅游路线，还是“红绿古”文化园区都为游客带来更多旅游选择。立足于“一镇一主题，一村一特色”的景观布局，有效打破千村一面的难题，扩展了游客的参与体验。新华社总编生动总结了新县全域旅游景观：“有区无界、有门无票、有景无点”。

3．助推了文旅融合

新县依托“红绿古”资源，精准把握资源优势，针对旅游产业进行规划发展，并进一步创新升级，与其他产业深度融合，打破旅游产品单一、人才资源稀缺、资金短缺的困境，进行境内产业升级创新，打造全域旅游景观，真正使新县旅游大县的金字招牌走出去，使得新县文化产业和旅游产业的融合发展进一步得到提升。产业优化促进城乡基础设施更加完善，城乡交通运输一体化网络的构建，串联起各大景区，同时也推动境内电商发展，促进旅游商品的销售和境内旅游知名度的提升。健康产业、农业园区的打造，实现农民产品、旅游双收入。2017—2019 年，全县旅游综合收入、游客接待量的增长速度均达 20% 以上。2019 年，据资料显示，新县一共接待游客 1008.8 万人次，实现旅游综合收入 78.7 亿元。在全省县（市）区经济社会发展综合考核评价中，新县 2014 年排名全省第 49 位，2017 年排名第 12 位，向前进步 37 位，实现文旅融合高速发展。

二、江苏永联村：工业反哺农业促进文旅融合

（一）基本情况介绍

永联村隶属于江苏省苏州市张家港市南丰镇，辖区面积 10.5 平方公里。三十年前，永联村是苏州地区的一个贫困小村，曾是张家港市面积最小、人口最少、经济最落后的村，人口不过四百，人均年分配只有 68 元，如今永联村拥有 77 个村民小组，村民 10400 人，是中国九大富裕乡村之一。改革开放时期，永联村开办渔业、企业，建成水泥预制品厂、家具厂、枕套厂等七八个小工厂以及村集体轧钢厂，当地经济水平逐渐提高，永联村以永钢集团为依托，不断以工业反哺旅游业，先后发展了粮食基地、苗木基地、蔬菜基地、休闲农业园等，打造生态园区、旅游景区，把农民带上全域旅游的新起点。永联村是产业振兴带动文旅融合，实现乡村振兴的典型范例。

（二）主要做法

永联“以工业牵引，带动其他产业”的发展道路成功带领永联村人民走向共同富裕，永联始终秉持着“敢破敢立、自强不息、团结奉献、实干争先”的精神，将“共

建共享”落实到实处。

1. 产业发展拉动经济增长

一是践行党的宗旨，紧抓发展机遇，农村精英带动乡村产业兴旺。1971 年建村初期，永联村涝灾频发，一直处于贫困落后的局面，县里派了几次工作组展开工作都没有成效，直到 1978 年，吴栋材到永联村任职，为永联村的未来发展带来了新转机。吴栋材初到永联村时，他带领村民挖塘养鱼，并将取出的土垫高为地种粮，第二年，养鱼为村民带来年人均 2000 多元的收入，粮食也实现丰收，在此基础上，吴栋材和村党支部意识到“无工不富”的道理，带领村民置办起水泥预制品厂、家具厂、枕套厂等七八个小工厂。1984 年，吴栋材敏锐地感知到轧钢产业的市场需求，开始带领村民一起办轧钢厂，1985 年，永联产出 6000 多吨钢制品，利润达到 1024 万元，仅一年，永联不仅还清了欠款，还实现完全脱贫，跨入全县十大富裕村的行列。1978 年党的十一届二中全会后，中国开始实行改革开放，吴栋材又抓住发展先机，扩大产能，革新技术，建成江苏永钢集团，进行产业振兴，集中力量办轧钢厂，走上工业化之路。2005 年，吴栋材的儿子吴惠芳在父亲的召唤下，回到永联村跟父亲一起建设永联村，如果说吴栋材是永联村的创业者，那么吴惠芳就是永联村的发展者。2005 年，中国推进新农村建设，吴惠芳抓住国家住建部推行的“城镇建设用地增减挂钩”试点，将全市挂钩指标协调过来建设农民集中居住区，发展工业，永联村的工业得到进一步发展。2012 年党的十八大召开以后，经济新常态发生变化，永钢集团业又开始全面转型升级，加快产品提档升级，将产品聚焦为优特钢生产；借力“一带一路”政策将产品出口到全球 112 个国家和地区；企业进行节能环保改造，大力发展绿色循环经济；多元化发展，大力发展金融贸易、装备制造、建筑建材、循环经济等产业。2020 年，永钢集团的营收已达到 1010 亿元人民币，实现利税 60 亿元。如今的永联钢厂也在两代领头人的带领下，成为钢材年生产能力达 500 万吨的大型钢铁企业，公司生产的“联峰”牌钢材，也成为建筑钢材市场的著名品牌。农村精英的加入，给永联村带来了发展方向，解决了永联村生存难题，并且团结村民一起发展致富，使永联村改头换面，利用“产业发展带动经济增长”的思路实现境内经济快速增长。

二是集体经济实现股份合作化经营，为乡村建设积累发展资金。永钢集团的壮大带动村域内经济飞速发展，但是“村企合一”的模式却逐渐显现出许多矛盾和问题。永联村在 1998 年和 2000 年经过两次股份制改造，村企关系从“村企合一”转变为“集体持股、村企合伙”，村集体股份下降到 25%，企业将 25% 的股权留给村民，如今这 25% 的股权，每年可为永联村带来数亿元的集体资产。村民以集体入股分红的方式，共享经济发展成果，永联村村民和永钢集团股民逐渐建立起利益共同体，村民、股民和谐相处，共谋发展，共同富裕，这也是永联村快速发展的重要一步。第二步是实现政经分离，这也是永联集体经济模式中别具特色的一种形式。1982年，永联村成立了经济合作社，但和永联村民委员会是一套班子、两块牌子，属政经合一的管理体制。2013年，永联村进行了“政经分离”改革，将永联村从村集体经济职能中剥离出来，交由经济合作社专门负责，并规范了相关政策，确保社员经济权益最大化，并聘请精英人员，引入发展人才。永联村集体经济的壮大，为永联村积攒了丰厚的发展资金，为后续其他产业的发展提供了原动力。

三是壮大人才队伍建设，确保产业发展活力。吴栋材和吴惠芳两代接班人都十分重视乡村人才的引进，坚持“五湖四海”用人，吴栋材提出“五湖四海，三教九流，有为有位，无为让位”的人才战略，紧跟习总书记提出的“发展是第一要务，人才是第一资源，创新是第一动力”的发展思路，与各大高校合作，在乡村搞教育，开办硕士、本科、大专班和非学历教育班，通过补贴学费，鼓励学子在家门口上大学，将人才留在永联。此外，吴惠芳还制定了人才激励机制，主张“能者上、庸者下”的原则，改变永钢集团过去工资与级别挂钩、级别和资历相关的做法，让待遇跟着岗位走，承担多大责任享受多高待遇。不仅要引进人才，永联村还在“留住人才”上大下功夫。为留住人才，永联村投资6亿元，专门给外地员工建设2200多套公寓房，各类生活设施一应俱全。正是这“五湖四海”的用人理念，让永联村一直保持活力，积极应对各项难题和挑战，从转变中抓机遇，把永联村建设得越来越好。

2. 工业反哺农旅业融合发展

工业的蓬勃发展让永联村富了起来，集体经济模式又为永联村积累了足够的发展资金，永联村也逐渐以工业反哺农业、旅游业，对土地进行集约化管理，发展农业，建立农业园区，也形成以农耕文化为基础的休闲观光旅游产业链。

一是强化农业产业化经营。首先，农业实现规模化经营，投资“富民福民工程”，成立了“永联苗木公司”，把农民手中的土地承包经营权集中流转到村经济合作社，并承包给永钢集团经营，开启了永联农业规模化、集约化经营，不仅便利了土地的整体规划建设，并且带来了巨大的生态效益，苗木的规模化经营，成为永联绿色名片，为永联美丽乡村建设打下基础。其次，永联村利用工业的发展优势，带动农业融合发展，提升农业生产效率，钢厂的蒸汽余热应用到粮食烘干、花卉种植，实现了工业与农业的节能循环互动。运用工业化思维发展农业，建立智能管理系统，进行精准化管理，实现了农业生产的集约化、机械化、信息化、现代化。目前，永联村正在筹划建设3000亩高效农业示范区，设立农业发展基金，并提供农业项目启动资金，对发展特色养殖业予以补助，促进高效农业加快发展。

二是工业拉动农旅融合发展。永联村一二三产业融合发展先导区已初步形成了“基地—加工—美食—销售—观光”农旅结合全产业链，永联村的现代粮食基地、特种水产养殖基地、天天鲜鸡鸭鱼羊和蔬菜基地，通过工厂的深层次加工提升农产品附加值，通过供应到餐饮美食店打造了江鲜美食街，通过标准化配送、供应，构建了天天鲜生鲜配送网络；通过旅游化改造、开放参观，形成了受市场青睐的乡村旅游产品，实现了农业产业的协同、提质、增效。建成张家港唯一一家四星级乡村旅游区——苏州江南农耕文化园，形成以农事体验、农业观光、自然景观、生态休闲、农耕文化为主的休闲观光型农业，初步形成了以鲜切花基地、特种水产养殖基地、苏州江南农耕文化园、现代粮食基地、苗木公司、垂钓中心为一体的休闲观光农业产业链，年收入达 7573.7 万元。永联村还与张家港大秦珠宝合作在永联的 80 亩水面养殖珍珠，打造“旅游+珍珠养殖”模式。目前，永联村一二三产业协调发展，2018 年实现销售收入 380 亿元，利税 80 亿元，村级可用财力达到 1.65 亿元。

3. 深挖文旅资源，打造特色旅游

永联村在 2008 年以前只是一个传统的工业强村，产业模式单一，历经工业的快速发展，生态环境也遭受到一定污染。与此同时，在旅游业方面，永联既没有历史古迹，也没有名山大川，属于文化旅游方面的弱势群体。永联在 2008 年以后，因地制宜，挖掘文化旅游资源，始终坚持绿色发展理念，以“农”为抓手，逐渐塑造起永联文化旅游品牌，永联成为乡村旅游的“后起之秀”。

一是以农耕文化为抓手，打造农事乐趣游。永联村依托农耕文化，开发建设了苏州江南农耕文化园，在里面主要设置了六大区域，分别为肥米粒萌宠乐园、休闲木屋区、作坊区、农家乐园区、水上乐园、游乐场。肥米粒萌宠乐园设有农耕雕塑，展示了耕作方式的演变，从“刀耕火种”到“石器耕锄”，从“千耦其耘”到“男耕女织”，再现了农耕历史的发展、土地制度的变革以及赋役制度的演变；作坊区能看到传统江南手工作坊生产流程，买到具有江南特色的生活用品。六大区域以不同的方式为游客传播江南农耕文化，拉近现代人与古时农耕文化的距离感。苏州江南农耕文化园也被评为国家 4A 级景区、中国农耕文化示范园、中国十大最美乡村、江苏省首批特色风情小镇、江苏省 5A 级乡村旅游地，江苏省五星级乡村旅游区。

二是以建筑文化为亮点，打造江南风情休闲游。永联村的建筑风格保留了江南传统的建筑形式，并结合了现代风。粉墙黛瓦，临路傍水，房屋高低错落，人们依水而居，诗词里的“小桥，流水，人家”跃然眼前。永联戏楼也别具江南风情，是永联村文化发展的又一特色，游人可以在戏楼里听戏，享受属于江南的慵懒一刻。

三是以美食文化为特色，打造永联风味游。永联村位于长江下游，江鲜美食资源丰富，其中的“长江三鲜”——河豚，刀鱼、鲫鱼更是盛名远播，还有刀鱼馄饨、拖炉饼、梅花糕等特色美食。永联村也会定期举办美食文化节、烹饪技能大赛等活动，充分挖掘江鲜美食资源。永联村还打造了江鲜美食街，进一步打响永联江鲜特色美食招牌。

四是以企业文化为特色，打造工厂体验游。永联靠工强村，拉动永联经济飞速发展，永联的企业文化也成为当地一大特色。永钢集团注重以人为本，讲究谋事在人的精神，永联的企业文化也逐渐成为游客好奇的一方面，为此永联推出工厂参观体验的项目，参观永钢集团，让游客身临其境地体验永联现代工业文明的魅力。

（三）发展成效

1. 带动了脱贫致富

永联靠工致富的路子让永联村人民摆脱了贫困，走向致富之路。建村 50 年来，永联村从一个长江滩涂上建起来的最小、最穷的农村，建设成了基本现代化的农村。1978 年，永联村村民人均收入仅 68 元，到 2019 年，全村实现营业收入 750 亿元，利税 56 亿元，村级可用财力 1.61 亿元。工业带动农旅融合发展的路子又为永联带来经济新的增长，为永联村百姓提供了更多的收益。2019 年，永联村接待游客超 100 万人次，农业销售收入和旅游营业收入近 3 亿元，昔日的穷村，纵身一跃为“华夏第一钢村”。

2. 改善了生态环境

随着经济的增长，人们对于生活环境的需求逐渐提高，永联村对于生态园区的打造，对于旅游业的精心规划，也改变了永联村过去落后的居住环境和生态环境，工业区和农业区规划清晰，土地的集中流转发展成了粮食基地、苗木园区、休闲农业园等，居住空间更加科学，也增加了永联村绿植的覆盖率。对于乡村旅游等第三产业的开发，也进一步美化了乡村环境。永联村对园林绿化的建设也为村庄的形象不断添彩，永联村也被评为“全国文明村”“国家级生态村”等荣誉称号。

3. 促进了文旅融合

永联村通过工业带动农业、城镇化建设，促进了农民增收、生活富裕，也推动了文旅融合的发展。永联村打造江南田园风情小镇，累计投资 32.87 亿元，完成了农耕园升级、小镇中央公园、永联菜园、社区绿化提升、东街酒店群一期、田园居酒店、永联展示馆升级等 20 多个重点项目建设，扩展了永联旅游空间。农旅联盟发展，将永联村的一二三产业融合发展，形成了“基地—加工—美食—销售—旅游”农旅结合全产业链，充分发挥“互联网+”“旅游+”“农业+”的作用，实现了农旅产业的协同、提质、增效，推动农旅产品的发展。从单一景区发展为综合性旅游目的地，获评全国休闲农业与乡村旅游示范点、国家4A级旅游景区、江苏省五星级乡村旅游区、全国乡村旅游重点村等荣誉称号。

理论篇

党的十九大报告首次提出乡村振兴战略，以及“产业兴旺、生态宜居、乡风文明、治理有效、生活富裕”的总要求。产业振兴来自乡村振兴中的产业兴旺，而习近平总书记也把“产业振兴”摆在“五个振兴”中的首要地位，❶ 其重要意义不言而喻。产业兴旺是乡村振兴的物质基础，也是实施乡村振兴战略的首要条件，更是实现乡村振兴的破题关键。因此，乡村振兴必须依托产业发展来建立农民增收促小康的长效机制，只有把握住产业兴旺这个实现乡村振兴的“法宝”，美丽乡村才有实现的可能，农民生活才有“底气”。发展产业可谓是乡村振兴的根本之策，对于促进城乡要素融合、解决就业问题、增加农户收入、实现乡村产业从“输血”到“造血”的华丽转变、促进脱贫攻坚与乡村振兴的有效衔接，实现共同富裕等方面具有重要意义。产业振兴与文旅融合并非是互相独立，互不干涉的两个对象。相反，产业振兴与文旅融合的内在逻辑存在着一致性，产业振兴与文旅融有着共同的发展目标，且二者目标的实施途径也呈现出一致性。不仅如此，产业振兴与文旅融合还存在着互馈的关系，两者相互促进、相互实现。

一、产业振兴的发展模式选择

产业振兴来自于乡村振兴中的产业兴旺。产业兴旺是指通过挖掘区位优势，立足资源禀赋，整合市场资源，联结政府、农户、龙头企业、农村经济合作组织等主体，调整乡村传统产业结构，在农村地区形成一批现代化的集聚、共生协同产业，将资源优势转变为经济优势，进而带动群众增收，最终实现共同富裕的过程。❷ 全国各地将产业兴旺作为首要工作来抓，在传统的产业发展模式上创新升级，开创了多元化、多模式的产业新路径。郭俊华和卢京宇将新时代乡村产业兴旺的实践模式大致可划分为以下五种。

---

❶ 习近平在参加十三届全国人大一次会议山东代表团审议时的讲话［N］. 人民日报，2018-03-09.

❷ 郭俊华，卢京宇. 产业兴旺推动乡村振兴的模式选择与路径［J］. 西北大学学报（哲学社会科学版），2021，51（6）：42-51.

（一）“生态+”产业模式

“生态+”模式，是指凭借区位的生态优势，充分挖掘生态资源并将其与产业振兴工作进行嫁接、联合，以绿色环保为指导思想，鼓励乡村人民积极融入生态发展产业链，将生态资源优势转变为经济优势。该模式适用于生态资源独特且丰富的农村地区，通过对当地生态禀赋和资源的环境输送能力深入调查之后，合理规划并利用相应的自然资源，因地制宜地开发水电开发、生态旅游等可持续发展产业项目。例如，“浙江南大门”苍南乡，凭借着富裕的生态资源完成了乡村脱贫向乡村振兴的华丽转身。苍南乡深入挖掘“居山揽海”综合优势高质量推进全域旅游，不断发展“山”旅游、“海”旅游、“乡”旅游、“矾”旅游、“瓷”旅游等，除此之外还衍生了依托生态资源的健康疗养产业。

（二）“文化+”产业模式

“文化+”模式，是指发挥区域特色文化优势，以“文化兴”促“产业兴”，以文化作为发展灵魂，带动群众深层次融入文化产业发展链条，实现文化资源与经济资源的完美转化。该模式适用于文化资源丰富的地区，如革命老区、民族地区等。这一区域可以凭借其丰富的红色文化、民族文化以及特殊工艺等资源，深度挖掘其文化内涵并充分转化为商业价值，将特色文化产品与文化传统、民间传统手艺等转变为攥在农民手中真真切切的经济收入，让农村群众端上“文化碗”，吃上“文化饭”，进而打响乡村优秀特色文化口碑。近年来，随着文化资源与旅游资源不断融合发展，形成了一系列的“文化+旅游”的产业模式，甚至实现了“农文旅”融合发展。例如，福建省诏安县就通过挖掘中共苏区这一红色资源，通过弘扬红色人物光荣事迹，实现了以党建促旅游的发展模式，并且通过打造乌山红色旅游展示厅、月港事件纪念馆等红色旅游项目，吸引了一大批游客前来学习观摩与旅游。据统计，自 2020 年以来，当地共接待了近 10 万人次，带动消费达 3100 万元，既实现了优秀红色文化传承的同时，还促进了旅游经济的大幅增长。❶

（三）“旅游+”产业模式

“旅游+”模式，是指大力开发旅游项目，依托旅游资源进行乡村脱贫工作，将乡村群众融入旅游项目的开发、经营与管理全流程中，以旅游产业作为经济发展的支柱性龙头产业，以旅游促发展。该模式还有利于改善乡村落后的基础设施，通过旅游资

---

❶ 福建省诏安县党建引领“三色”产业发展［J］. 党建研究，2021（11）：63.

源开发的资金引进，修改完善当地交通道路从而实现“村村通”、网络全覆盖等。除此之外，外来城市人口的迁入将带来先进的思想观念，从而促进当地群众思想的开化，提高农村地区的开放度，增强市场意识。例如，四川省广安市等地依托川东民俗文化、嘉陵江景观和独特人文景观等特色资源，修建旅游公路，辐射带动周边乡村旅游发展，打造出百个特色避暑村和旅游商品扶贫村❶。

（四）“金融+”产业模式

“金融+”模式，是指将金融资源作为产业发展的核心动力。其主要特点有：①将农民土地等资产转换成股份，将资产经营权让渡给其他经营主体，盘活农村闲置资源的同时，形成农户与经营主体双赢的局面。②制定适合农村经济发展的优惠金融政策。③以完善的风险担保机制，降低农户的授信门槛，促进农民与中小微企业的融资难题。例如，2012 年，贵州省六盘水市通过“三变+金融+扶贫”改革，将资源变股权，资金变股金，农民变股民。

（五）“互联网+”产业模式

“互联网+”模式，是指依托 5G 大数据、人工智能等网络技术，打通城乡互动壁垒，以“公益助农直播带货”为主要形式之一，拓展乡村农产品销售渠道，增加群众收入来源。例如，2020 年，新冠肺炎疫情之下，全国各地都出现了农产品大面积滞销的现象，如云南昆明鲜花、湖北荆州螃蟹、陕西眉县猕猴桃等特产纷纷滞销。“直播+电商+消费”的新型扶贫举措应运而生，甚至连地市级干部也纷纷走进直播间为农产品作“代言人”。这一新型发展模式对于特殊时期的产业发展起到了极大的推动作用，更可谓是产业振兴的创新之举。

二、产业振兴的内在逻辑与要求

（一）“三治”融合多元协同管理

党的十九大报告全面总结要“打造共建共治共享的社会治理格局”“健全自治、法治、德治相结合的乡村治理体系。”这一体系是新时代促进乡村振兴，解决乡村治理问题的基本方略。“三治”融合源于浙江桐乡推出的自治、法治、德治的建设试点。而在我国有关乡村治理和三治融合的研究中，多元主体治理模式已经基本上获得了学界的

❶ 覃建雄，张培，陈兴. 旅游产业扶贫开发模式与保障机制研究——以秦巴山区为例［J］. 西南民族大学学报（人文社会科学版），2013，34（7）：134-138.

一致认同。❶

1. 协同治理理论

2010年前后，国外公共管理学界开始使用协同治理（collaborative governance）概念，协同治理理论是协同学和治理理论的有机结合，不同学者对其有不同的定义。联合国全球治理委员会给出的定义中，治理是个人、各种公共或私人机构管理其共同事务的诸多方式的总和，既包括具有法律约束力的正式制度和规则，也包括各种促成协商与和解的非正式的制度安排。不难发现，在治理的体系中存在主体多元的因素，而协同治理与治理的不同之处在于加入“协同”性就更强调主体间有序的治理结构和公共利益的实现机制。协同治理具有以下几点主要特征：第一，协同治理是公共治理中的结构安排，以解决公共问题为目标，追求决策共识。第二，多元主体共同参与治理过程，以解决单一主体无法解决的公共问题。政府在多元治理主体中占据主导地位。第三，治理主体之间形成相对正式的合作关系。第四，协同治理以治理主体之间的共同意愿和共同利益为基础，其产生受一定起始条件驱动。第五，协同治理通常能够产生整体大于部分之和的治理效果。治理主体之间的组合方式和互动机制对治理效果具有影响力。❷

2. “三治”融合协同治理体系

结合“三治融合”和“协调治理”的要求，可将“三治”融合协同治理体系定义为：在乡村振兴这一共同的目标下，构建一套发挥不同主体优势，统筹各方参与的自治、法治、德治相结合的乡村现代化有序治理体系。该体系要求统筹治理的不同主体，形成一套稳定、互动的“三治”融合治理模式。❸ 多元主体是“三治”融合的载体，“三治”融合是协同治理的手段和内容，在多元主体协同治理的基础上，构建“三治”融合治理体系，最终形成一种动态互补、灵活包容的治理模式，并通过不同主体落实为行为规范。

“三治”融合协同治理要求：①在组织体制上，将公共管理主体由单一的政府组织扩展为包括多元治理主体在内的网络系统，将村民、乡贤、党支委、非政府组织等多元主体整合起来，形成一套自治为基础、多元主体共同参与的治理模式；②在权责机制上，不同主体同时拥有权力和责任，形成一种权责对等、制度化、常态化的多元治理结构，打破原有的权力机制，发挥多元主体参与“三治”融合治理的优势；③在利

---

❶ 袁金辉，乔彦斌．自治到共治：中国乡村治理改革40年回顾与展望［J］．行政论坛，2018，25（6）：19-25．DOI: 10.16637/j.cnki.23-1360/d.2018.06.003.

❷ 曲甜，黄蔓雯．数字时代乡村产业振兴的多主体协同机制研究——以B市P区“互联网+大桃”项目为例［J］．电子政务，2022（1）：114-124．

❸ 田世远，凌杨湄．“三治”融合协同治理实现机制及成效研究——基于广东省4地11村的调查［J］．农村经济与科技，2022，33（1）：247-252．

益机制上，谋求利益的趋同，厘清具体的利益机制也是有效治理的关键因素，这就需要德治和法治的支撑和保障，治理主体具有共同的治理目标，才能促成有序协同治理。

3. “三治”融合协同治理成效

在该治理体系之下，治理各方完成了传统角色的重大转变，不再是“各扫门前雪”的单打独斗，而是协调有序地合作与配合从而促进产业的兴旺发展，并且取得了明显的成效。例如，B市P区的“互联网+大桃”项目，据P区商务局提供的统计数据显示，2020年销售大桃4250万斤，快递单量同比增长89.5%，销售额达3.6亿元，有效避免了滞销问题，促进农民增收1.5亿元。

“互联网+大桃”项目之所以取得如此成功，就在于该项目充分调动了农民、企业、合作社等多个主体参与到项目中来，并且各主体之间不仅建立了合作关系，形成了稳定的互动机制，而且在持续的互动过程中，发生了角色的转变：政府由“掌舵者”转变为“引导者”；农民由“被动者”转变为“主动者”；企业由“谋利者”转变为“共建者”；合作社由“中介者”转变为“共享者”。在产业振兴的过程中，“三治”融合协同治理体系恰恰体现了构建现代化治理体系的要求，而这也是产业振兴的题中之意。

（二）三产融合

乡村振兴的内在逻辑就是要实现一二三产业的融合发展，打通三产发展壁垒，互融互通，实现产业链的延长与优化。实现三产融合对于推进农业农村现代化、乡村振兴以及促进农民增收都极具重要意义。随着中国进入新时代发展阶段，必须要树立高质量、高标准和高效能的发展理念，而如若要达到这一要求，实现农村一二三产业的融合发展是必经之路也是必然要求。❶

1. 三产融合模式❷

（1）按照产业融合所包含的产业类型划分，可以分为“1+2”模式、“1+3”模式和“1+2+3”模式。

第一产业是指各类职业农民和各类水生、土生等农业原始产品，第二产业是包括各类专业工人和各类工业或产品，第三产业即现代服务业或商业。“1+2”模式即通过原始产品的加工增加农产品的附加值，如将新鲜采摘的水果通过加工制作为水果罐头等。该模式的典型特征即：“农户+加工企业”。“1+3”模式即借助餐饮业、旅游业、物流业以及互联网相关的服务来提升农业价值。例如，农产品电商服务、农家乐等。

“1+2+3”是产业融合最具代表性的模式，其拥有更长的产业链条，使得农产品从

❶ 崔博，刘伟伟．以高质量的三产融合高效推进乡村振兴战略［J］．农业经济，2021（9）：103-104.

❷ 姜天龙，舒坤良．农村“三产融合”的模式、困境及对策［J］．税务与经济，2020（5）：57-61.

生产、加工、流通、消费得以一条龙全流程无缝完成。相比前两种模式，该模式的融合度更深，融合面更广，也更加有利于发挥农业价值，更大程度挖掘农业经济潜能，助力乡村经济发展。韩国江原道的大关岭羊群牧场便是该模式的典型案例之一。其发展路径不再仅仅局限于传统的牧场养殖，而是融入旅游观光等服务业元素，形成养殖、加工、观光旅游为一体的新型发展模式。

（2）按照产业融合主体划分，可以分为“拓展开发”模式和“合作融合”模式。

农村“三产融合”的主体可以分为一元和多元两种。一元主体的“三产融合”为：“拓展开发”模式，即在原本经营的产业基础之上，拓展与开发其他产业，从而实现产业融合。该模式既可以是经营主体为融合主体，也可以是加工企业作为融合主体。然而，“拓展开发”模式对融合主体的要求较高，只有具备发展其他产业的资金、技术、经营管理能力等要素后，产业融合才能够顺利进行。不能忽视的是，此种类型的融合主体享有融合发展利益的绝对支配权，独自承担融合发展的经营风险。

与一元主体相对，多元主体的“三产融合”模式即：“合作融合”模式。该模式是不同融合主体间通过结成利益共同体，从而推进产业融合发展的一种模式。相较于“拓展开发”模式，“合作融合”模式对融合主体的要求大为降低，可以通过联结不同主体的经营业务优势进行强强联合，优势互补共建利益版图。

（3）按照利益联结机制划分，可以分为“初级融合”模式和“高级融合”模式。

“初级融合”模式是一种利益联结不够紧密、相对松散的融合模式，例如合约型农业。在该模式下，企业与农户之间通过某种契约建立合作关系，虽然有利于降低农户面对市场的风险，但同时农户的收入也是固定不变的。相比之下，“高级融合”模式是利益联结比较紧密的融合模式，其典型模式为：股份合作模式。在该模式下，农民转变为股东，以“保底收益+按股分红”的形式进行收益分割，农户与融合主体之间利益共享、风险共担。

（4）按照产业初始融合的动因划分，可以分为“自发融合”模式和“扶持融合”模式。

“自发融合”模式是指产业经营主体主动通过农业开发或产业联合的方式延长农业生产链条，从而形成“三产融合”的发展模式。而“扶持融合”模式是指在政府或行政事业单位的优惠政策或帮扶措施下，产业之间形成有机连接。例如，目前国内绝大多数农业示范园、农业产业园、田园综合体、农业特色小镇、农业科技园和返乡创业园都属于“扶持融合”模式。

2. 三产融合的要求

（1）以农业产业链增值能力为靶心推动产业纵向融合。

传统的农业发展主要采用的是单一的发展模式，而该模式将造成严重的资源浪费，并且使得产业链条出现割裂分离，难以形成发展合力。除此之外，还增加了产业链条上各主体单位之间的信息沟通、资源交换等成本。相反，以农业产业链增值能力为中心推动农村一二三产业纵向融合的发展模式，不仅可以增加产业链条上不同节点的紧密性，推动产品链提质增效，还可以拓展优化价值链，形成高效联结的良性互动格局。值得注意的是，纵向融合并非简单的产业链条上不同节点的联系和衔接，而是要做到有机互动，上下贯通。

（2）以开拓农业多样化功能为焦点推动产业横向融合。

在以往的产业发展过程中，农业不会与其他产业发生联系，即便有些许的业务相关联、交集，也不会产生创新性突破，更不用说催生新的业态。

一二三产业横向融合实际上就是在保持农业基础性地位的前提下，通过拓展农业与文化、教育、旅游、康养等其他看似毫不相关的产业发生联系，使得传统农业被赋予多样功能。一二三产业横向融合不仅可以盘活整个农业产业资源，深度挖掘传统农业没有被开发出来的巨大潜能，更可以在拓展覆盖面的基础上构建起不同产业与领域同农业的联系，实现不同产业和领域与农业的有机互动和良性循环。

但是在已有实践中，横向融合偏少且融合的程度和质量也并不理想。在未来的实践中，各地应该重点推动农业与休闲旅游、文化创意、文化教育、健康养老等产业深度融合发展，挖掘利用农业新的高附加值功能，鼓励休闲农业和乡村旅游的技术集成、商业模式创新和公共服务平台搭建，有效拓展农业增效增收空间。

（3）以镇村联动聚合力为主旨高效推动产业交互融合。

促进农村一二三产业融合发展，不仅包括纵向一体化和横向一体化，还包括农业第一产业的内部融合、农业与高新技术的融合。因此，不能人为地切割三产融合，更不能短视。进入新时代，我国农业农村农民面临百年未有之大变局，只有多措并举，推动农村一二三产业高质量深度融合，凝聚高效高质量融合的强大合力，才能真正为高效经济增光添彩。只有实现三产融合，才可以有效促进农业增效、农民增收、农村繁荣，从而加快实现农业农村现代化。

3.“三产”融合是产业兴旺的根本路径

我国农村一二三产业融合发展尚处于起步阶段，三产融合难以发挥“1+1+1>3”的效应。开展产业多元化繁荣工作，使得农业与二、三产业相结合，通过依托新型农业经营主体，推进农业内部重组整合，促进农业横向融合，深化各环节的联系密度，实现废弃物资源化。通过龙头企业、互联网平台等主体，创新发展理念，组织引导土地、劳动力、技术、资本等要素与农村产业的融合，打破城乡壁垒，引导城市要素向农村流动，促进城乡要素双向流动，形成产业集聚联动，纵向融合发展，使农业自然向二、三产业延伸，二、三产业反向向农业渗透，形成联动发展合力，形成多产业融合发展。在三产融合过程中要注意：一产找特色，贯彻实施新时代三农政策，坚持立足资源优势，挖掘适合本土的特色种养殖产业；二产提标准，农产品加工业要依托技术创新和规模优势，提高生产化水平；三产增规模，依托城郊农业、旅游等产业，壮大乡村新型服务业，促进产业服务化。

（三）产业振兴目的：实现农业、农村现代化

1. 农业现代化

习近平同志强调，没有农业的现代化，没有农村繁荣富强，没有农民安居乐业，国家的现代化就是不全面、不完整、不牢固的。现代农业是现代化经济体系的重要基础。当前，农业现代化仍是“四化同步”的矮板短腿。党的十九大报告针对如何实现农业现代化，就一些重点方面提出了要求：①构建现代农业生产体系、经营体系和产业体系；②健全农业的支持保护体系，完善各种大宗农产品的定价机制、补贴政策、收储制度，它们将影响农业各类具体产品的发展方向和技术应用；③发展多种形式适度规模经营，健全农业社会化服务体系，培育新型农业经营主体，以期协调现阶段大量的小规模经营的农户与现代农业要求的规模经营之间的矛盾。

2. 农村现代化

农业现代化以前多次被提到过，党的十九大报告也提到了农村现代化，其目的就在于协调农业现代化带来的效率提升、可容纳就业机会减少与大量的从事农业人口之间的矛盾，在实现农业现代化的同时需要解决大量的农民就业生计问题。通过推动农村一二三产业融合，给农民的创业就业开拓更大的空间。创业虽然在农村，但主要是不依赖于耕地的新的就业机会，让农民在农村新产业、新业态中去就业，让他们有更多的收入来源。农村现代化就是要全面实现“产业兴旺、生态宜居、乡风文明、治理有效、生活富裕”，五位一体的建设一个都不能缺，最首要的是要实现产业兴旺。

三、产业振兴和文旅融合的内部联通性

产业振兴与文旅融合的内在联通性首先表现在二者的内在逻辑一致以及实现途径的共通性。文旅融合过程中涉及当地居民、政府机关、开发单位、游客等相关方，文旅融合要健康长久发展，必须实现“三治融合”，而这恰恰也是实现产业兴旺的必然要求之一，因此产业振兴与文旅融合二者的内在逻辑一致，并且产业振兴“三治融合”的内在要求也在一定程度上推动文旅融合的实现。除此之外，产业振兴的内在逻辑是实现一二三产业融合发展，而文旅融合发展是三产融合的天然实现路径。文旅融合作

为乡村旅游的新型发展路径，在推动一二三产业的深度融合上立过汗马功劳，文旅融合同样也是产业振兴的必然结果。

（一）产业振兴与文旅融合的目标联通：乡村振兴

产业振兴与文旅融合有着共同的发展目标，即以发展乡村旅游产业促进乡村经济发展从而达到乡村振兴。文旅融合战略的目标是按照“易融尽融、能融尽融”的原则实现“以文促旅、以旅彰文”，推动城市和乡村、文化与旅游融合发展。乡村振兴战略的总体目标是按照产业兴旺、生态宜居、乡风文明、生活富裕的要求实现乡村的全面振兴。乡村振兴战略中也考虑到通过发展乡村文化旅游业、乡村文化手工业来实现产业升级，因而从战略目标来看，两者都致力于振兴乡村文化，在战略目标和实施对象上具有统一性。

（二）产业振兴和文旅融合目标实施途径具有一致性

文旅融合是指文化、旅游产业及相关要素之间打破原有要素边界及产业边界，相互渗透、交叉。文旅融合是一种互动的要素资源的整合。这种资源的整合使产业边界收缩、模糊或消失，共生共赢而形成新的产业体系和文旅产品业态。

产业兴旺是利用地区资源。例如，自然资源、人力资源等，与市场资源进行整合，发展当地特色产业，创造更大经济优势。例如重庆市忠县的柑橘种植产业充分利用了当地自然地理条件——地处于温暖潮湿的亚热带东南季风区，温热、寒凉、雨水充沛、阳光充足。柑橘种植采用承包制，将部分本地居民的就业问题落实到位。自然资源和人力资源的整合使柑橘产业不断呈现良好的发展态势。目前忠县已经形成了苗木培育、原料种植、橙汁加工到附产物综合利用“榨干吃净”的完整产业链。再将市场资源整合利用，将特色柑橘分渠销售，打通国外出口销售渠道，打造国内外共通的销售市场。

文旅融合是一种要素资源的互动和整合。这种资源的整合使产业边界收缩、模糊或消失，共生共赢而形成新的产业体系和文旅产品业态。文旅融合发展涉及的领域十分广泛，其资源要素不仅涵盖文物、公共设施、交通、农业、旅游业、工业，还包括人才和媒体等，推动文旅融合发展应当以资源融合作为前提和基础。部分公共设施的建设要考虑当地的文化民俗；人才培养和媒体打造应结合当地文旅融合现状等。深度整合文化旅游资源，提升文旅融合的内涵，合理开发本地历史文化资源，拓展博物馆、纪念馆、美术馆等硬件设施的旅游功能，加强农业园、工业园、文化产业园区的文化旅游属性，全面提高众多资源形式的整合能力，以文化为灵魂丰富旅游内涵，以旅游为载体彰显文化魅力。

当前我国整体旅游发展态势良好，受现实因素影响出现部分波动。诸多地区建立了独具地域色彩的旅游品牌形象，尤其是乡村地带，乡村地区拥有丰富的文旅资源和广阔的发展空间等基础优势，经过不断的发展，逐渐探索出了众多文化和旅游融合发展的新模式。如贵州盘州深入挖掘和开发文化旅游资源，通过股权纽带将社会各种资源和要素进行充分整合，充分激发农民发展文旅产业的积极性和主动性，探索出一套“资源变资产、资金变股金、农民变股民”的文旅产业发展新模式。虽然产业振兴和文旅融合催生了新的经济生产模式，但是产业振兴和文旅融合之间依旧存在努力空间。例如，部分乡村地区发展文化旅游产业的内在动力尚未被充分激发。由于乡村地区受传统农耕文化观念的影响，或者是受到当地自然条件的限制。村民未能充分认识到发展文化旅游产业带来的红利，不够重视当地文旅产业的建设，从而荒废了资源。大部分的村民选择入城务工，这使得劳动力纷纷流入城市，在城市中原本对家乡文化了如指掌的村民也只能进行基建建设，浪费了文旅发展的劳动力资源。

四、产业振兴与文旅融合互馈

文旅融合的发展可以推动一二三产业的联动发展，吸纳乡村剩余劳动力、提高农业附加值，改善乡村的经济结构，实现农村现代化、农业现代化。同时，产业振兴必定要改变传统单一、粗放的产业链条结构，实现产业链的延长与拓展，而文旅融合为产业链的延长提供了蓝本。在文旅融合的背景下，环境优化以及空间重构是必然结果也是必然要求。文旅融合的发展必然会推动产业进行升级优化，实现绿色化发展转型，以“旅游+”工程的推进，延伸吃、住、行、游、购、娱产业链，构建大旅游、大市场、大产业，引导产业融合发展。

（一）产业振兴为文旅融合提供物质经济基础

党的十九大提出了“实施乡村振兴”的战略目标，主要是为了协调我国城乡平衡发展。乡村振兴的总要求概括为“产业兴旺、生态宜居、乡风文明、治理有效、生活富裕”。其中，“产业兴旺”作为乡村振兴的经济基础，发挥着维护乡村社会稳定、推动乡村发展的关键作用。因此，探索乡村产业振兴的合理路径也就成为重要问题。近年来，乡村旅游在乡村振兴中的位置逐渐增强，它被认为能够同时贯穿一二三产业、实现城乡关系连接，具有突出的统筹城乡效果。在这一背景下，不少地方政府开始将乡村旅游作为实现乡村振兴战略的重要抓手，积极推动旅游产业的大规模发展。“文旅融合”是发展乡村旅游的重要途径，通过农业+文化+旅游的深度融合推动旅游产业的健康持续发展。产业振兴位于乡村振兴总要求之首，其在推进文旅融合过程中扮演着不可缺少的重要角色。

产业兴旺是产业振兴的基础，产业振兴是乡村振兴的物质基础，乡村的产业振兴，就是要形成绿色安全、优质高效的乡村产业体系。这一产业体系的融合是农业与现代化的融合，也是资源与技术的融合，利用得天独厚的资源优势将乡村自然资源与现代化协同生产结合起来实现乡村产业经济持续性创收。经济基础决定上层建筑，乡村产业振兴为乡村文旅融合打下了经济基础。文旅融合要得以发展必须有强有力的经济基础作为支撑，例如旅游地交通出勤优化、旅游地游玩项目建设、旅游地安保措施加强等一系列基建要素均需要经济投入。此外，文旅融合中前期特色宣传链的打造以及文旅融合综合人才的培养，中期地方特色文化与旅游业的具体融合，例如当地文创产品的设计、生产与制作，当地文化旅游活动的开展等都需要经济助力才能得以完成。产业振兴不仅仅是乡村某一产业得到发展和兴旺，更是为本地旅游业、文化产业的开发提供了强大的助力。这条有机的鲜活的产业链的形成，有助于提升乡村经济水平，实现乡村振兴。

（二）文旅融合推进产业升级与发展

文旅融合是指文化、旅游产业及相关要素之间打破原有要素边界及产业边界，相互渗透、交叉汇合重组，逐步彼此交融而形成新的共生体的现象与过程。它是一个多元融合的过程，也是一个产业价值创新的过程。近年来，我国文旅产业加速融合、保持较快增长。不论是在文化旅游融合、发展方面还是在新技术助力文旅发展等方面，我国文旅产业都取得了不错的成效。

2019 年，全年国内旅游人数 60.06 亿人次，同比增长 8.4%。由此可见，人民随着其物质生活水平的提高，越来越关注精神层面的追求和需要。这是旅游业发展的基本条件，也是文旅融合发展的有利条件。

与此同时，短视频推送、网红打卡等方式也成为新的宣传平台。各大短视频平台涌入了文旅部门官方账号、旅游产品供应商账号、旅游达人账号、游客个人账号等众多传播主体。官方宣传渠道得以跟上时代潮流，更加亲近受众。文旅产业的融合和发展不断推进了产业升级和迈向新阶段。文化产业本身就具有自己的独特魅力，不论是厚重的历史文化还是别具风情的地域文化。文化始终是根本，是氤氲在人们心头引人向往又招人探寻的“神秘薄雾”。旅游则是人们在忙碌聒噪的都市生活中渴求找到释放的途径，旅游背后是人们积攒的愿望甚至是信仰。文化产业与旅游产业本身的发展就能形成产业振兴的两条发展链，传承地域特色文化，从而促进地方经济发展。文旅产业融合打破了文化和旅游原本的边界，两者之中的相关要素相互流动，重组形成新的可发展因素。在此过程中，单一的文化产业和旅游产业得以升级或转型。这使得文旅成为一个新型、庞大的产业体系，并且彼此相互作用，共促发展。文旅融合使得地方特色文化或地方历史文化得以在旅游业的发展中得到传播和传承，而地方旅游业也因为地方文化对大众的吸引而得到发展。二者相辅相成，互利互馈。

五、促进产业振兴和文旅融合的措施

首先，在产业振兴发展过程中，发展“四化”是产业繁荣的必然要求。一是规模化。产业布局由“分散”向“集中”转变，改变了分散产业的原有状况，扩大了产业规模，集约发展种植养殖，形成了产业链集群。二是专业化。要坚持因地制宜，要挖掘当地资源，掌握文化禀赋，根据气候特点打造特色品牌，采用具有当地特色的产业发展路径。三是市场化。增强农村群众的市场意识，完善网络基础设施，依托信息平台，发挥电子商务优势，通过新媒体和电子商务平台进行宣传，拓宽农产品销售渠道，挖掘更多潜在客户，激发和引导市场。以需求为导向，着力推动全产业链延伸，以市场化方式引入更多供应链资源。四是绿化。产业要蓬勃发展，就必须坚持绿色发展理念，立足当地生态禀赋发展可持续产业，在追求规模经济的同时实现生态效益最大化。

其次，产业振兴不能仅仅依靠外力介入，还必须要激发乡村主体能动性。产业振兴是国家战略，但若想要取得一个显著的成就，乡村主体必须扭转传统的懒病思想：“等、靠、要”，而应该充分调动主观能动性，将产业振兴落到实处，视之为己任，实现产业发展从依靠“输血”转向主动“造血”。随着城市化进程的加快，乡村逐渐成为我们“回不去的故乡”，人民对故乡的思念往往是对传统乡村文化的思念，而这恰恰是乡村振兴的灵魂与血液，文化自信提供了乡村振兴绝好的造血环境。自觉的意识与文化自信心会在一定时机之下创造性地激发乡村主体能动性，带来文化振兴以及产业振兴的实践与行动。因此，在通过产业振兴促进文旅融合的过程中，要充分调动当地乡亲的文化自信以激发乡村主体积极性，并在此基础上实现“三治融合”的多元协同治理模式。

最后，产业振兴过程中必须重新审视文化与产业之间的关系。在产业振兴的背景下，一项产业的振兴会受到政治、经济等多维因素的影响。但是文化对乡村产业兴旺发挥的关键性作用不容忽视，比如当前倡导的文旅融合、遗产旅游等，文化成为产业振兴的资本。看似一些传统的乡村文化不能为产业发展带来直接的经济效益，但并不意味着文化对乡村产业振兴没有价值。实际上，乡村文化自信不但可以加强遗产传承与文化振兴，而且其带来的作用可以辐射到乡村的各个方面，带来其他产业的振兴。具体做法包括以下三个方面。

（一）完善文旅融合的产业链

改变较为单一的产品业态和产品消费结构，通过发现乡村的特色食品、乡村的珍贵文化珍宝以及当地的一些民俗活动、特色风景等资源，打造一批可参观、可消费、可体验的特色文旅产业引擎项目，形成集“游览—餐饮—住宿—土特产品（纪念品）销售”于一体的完整的乡村文化旅游产业链、价值供应链。

（二）强化乡村文旅产业与其他产业的跨界融合

结合当前“文旅+”“互联网+”“科技+”“共享+”等跨界趋势潮流与思维，加强乡村文旅产业与乡村其他产业的跨界融合与资源整合，创新乡村的夜间经济、避暑经济、康养经济等多种融合产业形态。打造跨文化传播体系，构建乡村文旅产业融合发展新体系。增强乡村地区的造血功能，建立自己的产品供给特色产业链。将本地人才留在本地，将外地人才吸引回来。

（三）利用高新技术为产业振兴与文旅服务

在具有文化特色的乡村地区，特别是有历史文化、民风民俗的旅游区，将静态的历史故事或者历史人物展览通过科技予以“生命”，可利用 VR/AR 虚拟技术让游客亲身感受文化故事。丰富游客对于故事和文化的感官体验，真切感受旅游文化的魅力。此外，利用好当前的媒介平台为自己的旅游基地做好宣传。开设新媒体平台宣传，培养地方特色“网红”，以典型网红产品、活动、风景或者人物等为旅游产业以及文化旅游融合所利用，更好地促进文旅融合并且赋予文旅融合更多的科技力量。

第四章　文化振兴促进文旅融合

政策篇

一、文化振兴促进文旅融合的政策沿革

（一）新中国成立初期，乡村文化政策主要关注精神改造问题

1956 年第一届全国人民代表大会第三次会议通过的《高级农业生产合作社示范章程》（以下简称《章程》）提出了“建设社会主义新农村”的奋斗目标。《章程》提出，农业生产合作社应该在生产发展的基础上，随着合作社收入和社员个人收入的增加，根据社员的需要，逐步地举办以下各种文化事业：组织社员在业余时间学习文化和科学知识，在若干年内分批扫除文盲。利用业余时间和农闲季节，开展文化、娱乐和体育活动。

1960 年 4 月，第二届全国人民代表大会第二次会议通过了《关于为提前实现全国农业发展纲要而奋斗的决议》（以下简称《决议》）。《决议》指出：“中共中央制订的 1956 年到 1967 年全国农业发展纲要，是高速度发展我国社会主义农业和建设社会主义新农村的伟大纲领。”1963 年中央发布的《中央安置城市下乡青年领导小组向中央的报告》明确，文化教育部门和科学技术部门，应当贯彻面向农村、为农村服务的方针，扩大适合农村知识青年阅读的书籍、报刊的出版、发行工作，充实农村广播节目，开办函授学校和广播学校，加强时事政策宣传，大力传播农业科学知识和先进生产技术，指导农村知识青年开展科学实验活动，把农村的政治和文化生活进一步活跃起来。

1964 年 1 月，中央下发的《中共中央 国务院关于动员和组织城市知识青年参加农村社会主义建设的决定（草案）》提出，生产队的干部，应当学会根据知识青年的特点来进行领导工作，热情地关怀他们的进步和成长，同他们交朋友，并多用表扬、鼓励和正面教育的方法，启发他们的政治荣誉感和上进心。在推行农业“四化”和建设社会主义新农村的各项工作中，要教育他们紧密结合当地生产实践，学习新的农业科

学技术；支持他们的合理化建议，珍惜他们的每一点积极性，鼓励他们在发扬我国优良的种植经验的基础上，不懈地进行科学实验和技术改革，努力提高当前的农业生产水平。

（二）打造农业农村现代化发展格局

2005 年 12 月，中共中央、国务院印发《中共中央 国务院关于推进社会主义新农村建设的若干意见》（以下简称《意见》）。《意见》指出，村庄治理要突出乡村特色、地方特色和民族特色，保护有历史文化价值的古村落和古民宅。要本着节约原则，充分立足现有基础进行房屋和设施改造，防止大拆大建，防止加重农民负担，扎实稳步地推进村庄治理。

2016 年，题为《中共中央 国务院关于落实发展新理念加快农业现代化实现全面小康目标的若干意见》的中央一号文件公布。该文件强调，要大力发展休闲农业和乡村旅游。强化规划引导，采取以奖代补、先建后补、财政贴息、设立产业投资基金等方式扶持休闲农业与乡村旅游业发展。大力发展休闲度假、旅游观光、养生养老、创意农业、农耕体验、乡村手工艺等，发展具有历史记忆、地域特点、民族风情的特色小镇，建设一村一品、一村一景、一村一韵的魅力村庄和宜游宜养的森林景区。依据各地具体条件，有规划地开发休闲农庄、乡村酒店、特色民宿、自驾露营、户外运动等乡村休闲度假产品。实施休闲农业和乡村旅游提升工程、振兴中国传统手工艺计划。开展农业文化遗产普查与保护。支持有条件的地方通过盘活农村闲置房屋、集体建设用地、“四荒地”、可用林场和水面等资产资源发展休闲农业和乡村旅游。将休闲农业和乡村旅游项目建设用地纳入土地利用总体规划和年度计划合理安排。

（三）乡村振兴阶段，政策集中于解决三农问题

党的十九大报告指出，农业农村农民问题是关系国计民生的根本性问题，必须始终把解决好“三农”问题作为全党工作的重中之重，实施乡村振兴战略。要坚持农业农村优先发展，按照产业兴旺、生态宜居、乡风文明、治理有效、生活富裕的总要求，建立健全城乡融合发展体制机制和政策体系，加快推进农业农村现代化。

2017 年 12 月 18 日至 20 日，中央经济工作会议在北京召开。会议在三农工作方面提出“要科学制定乡村振兴计划”，包括健全城乡融合发展体制机制，清除阻碍要素下乡各种障碍。推进农业供给侧结构性改革，坚持质量兴农、绿色兴农，农业政策从增产导向转向提质导向。深化粮食收储制度改革，让收储价格更好反映市场供求，扩大轮作休耕制度试点。

2019 年 2 月，中央一号文件《中共中央 国务院关于坚持农业农村优先发展做好

“三农”工作的若干意见》提出，要加强农村精神文明建设。引导农民践行社会主义核心价值观，巩固党在农村的思想阵地。加强宣传教育，做好农民群众的思想工作，宣传党的路线方针和强农惠农富农政策，引导农民听党话、感党恩、跟党走。开展新时代文明实践中心建设试点，抓好县级融媒体中心建设。深化拓展群众性精神文明创建活动，推出一批农村精神文明建设示范县、文明村镇、最美家庭，挖掘和树立道德榜样典型，发挥示范引领作用。支持建设文化礼堂、文化广场等设施，培育特色文化村镇、村寨。持续推进农村移风易俗工作，引导和鼓励农村基层群众性自治组织采取约束性强的措施，对婚丧陋习、天价彩礼、孝道式微、老无所养等不良社会风气进行治理。

2021 年 12 月，中共中央办公厅、国务院办公厅印发《农村人居环境整治提升五年行动方案（2021—2025 年）》（以下简称《方案》），《方案》指出，坚持立足农村，突出乡土特色。遵循乡村发展规律，体现乡村特点，注重乡土味道，保留乡村风貌，留住田园乡愁。坚持农业农村联动、生产生活生态融合，推进农村生活污水垃圾减量化、资源化、循环利用。加强乡村风貌引导。大力推进村庄整治和庭院整治，编制村容村貌提升导则，优化村庄生产生活生态空间，促进村庄形态与自然环境、传统文化相得益彰。加强村庄风貌引导，突出乡土特色和地域特点，不搞千村一面，不搞大拆大建。弘扬优秀农耕文化，加强传统村落和历史文化名村名镇保护，积极推进传统村落挂牌保护，建立动态管理机制。

二、文化振兴促进文旅融合的政策内容

（一）贯彻文旅融合发展新理念

2016 年 12 月，国务院印发的《“十三五”旅游业发展规划》提出，要牢固树立和贯彻落实创新、协调、绿色、开放、共享发展理念，以转型升级、提质增效为主题，以推动全域旅游发展为主线，加快推进供给侧结构性改革，努力建成全面小康型旅游大国，将旅游业培育成经济转型升级重要推动力、生态文明建设重要引领产业、展示国家综合实力的重要载体、打赢脱贫攻坚战的重要生力军，为实现中华民族伟大复兴的中国梦做出重要贡献。突出理念创新、产品创新、业态创新、技术创新和市场主体创新，推动精品景区建设、加快休闲度假产品开发、大力发展乡村旅游、提升红色旅游发展水平、加快发展自驾车旅居车旅游、大力发展海洋及滨水旅游、积极发展冰雪旅游、加快培育低空旅游。

2017 年 6 月，中共中央、国务院印发的《关于加强和完善城乡社区治理的意见》明确指出，以培育和践行社会主义核心价值观为根本，大力弘扬中华优秀传统文化，

培育心口相传的城乡社区精神，增强居民群众的社区认同感、归属感、责任感和荣誉感。将社会主义核心价值观融入居民公约、村规民约，内化为居民群众的道德情感，外化为服务社会的自觉行动。重视发挥道德教化作用，建立健全社区道德评议机制，发现和宣传社区道德模范、好人好事，大力褒奖善行义举，用身边事教育身边人，引导社区居民崇德向善。组织居民群众开展文明家庭创建活动，发展社区志愿服务，倡导移风易俗，形成与邻为善、以邻为伴、守望相助的良好社区氛围。不断加强民族团结，建立各民族相互嵌入式的社会结构和社区环境，创建民族团结进步示范社区。加强城乡社区公共文化服务体系建设，提升公共文化服务水平，因地制宜设置村史陈列、非物质文化遗产等特色文化展示设施，突出乡土特色、民族特色。积极发展社区教育，建立健全城乡一体的社区教育网络，推进学习型社区建设。

（二）构建文旅融合发展新格局

2018 年 11 月，文化和旅游部、国家发展改革委等 17 个部门联合发布的《关于促进乡村旅游可持续发展的指导意见》的通知（文旅资源发〔2018〕98 号）提出要丰富内涵，品质发展。挖掘乡村传统文化和乡俗风情，加强乡村文物保护利用和文化遗产保护传承，吸收现代文明优秀成果，在保护传承基础上创造性转化、创新性发展，提升农村农民精神面貌，丰富乡村旅游的人文内涵，推动乡村旅游精品化、品牌化发展。推动旅游产品和市场相对成熟的区域、交通干线和 A 级景区周边的地区深化开展乡村旅游，支持具备条件的地区打造乡村旅游目的地，促进乡村旅游规模化、集群化发展。鼓励东部地区围绕服务中心城市，重点推进环都市乡村旅游度假带建设，提升乡村旅游产品品质，推动乡村旅游目的地建设；鼓励中西部地区围绕脱贫攻坚，重点推动乡村旅游与新型城镇化有机结合，合理利用古村古镇、民族村寨、文化村镇，打造“三区三州”深度贫困地区旅游大环线，培育一批乡村旅游精品线路；鼓励东北地区依托农业、林业、避暑、冰雪等优势，重点推进避暑旅游、冰雪旅游、森林旅游、康养旅游、民俗旅游等，探索开展乡村旅游边境跨境交流，打造乡村旅游新高地。

2019 年 6 月，国务院印发《国务院关于促进乡村产业振兴的指导意见》（以下简称《意见》）。《意见》明确指出，乡村产业根植于县域，以农业农村资源为依托，以农民为主体，以农村一二三产业融合发展为路径，地域特色鲜明、创新创业活跃、业态类型丰富、利益联结紧密，是提升农业、繁荣农村、富裕农民的产业。《意见》提出要突出优势特色，培育壮大乡村产业。做强现代种养业，做精乡土特色产业，提升农产品加工流通业，优化乡村休闲旅游业，培育乡村新型服务业，发展乡村信息产业。

2021 年，题为《中共中央 国务院关于全面推进乡村振兴加快农业农村现代化的意见》（以下简称《意见》）的中央一号文件公布，《意见》提出全面推进乡村振兴。把乡村建设摆在社会主义现代化建设的重要位置，全面推进乡村产业、人才、文化、生态、组织振兴，充分发挥农业产品供给、生态屏障、文化传承等功能，走中国特色社会主义乡村振兴道路，加快农业农村现代化，加快形成工农互促、城乡互补、协调发展、共同繁荣的新型工农城乡关系，促进农业高质高效、乡村宜居宜业、农民富裕富足。

2021 年 11 月，中共中央、国务院印发《中共中央　国务院关于深入打好污染防治攻坚战的意见》（以下简称《意见》），《意见》提出，注重统筹规划、有效衔接，因地制宜推进农村厕所革命、生活污水治理、生活垃圾治理，基本消除较大面积的农村黑臭水体，改善农村人居环境。实施化肥农药减量增效行动和农膜回收行动。加强种养结合，整县推进畜禽粪污资源化利用。规范工厂化水产养殖尾水排污口设置，在水产养殖主产区推进养殖尾水治理。

（三）畅通文旅融合发展新渠道

2018 年 10 月，国家发展改革委印发的《促进乡村旅游发展提质升级行动方案（2018 年—2020 年）》提出，要补齐乡村建设“短板”，加大对贫困地区旅游基础设施建设项目推进力度，鼓励和引导民间投资通过公建民营等方式参与有一定收益的乡村基础设施建设和运营等规划，扩展乡村旅游经营主体融资渠道等。因地制宜推进乡村旅游特色发展。根据区域特点和资源禀赋，以市场为导向，科学规划，积极开发特色化、差异化、多样化的乡村旅游产品，防止大拆大建、千村一面和城市化翻版、简单化复制，避免低水平同质化竞争。加强乡村传统文化的传承、保护与利用。

2019 年 1 月，江苏省政府办公厅率先出台的《关于引导社会资本更多更快更好参与乡村振兴的意见》提出“明确社会资本重点投资的方向，明确细化支持政策，健全社会资本投资服务平台”，这不仅为企业参与乡村振兴提供了行动指南，也为国家和其他省市更大力度推进社会资本参与乡村振兴积极探路。

2019 年 9 月，中央农办、农业农村部等 11 个部门和单位联合印发《关于开展农民合作社规范提升行动的若干意见》，对开展农民合作社规范提升行动做出总体部署并提出支持金融机构结合职能定位和业务范围，对农民合作社提供金融支持；鼓励全国农业信贷担保体系创新开发适合农民合作社的担保产品，加大担保服务力度，着力解决农民合作社“融资难、融资贵”问题。

（四）营造文旅融合发展新环境

2014 年，国家发展改革委、科技部、工业和信息化部联合发布《长江经济带创新驱动产业转型升级方案》。按照中共中央关于制定国民经济和社会发展第十三个五年规划的建议要求，为贯彻落实《国务院关于依托黄金水道推动长江经济带发展的指导意见》（国发〔2014〕39 号），加快创新驱动促进产业转型升级，构建长江经济带现代产业走廊。在旅游休闲方面，充分发掘长江上中下游独具特色的历史文化和风土人情，加快九寨沟、黄龙、张家界、庐山、井冈山、鄂西、赤水、梵净山等生态文化旅游区建设，积极推进皖南国际文化旅游示范区建设。

2016 年 2 月，中共中央办公厅、国务院办公厅印发《关于加大脱贫攻坚力度支持革命老区开发建设的指导意见》（以下简称《意见》），《意见》要求各地区各部门结合实际认真贯彻执行。依托老区良好的自然环境，积极发展休闲农业、生态农业，打造一批具有较大影响力的养生养老基地和休闲度假目的地。

三、文化振兴促进文旅融合的政策要求

（一）文化振兴要注重保护生态环境

2018 年 8 月，农业农村部发布的《关于深入推进生态环境保护工作的意见》明确提出：要突出绿色导向，把农业科技创新的方向和重点转到低耗、生态、节本、安全、优质、循环等绿色技术上来，加强技术研发集成，不断提升农业绿色发展的科技水平。优化农业科技资源布局，推动科技创新、科技成果、科技人才等要素向农业生态文明建设倾斜。

（二）文化振兴要加快构建文旅发展新格局

2016 年 4 月，国家旅游局组织编制的《全国旅游标准化发展规划（2016—2020）》（以下简称《规划》）正式发布。《规划》提出，到 2020 年，我国旅游国家标准将达 45 项以上，行业标准达 60 项以上，地方标准达 300 项以上，新建 200 个以上全国旅游标准化试点示范单位。旅游标准覆盖领域进一步拓宽，标准系结构明显优化，标准之间协调性有效增强，适应和支持现代旅游发展的标准体系更加健全。

2019 年 1 月，中央农办、农业农村部等 18 部门印发的《农村人居环境整治村庄清洁行动方案》的通知（农社发〔2018〕1 号）明确提出，要以“清洁村庄助力乡村振兴”为主题，以影响农村人居环境的突出问题为重点，动员广大农民群众，广泛参与、集中整治，着力解决村庄环境“脏乱差”问题，实现村庄内垃圾不乱堆乱放，污水乱泼乱倒现象明显减少，粪污无明显暴露，杂物堆放整齐，房前屋后干净整洁，村庄环境干净、整洁、有序，村容村貌明显提升，文明村规民约普遍形成，长效清洁机制逐步建立，村民清洁卫生文明意识普遍提高。

2020 年 7 月，农业农村部发布《全国乡村产业发展规划（2020—2025 年）》（以

下简称《规划》）。《规划》提出，推进布局优化，推进差异发展。建设城市周边、自然风景区周边、民俗民族风情区、传统农区等乡村休闲旅游区域和景点。依托绿水青山、田园风光、农耕文化等农业农村资源，开发地域特色鲜明的乡村休闲旅游服务产品。《规划》明确，引导农户、村集体经济组织、农业企业、文旅企业及社会资本等建设乡村休闲旅游项目。加强乡村休闲旅游点水、电、路、讯、网等设施建设，完善餐饮、住宿、休闲、体验、购物、停车、厕所等设施条件，开展垃圾污水等废弃物综合治理，实现资源节约、环境友好。

（三）文化振兴要做好乡村振兴的“推动者”

2018 年 1 月，题为《中共中央 国务院关于实施乡村振兴战略的意见》（以下简称《意见》）的中央一号文件公布，全面部署实施乡村振兴战略。《意见》指出，实施乡村振兴战略，是解决人民日益增长的美好生活需要和不平衡不充分的发展之间矛盾的必然要求，是实现“两个一百年”奋斗目标的必然要求，是实现全体人民共同富裕的必然要求。该《意见》从提升农业发展质量、推进乡村绿色发展、繁荣兴盛农村文化、构建乡村治理新体系、提高农村民生保障水平、打好精准脱贫攻坚战、强化乡村振兴制度性供给、强化乡村振兴人才支撑、强化乡村振兴投入保障、坚持和完善党对“三农”工作的领导等方面进行安排部署。让农民吃上“生态饭”，该文件提出了明确的路径——将乡村生态优势转化为发展生态经济的优势，提供更多更好的绿色生态产品和服务，促进生态和经济良性循环。比如，加快发展森林草原旅游、河湖湿地观光、冰雪海上运动、野生动物驯养观赏等产业，积极开发观光农业、游憩休闲、健康养生、生态教育等服务。创建一批特色生态旅游示范村镇和精品线路，打造绿色生态环保的乡村生态旅游产业链。

2019 年 9 月，文化和旅游部办公厅、中国农业银行办公室联合印发了《关于金融支持全国乡村旅游重点村建设的通知》，明确未来 5 年中国农业银行将提供 1000 亿元人民币意向性信用额度，用于支持乡村旅游重点村旅游开发，加大“美丽乡村贷”“惠农 e 贷”“农家乐贷”等乡村旅游金融产品的推广力度，研究出台支持重点村建设的专属信贷产品或区域性金融服务方案，利用农业银行扶贫商城、“益农融商”公益商城等线上平台，优先对接、销售乡村旅游重点村文化和旅游特色产品。

2020 年 12 月，中共中央、国务院印发的《中共中央 国务院关于实现巩固拓展脱贫攻坚成果同乡村振兴有效衔接的意见》提出，支持脱贫地区乡村特色产业发展壮大。注重产业后续长期培育，尊重市场规律和产业发展规律，提高产业市场竞争力和抗风险能力。以脱贫县为单位规划发展乡村特色产业，实施特色种养业提升行动，完善全产业链支持措施。加快脱贫地区农产品和食品仓储保鲜、冷链物流设施建设，支持农产品流通企业、电商、批发市场与区域特色产业精准对接。现代农业产业园、科技园、产业融合发展示范园继续优先支持脱贫县。支持脱贫地区培育绿色食品、有机农产品、地理标志农产品，打造区域公用品牌。继续大力实施消费帮扶。

2021 年 10 月，中共中央办公厅、国务院办公厅印发的《关于推动城乡建设绿色发展的意见》提出了打造绿色生态宜居的美丽乡村。保护塑造乡村风貌，延续乡村历史文脉，严格落实有关规定，不破坏地形地貌、不拆传统民居、不砍老树、不盖高楼。立足资源优势打造各具特色的农业全产业链，发展多种形式适度规模经营，支持以“公司+农户”等模式对接市场，培育乡村文化、旅游、休闲、民宿、健康养老、传统手工艺等新业态，强化农产品及其加工副产物综合利用，拓宽农民增收渠道，促进产镇融合、产村融合，推动农村一二三产业融合发展。

（四）文化振兴要打造有特色的文旅融合

2016 年 3 月，发改委等七部门联合印发的《关于金融助推脱贫攻坚的实施意见》提出了金融助推脱贫攻坚的细化落实措施，包括各金融机构要立足贫困地区资源禀赋、产业特色，积极支持能吸收贫困人口就业、带动贫困人口增收的绿色生态种养业、经济林产业、林下经济、森林草原旅游、休闲农业、传统手工业、乡村旅游等特色产业发展。健全和完善区域信贷政策，在信贷资源配置、金融产品和服务方式创新、信贷管理权限设置等方面，对连片特困地区、革命老区、民族地区、边疆地区给予倾斜。

2020 年 12 月，文化和旅游部、国家发展改革委、教育部等部门联合印发《关于深化“互联网+旅游”推动旅游业高质量发展的意见》（以下简称《意见》）。《意见》提出，到 2022 年，“互联网+旅游”发展机制更加健全，旅游景区互联网应用水平大幅提高。建成一批智慧旅游景区、度假区、村镇和城市。线上线下旅游产品和服务更加丰富，个性化、多样化水平显著提升。《意见》明确，在加快建设智慧旅游景区方面，要推进乡村旅游资源和产品数字化建设，打造一批全国智慧旅游示范村镇。在加大线上旅游营销力度方面，鼓励电商平台拓展“旅游+地理标志产品+互联网+现代物流”功能，扩大线上销售规模。鼓励采用网络直播、网站专题专栏、小程序等线上营销方式，推介全国乡村旅游重点村镇、中国美丽休闲乡村和乡村休闲旅游精品景点线路。同时，结合旅游扶贫，通过人员培训或技术帮扶等多种方式，推动更多贫困地区旅游业商户“触网”，利用网络直播平台开展营销。在扶持旅游创新创业方面，在确保房屋安全的前提下，推动“互联网+旅游民宿”规范发展，研究出台相关政策，推广一批应用示范。

2021 年 8 月，中共中央办公厅、国务院办公厅印发《关于进一步加强非物质文化遗产保护工作的意见》（以下简称《意见》），《意见》提出要完善区域性整体保护制度。挖掘中国民间文化艺术之乡、中国传统村落、中国美丽休闲乡村、全国乡村旅游重点村、历史文化名城名镇名村、全国“一村一品”示范村镇中的非物质文化遗产资源，提升乡土文化内涵，建设非物质文化遗产特色村镇、街区。

四、文化振兴促进文旅融合的政策保障

（一）落实党政领导责任

1981 年 11 月，国务院发布《当前的经济形势和今后经济建设的方针》的报告，号召全党带领和团结亿万农民，为建设社会主义新农村而奋斗。家庭联产承包责任制应运而生，为新农村建设铺开了新的篇章。

2019 年 9 月，中央农村工作领导小组办公室、农业农村部、中央组织部等部门联合印发的《关于进一步推进移风易俗建设文明乡风的指导意见》的通知提出，落实地方党政一把手责任，在对地方党政领导班子和有关领导干部进行综合考核评价、开展评先树优时，注意了解推进农村移风易俗工作相关情况。对文明乡风建设工作成效显著的予以奖励，对工作不力的严肃问责。各有关部门要强化协同联动，相互支持，相互配合，切实解决好文明乡风建设方面存在的问题。创新青年婚介服务方式。充分发挥共青团、妇联等群团组织作用，搭建农村青年婚恋教育、婚恋交友、婚姻服务平台。鼓励村妇联主席成为农村义务红娘，为农村青年提供婚恋服务，宣传引导抵制高额彩礼、奢华婚礼。充分利用农民春节返乡等时间节点举办农村集体婚礼，倡导家庭婚礼、旅行婚礼等有纪念意义的婚礼，引导婚事新办。

2021 年 5 月，中共中央办公厅印发的《关于向重点乡村持续选派驻村第一书记和工作队的意见》指出，根据全面推进乡村振兴、巩固拓展脱贫攻坚成果任务需要，第一书记和工作队需要推进强村富民。重点围绕加快农业农村现代化、扎实推进共同富裕，推动巩固拓展脱贫攻坚成果，做好常态化监测和精准帮扶；推动加快发展乡村产业，发展壮大新型农村集体经济，促进农民增收致富；推动农村精神文明建设、生态文明建设、深化农村改革、乡村建设行动等重大任务落地见效，促进农业农村高质量发展。

（二）促进社会资源有机融合

为贯彻落实党的十九大、中央经济工作会议、中央农村工作会议精神和政府工作报告要求，2018 年 9 月，中共中央、国务院印发《乡村振兴战略规划（2018—2022 年）》（以下简称《规划》）。该《规划》强调“引导激励社会各界更加关注、支持和

参与脱贫攻坚。鼓励工商资本到农村投资适合产业化、规模化经营的农业项目，提供区域性、系统性解决方案，与当地农户形成互惠共赢的产业共同体”。

2021 年 9 月，中共中央办公厅、国务院办公厅印发的《关于在城乡建设中加强历史文化保护传承的意见》指出，在城乡建设中系统保护、利用、传承好历史文化遗产，对延续历史文脉、推动城乡建设高质量发展、坚定文化自信、建设社会主义文化强国具有重要意义。在保护基础上加强对各类历史文化遗产的研究阐释工作，多层次、全方位、持续性挖掘其历史故事、文化价值、精神内涵。分层次、分类别串联各类历史文化遗产，构建融入生产生活的历史文化展示线路、廊道和网络，处处见历史、处处显文化，在城乡建设中彰显城市精神和乡村文明，让广大人民群众在日用而不觉中接受文化熏陶。

2021 年 10 月，国务院办公厅印发的《“十四五”文物保护和科技创新规划的通知》（国办发〔2021〕43 号）指出，加强对军队文物、工业遗产、农业文化遗产、水利遗产、科技遗产的保护。由住房城乡建设部牵头，会同国家文物局进一步完善历史文化名城名镇名村、历史文化街区、历史建筑保护机制。

2021 年 11 月，农业农村部、国家乡村振兴局印发的《关于在乡村治理中推广运用清单制有关工作的通知》指出，在乡村治理中运用清单制，是在党组织领导下，将基层管理服务事项以及农民群众关心关注的事务细化为清单，编制操作流程，明确办理要求，建立监督评价机制，形成制度化、规范化的乡村治理方式。清单制的运用，有利于减轻村级组织负担，保障农民各项权益，提高乡村治理效率，提升为民服务能力，密切基层党群干群关系。

（三）提升乡村发展经济动能

2018 年 4 月，文化和旅游部、财政部发布的《关于在旅游领域推广政府和社会资本合作模式的指导意见》（文旅发〔2018〕3 号）指出，优先支持符合意见要求的全国优选旅游项目、旅游扶贫贷款项目等存量项目转化为旅游 PPP 项目。

2018 年 9 月，财政部印发的《贯彻落实实施乡村振兴战略的意见》（财办〔2018〕34 号）提出，公共财政将更大力度向“三农”倾斜，落实涉农税费减免政策，鼓励地方政府在法定债务限额内发行一般债券用于支持乡村振兴、脱贫攻坚领域的公益性项目。确保投入力度不断增强、总量持续增加。同月，农业农村部办公厅印发的《乡村振兴科技支撑行动实施方案》还提出将打造 1000 个乡村振兴科技引领示范村（镇）；而科技部结合《关于创新驱动乡村振兴发展的意见》，编制了《乡村振兴科技创新专项规划（2018—2022 年）》，以细化实化政策措施，分类有序推进创新驱动乡村振兴实施。

2019 年 11 月，国务院办公厅印发的《国务院办公厅关于切实加强高标准农田建设提升国家粮食安全保障能力的意见》指出，要发挥政府投入引导和撬动作用，采取投资补助、以奖代补、财政贴息等多种方式支持高标准农田建设。鼓励地方政府有序引导金融和社会资本投入高标准农田建设。

2021 年 12 月，文化和旅游部办公厅、人力资源社会保障部办公厅、国家乡村振兴局综合司共同印发的《关于持续推动非遗工坊建设助力乡村振兴的通知》明确指出，将符合条件的非遗工坊纳入县级巩固拓展脱贫攻坚成果和乡村振兴项目库，给予就业帮扶车间各项优惠政策。明确脱贫攻坚任务完成后，非遗扶贫就业工坊更名为非遗工坊。提出非遗工坊以国家乡村振兴重点帮扶县、易地扶贫搬迁安置区为重点，以脱贫人口、监测帮扶对象为重点开展建设。确定非遗工坊的认定责任落在县域，切实打通非遗工坊建设的“最后一公里”。

（四）强化乡村人才后备支撑

2021 年 2 月，中共中央办公厅、国务院办公厅印发的《关于加快推进乡村人才振兴的意见》指出，以习近平新时代中国特色社会主义思想为指导，全面贯彻党的十九大和十九届二中、三中、四中、五中全会精神，坚持和加强党对乡村人才工作的全面领导，坚持农业农村优先发展，坚持把乡村人力资本开发放在首要位置，大力培养本土人才，引导城市人才下乡，推动专业人才服务乡村，吸引各类人才在乡村振兴中建功立业，健全乡村人才工作体制机制，强化人才振兴保障措施，培养造就一支懂农业、爱农村、爱农民的“三农”工作队伍，为全面推进乡村振兴、加快农业农村现代化提供有力人才支撑。

实践篇

实施乡村振兴战略是党的十九大做出的重大决策部署。乡村振兴是包括产业振兴、人才振兴、文化振兴、生态振兴、组织振兴的全面振兴，这一战略的总要求是产业兴旺、生态宜居、乡风文明、治理有效、生活富裕。目前我国各地各有关部门按照党中央、国务院的部署要求，聚焦重点、聚集资源、聚合力量，全力抓好各项措施落实，乡村振兴实现了良好开局。本篇针对乡村振兴中的文化振兴进行详细阐述，通过对文化体系、文化队伍、文化产业进行深入的分析，探讨在实践中如何用文化振兴促进文旅融合。

一、完善乡村公共文化体系建设，促进文旅融合全面发展

公共文化服务，是指由政府主导、社会力量参与，以满足公民基本文化需求为主要目的而提供的公共文化设施、文化产品、文化活动以及其他相关服务。公共文化服务是文化事业建设的重要组成部分。提升农村公共文化服务体系建设不仅是各级党政破解乡村文化振兴瓶颈问题的关键，也是促进文旅融合全面发展的关键。

（一）提升公共文化服务水平，促进文旅融合良性发展

公共文化服务是指由政府主导、社会力量参与，以满足公民基本文化需求为主要目的而提供的公共文化设施、文化产品、文化活动以及其他相关服务，体现了公益性、均等性、基本性、便利性的要求。公共文化服务建设是提升社会文明程度、提高国家文化软实力的重要抓手。近年来，各级大力实施文化惠民工程，基本上完成县、乡、村、户四级文化网络的建设。当前，我国在提升公共文化服务水平，回应人民群众期待方面，以下面五个方面的工作为抓手。

首先，“以文化人”“以文育人”，坚持价值引领。高水平的公共文化服务，必然要弘扬主旋律、传播正能量。当前，我国在提升公共文化服务水平的各项工作中，时刻坚持马克思主义在意识形态领域的指导地位，以社会主义核心价值观引领文化建设。围绕举旗帜、聚民心、育新人、兴文化、展形象的使命任务，全面繁荣新闻出版、广播影视、文学艺术、哲学社会科学事业，坚持把社会效益放在首位，实施文艺作品质量提升工程，加强现实题材创作生产，不断推出反映时代新气象、讴歌人民新创造的文艺精品，为公共文化服务提供优质内容产品，促进满足人民文化需求和增强人民精神力量相统一。

其次，把握民众需求，提高人民群众的参与程度。大力提倡送电影下乡、送戏下乡；在各地增设图书馆、农家书屋等，充分征询人民群众的意见。发挥政府社会力量的引领作用，更好地对接人民群众的文化需求。例如，安徽省六安市引入文化企业皖新传媒，由其负责运营六安市图书馆，充分发挥其熟悉读者需求的业务优势，向群众提供更具适应性的服务项目，包括“胶囊书房”“行走的办公室”“读者餐厅”“母婴室”等，满足读者多元化、个性化的需求，到馆客流量稳居全省公共图书馆第一位。

最后，城乡统筹，推进城乡公共文化服务一体化。不断完善农村文化基础设施网络，增加农村公共文化服务总量供给，让村村、乡乡、县县都可以广泛开展文化体育活动。大力扶持农村的小喇叭、小广播建设，深入推进广播电视村村通、农家书屋、乡镇综合站等重点文化惠民工程。面向农村提供的图书、报刊、电影等公共

文化产品，提高产品的针对性和时效性。此外，还有加强物质文化遗产和非物质文化遗产的保护，充分激活中华优秀传统文化的时代活力；促进公共文化服务与文化产业融合发展等，提升政府公共文化服务能力，形成公共文化服务与文化产业融合发展的良性态势。

（二）加强公共文化设施建设，夯实文旅融合发展基础

公共文化设施是城市文化的载体，它可以向人们展示一座城市的形象和气质。当前，我国在加大公共文化设施建设方面，以构建完整的公共文化服务体系为抓手，推动广播电视设施、数字电影院、应急广播平台、贫困村阅报栏全覆盖，加大对乡镇文化站、幸福美丽新村文化院坝和村文化室配套设施建设支持力度，满足乡村开展群众性文化生活需求，探索乡村文化服务场所规范化管理制度机制。

从公共文化设施建设看城市文化，以贵州贵阳为例，从跨越 600 多年历史的“文明书院”、抗战时期的“五大馆”，到新中国成立后兴建的博物馆、图书馆、工人文化宫、影剧院，再到今天仍然是贵阳城市文化“窗口”的贵阳大剧院……一个个不同历史时期的标志性文化建筑，承载着几代贵阳人的文化记忆，折射出贵阳城市文化建设和发展的历史轨迹，也彰显出省会贵阳作为全省文化中心的重要地位。再比如，提出文旅融合后，甘肃省大力发展公共文化数字化服务建设，先后建成省级数字文化馆、数字图书馆各 1 个，省级公共文化云平台 1 个；建成市级数字文化馆 4 个，40 家市县图书馆与省图书馆实现互联互通，完成全省总数 15% 的县级文化馆服务数字化。推动实施“陇上飞阅”数字文化建设，向基层图书馆配备 516 套分馆流通设备、500 套数字资源阅读设备，对 81 家市县图书馆进行统一业务管理并形成系统，实现了公共文化服务资源的共建共享。2021 年甘肃省还将建成市级数字文化馆 3 个，县级数字文化馆 20 个。突出传统公共文化服务阵地建设，先后有 30 个图书馆、17 个文化馆得到改扩建，11 个图书馆、5 个文化馆改扩建正在实施。新建改建旅游厕所 8529 座。文溯阁《四库全书》藏书馆完成维修提升项目，有计划、有步骤地对外开放。由此可见，政府对公共服务设施建设正逐步加大投入力度。

建设重点旅游区域特色博物馆，因为博物馆在传播文化方面具有不可替代的作用。但是目前的博物馆主要集中在城区，博物馆与乡村文化建设脱节。以国家地质公园为例，自然资源部门对地质公园最重要的支持方式就是建设一个地质资源博物馆。此外，一些特色博物馆的聚集区已经成为重要的旅游目的地，比如成都安仁古镇就有抗战博物馆群，一方面可以带动当地的客流量，另一方面可以保留当地的文化遗产，以进一步提高旅游的文化内涵。文化是一座城市的“根”和“魂”，是发展的底蕴和动力。没有文化的繁荣，就不会有繁荣的城市。城市以文化塑造自我，才能树立起发展的信心。城市以文化涵养精神，才能焕发出持久的光彩。对于正在大力实施“强省会”五年行动的贵阳，重视和加强城市文化建设，具有重要而特殊的意义。因此，《贵阳市实施“强省会”五年行动方案》将“推动文化强市建设”作为重点任务之一。提出把贵阳贵安打造成为首位度更高的省会城市、影响力更大的中心城市、生态性更强的功能城市、幸福感更足的宜业城市。加强公共文化设施建设，完善本地基础设施建设，建设更美乡村，也为文化旅游发展奠定基础。

（三）明确公共文化服务评估效能，保障文旅融合未来发展

我国第一次明确提出“公共文化服务”，是在2006年颁发的《“十一五”时期文化发展规划纲要》（以下简称《纲要》）中。在该《纲要》中我国政府提出了要重视公共文化服务的作用，应将其作为我国文化服务发展繁荣的重要抓手。2016年，我国通过了《中华人民共和国公共服务保障法》，是为加强公共文化服务体系建设，丰富人民群众精神文化生活，传承中华优秀传统文化，弘扬社会主义核心价值观，增强文化自信，促进中国特色社会主义文化繁荣发展，提高全民族文明素质而制定的法律。文化活动是公共文化场所服务内容的直接体现，而公共文化服务效能是衡量现代公共文化服务体系建设成效的重要指标，因此应该给予公共文化服务评估足够多的重视。以文化振兴促进文旅融合，公共文化也理应包含其中，文旅融合与公共文化服务有着不可分离的联系。

自公共文化服务概念提出后，许多地方纷纷开设相关的内容推送与调查，尤其是设置问卷邀请游客或当地居民来进行反馈，甚至形成一套专业的评估体系，保障了当地所开设项目的可持续发展。2006年以后，我国各级地方政府开始建立公共文化投入绩效考评机制，并展开了不同层次和类别的评估，其中大多是政府主导下的公共文化服务体系绩效评估。总地来说可概括为以下四种绩效评估类型。

第一，全省范围内开展的绩效评估。如浙江省、河南省、湖北省、陕西省4省的公共文化服务体系绩效评估，是针对全省市—县—乡—村四级公共文化服务体系的投入、设施建设、服务活动、组织保障、群众满意度等开展的绩效评估，评估范围大，项目多，难度高。

第二，省辖市范围内的绩效评估。以广东省的东莞市和深圳市为代表，它们分别开展了全市范围的县—乡—村三级公共文化服务体系绩效评估，为省辖市政府开展公共文化绩效评估积累了经验。

第三，基层综合文化服务中心绩效评估。上海市从2008年开始对全市已建成并运行一年以上的76家社区文化活动中心进行试评估，2011年开始对全市所有社区文化活动中心展开评估，在基层公共文化服务绩效评估和项目评估中取得明显成效。

第四，公共文化项目评估。2013 年，浙江省财政厅委托浙江大学公共政策研究院以“县图书馆”“农家书屋”“村村通（响）”和“送戏下乡”四个项目为依托，对浙江省基层公共文化建设情况开展综合绩效评价。另外，上海市 2007—2012 年连续 5 年对上海市重大文化活动项目进行绩效评估，取得了明显成效。各地绩效评估实践虽取得一定成效，但是作为公共文化服务绩效评估的早期探索，还存在一些问题。例如，省会城市发布年度公共文化服务评价指数报告。以广东省发布 2019 年度公共文化服务评价指数报告为例，报告中公布了评价指标体系所包含的指标和维度以及数据采集手段最后进行打分得到一个年度公共文化服务评价指数，并由此来评估下一年能够在哪些方面改进，做得更好。

随着科技的发展，公共文化评估也进入了人工智能时代。基于人工智能技术的公共文化数据采集与分析，尤其是对公共文化活动中人身安全的监管，人工智能可以通过构建行为运动分析模型和行人姿态分析模型，智能分析判断出人员是否存在个体和群体异常行为；基于机器视觉的非接触式测量心跳、血氧测量技术研究，通过视频信号无感知地测量被测者的生理信息；群体愉悦指数测量研究，通过每个个体的情绪数据以及所接受外部文化节目的类型建立群众参与度、愉悦指数模型等。2019—2020 年上海市及长三角地区公共文化和旅游产品采购大会在上海世贸展馆举行，其中展示里由中国电子科技集团公司电子科学研究院推出“基于人工智能技术的公共文化服务效能评估系统”，群体情绪感知、视频智能分析、行为异常识别、文化知识图谱等前沿技术已被运用其中。此外，中国电子科技集团公司电子科学研究院与武汉大学合作研发的公共文化服务效能量化评估体系，在多种公共文化场馆如文化馆、美术馆、图书馆、博物馆、社区文化中心、乡镇综合文化站等都可以加以运用。

二、增强乡村文化队伍建设，为文旅融合注入新活力

“发展是第一要务，人才是第一资源。”我国在全面推进乡村文化振兴阶段，十分注重对乡村传统文化及非遗传承人才的选用与培育。近年来，各地坚持人才引进、培养、使用和管理并重的原则，着力创新人才管理工作机制，为乡村文化振兴注入磅礴动力。人才引进是从外围攻克，人才培育是从内部突破。而通过灵活引进人才、培育人才、搭建人才交流平台，可以为文旅融合注入新的活力和生命力。

（一）引进基层人才，稳固文旅融合底部力量

文化振兴在于人才振兴，文旅融合在于以文化振兴为前提，进而通过引进人才来促进文旅发展。因此，在实现文化振兴促进文旅融合发展的路上，引进人才是一个重要的举措。以福建省晋江市为例，其在培育农村创业创新主体上堪称优秀案例。福建

晋江一方面着力于完善“人才创业创新”政策，以优越的政策吸引一批优秀人才回乡创业，为乡村振兴积蓄力量。另一方面出台《晋江市农业农村创业创新三年行动方案》等相关配套政策与措施，后续又发布了优秀人才认定标准、加快引进优秀创业团队和项目若干意见等优惠政策。为人才引进打造人才公寓，落实10项各方面的生活保障。除此以外，实施“人才反哺农村”计划。开展为期三年的“百生百村”乡村志愿服务等活动，从2018—2020年，每年选派百名大学生志愿者参与农村建设，引导更多专业和有志愿的人才向农村聚拢。引进基层文化人才，以大量人才注入来牢固文旅融合的底部力量，保证文旅融合发展具有源源不断的新生活力。

一袭青衣染芳华，乡村文化队伍的建立离不开基层人才。基层人才需要我们加大力度引进，用人才储备的增加进而去稳固文旅融合的底部力量。引进乡土人才，让他们扛起责任，展现自己实力、能力和影响力，带着资金团队和情感经验来投入家乡文化队伍的建设。此外，政府要为引进人才铺路，为外来人才提供优惠政策、优质服务、一流平台，真正走入人才心间。如重庆组建专家服务团、选派科技特派员，推动优秀人才服务基层一线，让人才“进地头”；用好中组部“西部之光”访学项目，实施“三峡之光”培养计划，选派涉农人才到知名机构访学研修”。建成4.6万余人的外出人才库，回引到村挂职、创业本土人才8900余人，返乡创办经济实体超过35万户。出台加快推进乡村人才振兴26条重点措施，建成全国首个乡村振兴国家级专家服务基地。因此，要大力引进基层人才，让基层文化人才融入乡村振兴，成为文旅融合的底部力量。

（二）培育多样人才，注入文旅融合多层力量

要想实现让人才促进文化振兴，从而达到文旅融合发展的目的，除了要引进人才之外，培育人才也是十分重要的。在人才培育方面有一个值得借鉴的模式是“柳州尧告模式”。广西北部柳州市融水苗族自治县杆洞乡有一个三百尧告苗寨（以下也称尧告），三百尧告苗寨是杆洞乡尧告村小河村的统称。以三百尧告苗族拉鼓节为代表的“苗族拉鼓习俗”于2018年12月获列入广西壮族自治区级非物质文化遗产代表性项目名录，三百尧告苗寨也被誉为“中国广西苗族拉鼓文化圣地”。尧告村是柳州市文化广电旅游局定点帮扶村寨，当地打造了一个拉鼓文化博物馆建设项目，经过三年时间筹划，在柳州市文化广电旅游局等部门和社会各界的支持下，于2021年2月正式进入实施阶段。以拉鼓博物馆建设为平台，打造乡村文化人才小高地。通过派驻专家顾问指导组建博物馆十大团队，每个团队有固定分工。博物馆建设之初就定位成村民“自己的博物馆”和“人人参与非遗活态传承共享乡村公共文化服务”。融水苗族拉鼓文化博物馆，不仅是乡村博物馆、非遗传习所，也是一座乡村文化馆、图书馆，更是一座乡

村文化综合体和乡村人才孵化基地。以博物馆建设为平台，引进外部专家顾问，强化对乡村文化旅游、特色产业等各类人才的挖掘、培养及团队整合，构筑乡村文化旅游人才小高地。

培育多样化人才，以人才促进乡村发展。人能尽其才则百事兴，把多元化的人才引进来，充分发挥自身作用来“各显神通”，在各自的领域有所成就，实现“百花齐放”的蓬勃局面，推动全方位发展，为文旅融合注入多层力量。山东龙阔动能转换科创孵化公司率先打造济南首家以乡村振兴动能转换为主题的科创孵化基地——龙山味道梦工厂，为乡村创业青年提供一个生产梦想、加工梦想、实现梦想的筑梦空间，培育多样化人才。成功吸纳 26 家农业大数据、物联网、直播电商、检验检测等三农创新创业企业，为 300 多名乡村创业者提供科创孵化服务。截至 2022 年，在“龙山味道”品牌引领下已成功孵化九个子品牌，除龙山黑陶、龙山贡米、龙山水豆腐、平陵城章丘铁锅外，还有龙山豆腐脑、龙山素呗、龙山树莓、龙山黑麦、“龙山味道”章丘四季大葱等品牌。通过品质升级孵化打造，仅龙山贡米一项，销售价就从每斤六七元，增加到十五元，种粮大户收入翻了不止一番，有效带动当地百姓致富增收。

（三）搭建人才交流平台，融汇文旅融合整体力量

搭建人才交流、协作的平台。首先，各级党组织要以人才振兴为着力点，采取“支部+合作社”“支部+企业”等多种形式，积极搭建合作交流平台，引导各类人才投身乡村振兴。其次，通过制定岗位轮换政策，搭建人才岗位交流平台，通过岗位的合理轮换，人才的合理调动，使各类人才之间的流动性、融合性加强。再次，通过教育培训、人才交流活动、团队竞赛等方式，搭建人才交流合作平台，基层政府要为乡村人才提供学习和交流的平台，为乡村人才队伍的稳定做好坚实的铺垫。最后，要搭建适合乡村人才发展的工作平台、科研平台，创造人才工作、研究和生活的条件；还应搭建乡村人才发展的政治平台，发挥优秀人才特有的“政治才能”，充分发挥和体现人才的价值。

建平台，强激励，以人才引擎推动文旅融合。山东省潍坊市临朐县灵活运用平台与人才建立联系。首先坚持政策先行，结合本县隐士村在外人才众多、分布广泛的特点，为本县量身打造了《隐士人才招揽计划》《隐士“柿乡人家”乡贤联谊会章程》等收揽人才的计划，确保人尽其才、才尽其用。其次注重搭建人才交流平台，2018 年成立了临朐县第一个乡贤人才联谊会——隐士“柿乡人家”乡贤联谊会，囊括了第一批本土人才 38 人、在外人才 29 人、外来人才 2 人。平台不仅扩大了人才招收的范围，而且加强了人才间交流的频度，为乡村人才能够更好地发挥作用开言路、扩渠道。此外针对平台人才定期进行培训，提升人才素质，正向激励人才。在搭建人才交流平台、

刺激本土人才进步、在外人才回归的同时，也吸引外来人才和外来成果，更好助推人才队伍促进文旅融合。

三、探索乡村文化产业新方向，增强文旅融合创新力

随着乡村社会经济的发展，农村生活水平不断提高，但是乡村文化产业相对滞后，整体处于落后状态。乡村文化产业具有巨大的发展潜力，不仅可以丰富乡村公共文化生活，提高人们幸福指数，还能带动文化旅游产业创新发展。探索乡村文化产业新方向，从文化产业新模式、本土文化品牌、特色文化产业出发增强创新力，以促进文旅融合发展。

（一）发展“互联网+”，探索产业新模式

“互联网+”是一种模式，通过数字技术和网络平台，推动“数字乡艺”行动，积累艺术培训数字资源，提供信息查询、在线学习、预约服务等一揽子文化服务。近年来各地逐渐意识到不论是脱贫攻坚还是文化振兴都不开技术支持，离不开互联网。以浙江宁波为例，其试行“一人一艺”乡村计划。“一人一艺”乡村计划以“数字乡艺”专项为基础，运用互联网思维和数字化手段，通过文化资源数字化创造来建设集服务、管理、资源于一体的数字化云平台，同时推出艺术普及慕课系列，将公共文化服务供给从物理空间拓展到网络空间，解决了以往公共文化服务范围小、覆盖窄、效能低等问题，突破了基层公共文化服务的空间壁垒。互联网思维是在移动互联网、大数据、云计算等科技发展趋势下对商业生态及其中各类主体的价值定位进行再审视的思考方式。“一人一艺”乡村计划吸收了互联网思维，将“互联网+”作为基本内容，通过“数字乡艺”积累艺术普及的数字资源，推出在线公共文化服务，既能促进乡土文化的保护与传承，又能满足互联网“丰饶经济学”的逻辑，在互联互通、共建共享的思路上促进文化艺术的发展。在文化传播中，“一人一艺”乡村计划呼应了互联网时代新媒体传播的发展趋势。该计划借助网络空间实现新媒体传播，以新媒体为内容载体、生产方式，以“文化体验和交互情景，通过文化资源的转化与传播来构建文化价值认同，通过社区和网络的力量来促成多元化文化生态的孕育与发展，将“在地文化”面向全球传播，既丰富了文化空间的建设路径，也进一步落实了国家文化建设、对外传播等政策意图。

以互联网技术为桥梁搭建起文化和旅游创新发展的方向，尤其是近年来各地用互联网做宣传。以西安为例，西安有秦腔和丰富悠久的文化历史，可以说拥有得天独厚的旅游资源，要带动文化和旅游，运用互联网进行宣传可以达到很好的效果。西安市文化和旅游局联合百年易俗社推出了“传统文化+旅游+互联网”为主题的系列短视

频，着力打造西安文旅融合新 IP。分系列介绍景点和当地的独特文化，一方面更好地调动了文化的发展，将民俗文化聚集起来。另一方面，通过短视频可以吸收更多的游客。可以说，当下生活的一切都离不开互联网，省市级城市一直在这方面努力，但是更要关注到乡村的“互联网+”，打造更多变的文旅融合模式。

（二）打造本土文化品牌，引领产业特色发展

如果想让一种文化产品符合消费者需求，同时在激烈的市场竞争中占据优势地位，并成为一个地区的文化符号，那么这就意味着这种文化产品需要具备成为品牌的潜力。这种本土化的文化品牌，对于增强其所在地区的硬实力、提升软实力具有巨大的带动作用，对提升当地居民的文化认同感、塑造城市文化形象也会起到积极的助推作用。比如提到安徽歙县，就会想起“中国传统村落最多的县”。提到重庆保合村，就想到了橘文化品牌。

打造高质量的本土文化品牌，是推动文化强市建设、助推文旅产业发展的必然要求，安徽省歙县根据本县独具特色的村落和村落文化，加强对全县 148 个中国传统村落的保护和利用，打造“中国传统村落最多的县“的本土文化品牌。根据县内村落不同的风貌着力打造棠樾、许村、坡山、卖花渔等一批旅游强村。并且传承优秀村落文化，打造“村史馆”“乡贤馆”“政德馆”“农耕文化馆”等 30 多个农村优秀传统文化传承基地。此外，本县不断创新发展，打造农文旅融合特色品牌。2019 年以来，开展“品味歙县自在乡村”农旅活动 52 场，助力乡村旅游持续升温，加快释放农村发展活力。

同时，也要深刻认识到，“特色就是竞争力，个性就是生命力”。所以，立足本土特色文化资源，对于打造高质量的文化品牌至关重要。重庆保合村龙河镇是全市 88 个乡村振兴试点示范镇之一，全村有橘林 4500 多亩。龙河镇是长寿柑橘种植面积最大、品种最多的镇。该镇以不同品种的橘柑挂果为发展核心，打造橘文化，形成保合村本土独特的文化品牌。该村打造了“橘文化节”，设计“一院一品”等景观。此外，设计橘娃、寿爷、旺财等文化 IP 形象，以及在此基础上衍生的柑橘礼袋、橘子糖包装、可折叠环保包等文创产品，形成完整的橘文化品牌产业链，让当地特色文化资源活起来，也让当地的品牌名声响起来。

（三）探索新潮文化产业，推动产业创新提质

通过发展特色文化产品和服务，将特色文化资源的传承和保护与当代人民的生活结合起来。只有将文化价值转化为经济价值、社会价值，才能更有效地实现传统文化的保护和传承。特色文化产品和服务的创意水平要想有所提升，就需要符合现代时尚

消费需求，打造与人们生活紧密相连的特色文化产品。比如徽州一贯具有本土风情特色，基于此，徽州发展具有本土特色的商业街区。徽州风情深受人们的关注，与有着历史悠久的徽文化、别具一格的古建筑，三者共同成为文旅融合发展的重要组成部分。2009 年，黄山市屯溪老街当选为“中国历史文化名街”，该老街位于安徽省黄山市屯溪区中心地段，是中国保存最完整、最具有南宋和明清建筑风格的古代街市。黎阳巷在屯溪老街附近，隔江而望，徽派建筑尤为突出，既有浓厚的历史文化气息，又有现代风格的时尚感，两条特色街区成功打造文化、旅游、休闲、度假一体化。黄山市乡村历史文化资源丰富，可以创新开发新时代徽州风情的特色街区，更好地实现徽州文化、风土人情的价值。

同时，要想打造本土特色文化产业，就需要加大公共财政对特色文化产业发展的支持力度，把特色文化产业发展工程纳入中央财政文化产业发展专项资金扶持范围。着力推动特色文化产业发展，从优秀传统文化符号中提取有价值的素材，将优秀传统文化特质融入文化产品中，开发出人民群众喜闻乐见的产品，做到既丰富群众的精神文化生活，扩大文化消费，又能增强中华民族凝聚力，在潜移默化中实现社会主义核心价值观的培育和弘扬，比如按照各地区本土文化特色，采取红色教育+研学基地的方式，发展特色文化产业。例如，黄山市是研学旅行的首选基地，是拥有徽州历史文化、丰富旅游资源的红色土地，如岩寺新四军军部旧址纪念馆、中共皖南特委机关旧址、红军北上抗日先遣队纪念馆等。红色教育用红色土地教育下一代，同时让人们感受到红色精神的熏陶。在研学过程中，导师和学生能够开展以“弘扬革命精神、培育社会主义核心价值观意识”为主题的红色教育，通过一系列主题活动形式来建立有特点、有意义的研学基地。红色教育研学基地的发展，不仅能够让人们在研学过程中学习红色文化，更能融洽地将文化与旅游资源相结合，从而更好地推动文旅融合的发展，符合乡村振兴发展的需求。随着乡村振兴战略的深入实施，依托区域内特色文化资源，挖掘保护乡土文化，为其注入现代文明和新时代特色文化，培育和发展乡村特色文化品牌，精心打造和充分发挥乡村“软实力”，不仅能够持续推动乡村经济高质量发展，还能为实现乡村振兴战略目标提供动力源泉。

当前，随着乡村振兴战略的深入实施，挖特色，升品质，强品牌，形态各异、风情万千的乡村特色文化品牌已成为当地一张亮丽的名片。拓展“送文化下乡”特色文化品牌，组织各级文化院团定期到乡村开展文化惠民活动，指导各地各部门定期播放公益电影、举办群众文艺晚会、组织舞狮、腰鼓等文艺演出，持续培育乡村特色文化活动品牌。具体措施包括以下五个方面。

第一，乡村是中华民族传统文化的发源地，丰富的乡村历史文化遗存是乡村振兴的宝贵资源和财富。当前，休闲、度假、体验等旅游模式深受大众青睐。究其原因，是因为这些风景名胜背后经久不息、历久弥新的历史文化能让人有所得、有所悟，并使人流连忘返。深厚的历史文化，既是小镇建设的灵魂，也是其魅力所在。在特色文化小镇建设中，深入挖掘乡村的文化价值和特色，把历史文化作为小镇建设的内生动力，坚持文化是魂、小镇是体，走与地方历史民俗、文化风貌、生态文化融合发展的道路，既可利用小镇来展示文化魅力，又可借助文化提升小镇品位。

第二，民俗文化往往显示了一个区域深厚博大的文化底蕴，对于提升区域文化实力来说有着重要的意义。因此，当前在打造乡镇民俗文化特色品牌时，从深入剖析当地民俗文化的发展现状和现实问题着手，针对不同民俗的特点，找准开发丰富民俗文化资源的切入点，利用搭建民俗文化载体，让当地民俗旅游插上特色文化的翅膀，打造民俗文化品牌，积极探索民俗文化与旅游融合发展新途径，实现民俗文化发展与旅游发展的良性互动。

第三，中国共产党在领导全国各族人民进行新民主主义革命和社会主义建设中，留下了许多珍贵的遗址遗迹，这些红色资源既是爱国主义教育和党性教育无法替代的生动教材，也为红色旅游的发展提供了优越的资源条件。

第四，以广泛的群众文化活动为纽带，建设民间特色文化艺术乡村。就目前而言，民间艺术在乡镇具有较强的生存环境，大部分乡镇都拥有一批以当地群众为主体、艺术特色强的民间艺术团队，他们活动经常化，并具有一定规模。

第五，以节庆文化为依托，创建乡村特色旅游文化品牌。近年来，很多省市非常重视节庆文化，许多优秀的传统节日，不仅在旅游经济中大放光彩，而且还极大地彰显了地域文化魅力和民族风情特色，比如，贵州的火把节、云南的泼水节、农民丰收节等。还有些地区以利用我国传统节日，如春节、元宵节、端午节、中秋节等为契机，做足文化这篇大文章，举办既具有当地文化内涵，又具有娱乐性和参与性的节庆文化活动，通过直观感性的形式，让游客身临其境地了解当地的风土人情，在轻松快乐的交流互动中感知博大精深的传统文化，以此来提高对中国文化的认同感。探索特色文化产业，不仅能培育具有特色和创新力的文化产业，也进一步以文化产业带动文化旅游业的发展，为文旅融合发展增强新力量。

个案篇

一、文旅融合与非遗文化有机结合

（一）重庆虎溪土陶厂：非遗文化促振兴，文旅融合助发展

1. 基本情况介绍

远山 · 有窑位于重庆市沙坪坝区丰文街道三河村。其前身原本是建于 20 世纪 80 年代的“虎溪土陶厂”，自 2000 年后经营和生产状况每况愈下，到 2016 年难以为继，这才走上了改造转型之路。2017 年 7 月，虎溪土陶厂的刘氏土陶特色技艺被正式纳入沙坪坝区非物质文化遗产，作为其转型的关键点被重点关注。2018 年，虎溪土陶厂的改造项目被纳入沙坪坝区文创产业重点项目。而参与该项目的所有的施工队伍均来自当地乡村，真正实现了“当地人投资，当地人建造，当地人经营”，最后回归到当地人受益。

2. 发展模式：立足于非遗特色，打造传统文化情怀

建立在虎溪土陶厂特色技艺的基础之上的“远山 · 有窑”，伴随着文化影响力的持续扩散，也带动了其所在的三河村成为沙坪坝区“乡村振兴”试点村和重庆市“三变”改革试点村。而通过这样的“三变”改革，三河村集体收入从 2017 年不足 2 万元到 2018 年增加到 42.88 万元。远山 · 有窑也成为重庆大学建筑城规学院学生和四川美术学院雕塑系学生的实践基地。回顾其一路的发展历程，可以总结出以下三方面的发展特点。

（1）新旧文化的交织

与其他大部分的文化场地建设初衷不同，远山 · 有窑本就是由于经营困难而衰落下来的产业，所以在资金投入上面呈现弱势，用于文化建设和产品设计的资金更是捉襟见肘。这样的一种建筑背景，就形成了远山 · 有窑独特的建筑格局，本来是因为资金短缺而带来的建筑材料的缺失，却无意间成就了远山 · 有窑新旧文化要素交织的特点。

因为没有过多的资金用来采购建筑原料，远山 · 有窑的建筑格局和材料大部分保留了原来的实样，比如红砖、木质屋梁等。而在设计建筑的过程中，当地又极其注重

陶瓷窑这一文化特色，在每个细节处都彰显出窑文化给这个地方带来的熏陶。通过使用原来的建筑风格，给游客营造一种沉浸式的文化体验。

在建筑风格上面，为了不让远山·有窑建成之后步之前衰败的后尘，设计师又经过精心设计，加入了一些新的设计元素，具体体现在，由室内延伸至室外的餐厅是木结构框架和砖柱支撑着的不连续屋顶。而原陶瓷窑的场景和元素以一个废墟状态保留了下来，与新安装的石板地面和钢架形成鲜明对比。以此达到整体还原、局部优化的目的，打造出了一个兼具时代特色和现代性的文化场所。将城市生活搬进这里，实现传统和现代的组合，营造出一种以工作陶瓷窑为背景的休闲、观景、喝茶、美食等体验景观。

在整体建筑思路上，“远山·有窑”以两层，共计五六百平方米的建筑面积，实现了以原有的龙窑为核心，其余建筑在龙窑上下左右依山就势的布局特点。在大体结构上，使用小青瓦坡屋顶等当地传统构架搭建出主体部分；在修建大梁时，用到了农村房屋建筑普遍会使用到的三脚架加螺栓木梁的连接方式；同时，在细节方面渲染城市风格，使用钢结构楼梯，大面积的玻璃窗等，营造一种 LOFT 工业风的效果。

在建筑细节上面，为了在节约成本的同时营造浓郁的乡土气息，当地在完成这座建筑时用到大量的废旧材料，比如用瓦片垒砌的窗花、青石搭建的陶制洗手盆的台座、成本几块钱的毛竹搭建的栏杆等，都是设计师的巧妙灵感。

因此，远山·有窑凭借着对建筑格局和建筑细节、建筑风格等内容的总体把握，实现了新旧文化的交织，在众多的网红打卡点中占有了一席之地。

（2）文化体验的传承

但是仅仅是占有一席之地是不够的，如何在这个快消文化的时代留下持久的魅力，是远山·有窑需要考虑的问题。而这一点，远山·有窑早就在建筑定位上给出了回答。

远山·有窑是凭借刘氏土陶技艺这一项非物质文化遗产打开转型之路的，因此在打造完外在的建筑格局以后，当地还依托传统制陶手工艺打造了集陶艺体验、非遗文化传习、艺术沙龙等多功能的复合型文化公共空间。游客可以在闲暇的时候来到这里，参与陶器的制作过程，学习陶艺知识，真真正正地把非遗文化传承下去。

而这一非遗技艺的传承，正是远山·有窑鲜明的个性标签和长足发展的动力。立足于非遗技艺传承的远山·有窑承继了非遗技术的优点。众所周知，非遗技术的魅力并不在于当下所体现出的异彩纷呈，而更在于历经时间的洗礼，代表一个时代的深邃感。后人可以通过揣摩技术产生的时代和发展的历程，在探索前人的基础上，再创新性地推出新的内容。亦可以一直探寻这项技艺和其他非遗技艺之间的相关性，以小见大地总结出前人的生活经验和审美价值。远山·有窑正是抓住了这一特点，除了基本的游客接待、参观游览，还会不定期举行一些文化活动，以文化名牌作为自己的市场定位。比如四川美术学院会将这里作为陶艺实践基地，重庆大学也会在这里举办建筑沙龙、期刊研讨会，而重庆高校也在这里联合举办了两届“远山电影展”。这些都是远山 · 有窑与网红打卡景点的最大不同，它立足文化，来自文化，也反哺文化。

（3）完备的基础设施建设

在明确了远山 · 有窑的建筑格局和文化定位以后，当地并不局限于这一个空间的单独发展壮大，而是抓住了这一个动力，很好地带动了三河村周边旅游，形成了以点带面的效果。当地依托远山 · 有窑这一文化标签，打造了一个全面的“远山”文化体系，例如远山有茶、远山有屋、远山文化大院、会议、陶艺体验等多种业态。可以说，远山 · 有窑以一己之力带旺了三河村整体的乡村旅游发展。

2018 年，当地抓紧这一机会，设计建筑了三河茶社、猪圈书屋、三河村文化大院，而这些建筑也和远山 · 有窑保持一样的特质，即取材于当地的建筑和文化，体现原汁原味的乡村生活。例如，三河茶社原是一家老板租下的种植草莓园的普通农舍，附近并没有休息的场所，整个三河村也没有公共休闲空间，于是三河茶社便以公共休闲的定位诞生了。而猪圈书屋原是村民闲置多年的猪圈，有 30 余平方米的面积。设计师保留了部分墙体和栅门，加上落地大玻璃窗，将猪圈改成书屋，并保留了原来的猪圈称呼，为村民们打造了一个乡村阅览室。而正在建设的三河村文化大院，其前身是一所废弃的老房子，待建成后可以放电影、做培训等，实现文化空间的价值。综上，依托远山 · 有窑这一文化品牌，为更多的村民提供了参与乡村产业建设的机会，既推动了乡村产业发展，也丰富了游客的旅游体验。

远山 · 有窑作为一个文化体验点是成功的，但是如何留住远山 · 有窑吸引的游客，就是三河村其他空间建设的初衷。通过吃住玩一条龙的规划建设，民宿、农家乐、旧址等元素都融入了当地，为游客和村民都打造了一个完备的文化空间。进入三河村，就是进入了一个世外桃源，这里的生活方式、生活内容都与陶艺息息相关，在与外界的短暂隔绝中，游客可以享受到世外的安宁。而完备的基础设施建设，也为游客的长时间停留提供了可能。

3. 经济效益

远山 · 有窑给当地带来的最明显的效益还是经济层面的。毗邻远山 · 有窑的三河村是最大的收益方，全村共有农户 141 户，在 2017 年时，全村集体经济收入不足 1 万元，多数土地闲置荒芜。而“远山 · 有窑”带来的效应，让三河村在 2018 年就成为市里“三变”改革的试点村，集体经济收入增长到 42.8 万余元。

这 40 多万元的经济效益得益于“三变”改革，即让资源化作“资产”、资金变成“股金”、村民变身“股东”，农民以承包土地经营权入股，村组集体以争取到的项目资金和集体修建的产业道、停车场、水塘等入股，把闲置资源和村集体资产激活，与项目投资者一起，进行股份制经营。这样的变革方式也为三河村的村民提供了生存的条件。

在未来，“远山·有窑”还计划完善民宿等产业功能，继续发挥“三变”改革与村集体合作的模式经营。此外，三河村还引进了天籁萤火谷、渡兰居、楠之林雪几个农旅融合项目合作，寻求更多样化的发展。除了建筑，三河村还在“远山·有窑”附近规划了沙田柚等果树种植，逐步完善业态，把村里的一些自然资源串联起来。在这一过程中，“远山·有窑”发挥了星星之火的作用，而这一项目的典型性和可复制性也展现了非遗项目在市场中的成功转型。

（二）成都市甘溪镇：非遗文化促发展，文旅融合建新镇

1. 基本情况介绍

甘溪镇位于浅丘地区，方圆 100 公里内蕴藏着丰富的陶泥资源白泥，自古民间制陶业随之兴起，境内就出土了许多古代陶制品，器物丰富，纹饰美丽。2017 年甘溪镇荣获成都市第一批非物质文化遗产特色小镇称号。近年来，蒲江县甘溪镇依托文化资源和茶、竹产业基础，坚持农商文旅融合发展，推动文化传承与新村建设融合，生态农业与文旅商贸融合，激发了农村发展活力。

2002 年起，随着石象湖生态风景区落成，蒲江文旅融合开始起步。文创产业业态内涵发展丰富，其中涌现的建筑设计、艺术品业（陶艺）、非遗生产性保护、文博旅游、创意民宿等，为甘溪镇文旅融合产业发展打下坚实基础。随着蒲江县旅游景区提档升级，政府主管部门将位于甘溪镇的明月村作为标志性项目进行打造，逐渐成熟后，依托明月窑等四口古窑和其深厚的历史文化底蕴，打造出一个聚集了陶艺体验、文化创意、休闲养生、田园观光为一体的人文生态度假村落。

2. 发展模式：传承非遗文化，打造生态村落

（1）新旧技术结合，助力文化创新

文化是明月村旅游业发展的灵魂和精神内核。明月村在发展过程中，尤其注重新旧工艺的贯穿，期望以此来实现文化的传承与创新。传统工艺能最好地反映传统文化，而新兴技术则能最快地对传统文化进行创新。在实践过程中，需要最大限度地还原传统工艺，又要广泛运用新兴技术。

明月村顺应当地的历史、人文和自然需求，依托“竹海茶山明月窑”的生态、形态、业态和文态，以传承和创新传统文化推动文化艺术生态集聚融合。一方面抓实项目载体，在项目设计、项目执行等方面下功夫，开始打造明月陶艺村的文化招牌，启

动陶艺村的文化产业项目建设。另一方面构建文旅创作生态圈，利用传统工艺和历史故事吸引大量投资者，形成以陶艺、手工艺为特色的文创集群。此外，搭建文化交流平台，开展中外陶艺文化交流活动、培训讲座，邀请国内外知名制陶专家现场互动、沟通交流。

（2）立足生态资源，注重文创改造

生态资源是农村文旅产业融合的基础所在。明月村在开发过程中，始终秉持可持续发展的生态理念，以促进农业文旅产业的长期发展。

当地政府强化对明月村竹海、茶山、松林、川西民居等生态资源的保护，企图将当代流行元素融入这些生态园林中，打造具有生态特色和文化氛围的新型旅游景观，大力促进以文旅融合为主的乡村经济发展。

具体而言，首先配套了个性化文化服务设施。突出人与自然相融理念，建成特色明月村文化中心。在文化中心中，游客们能集中感受到当地文化，品尝当地特色小吃。其次在基础设施建设的过程中不断融入生态元素。例如建成了 8.8 公里旅游环线，不仅有了散步观光的通道，也在此过程中与周围景色进行融合。最后重构了农房，将村民的老旧房屋改造为民宿等，开设特色餐饮与住宿，从总体上提升明月村村居整体风貌，同时也对当地产业业态进行补充。

（3）村民自治，提升治理成效

基层乡村治理是乡村振兴五位一体布局当中的重要环节。明月村充分发挥村民主体作用，注重新村民和原住村民共建共享互动，开拓村民发展思路、激发乡土文化自信，创新创造当地文旅项目，为乡村的持续发展积蓄深厚力量。

村民自治，主要是参与。首先是参与文创项目。明月村的原住村民会将自己的闲置房屋进行出租，供部分开发者进行文化项目改造，而这些村民则可以顺势转变为文创院落房东、文创项目员工、文创导览解说员，如此一来，既提升了居住环境，又拓宽了增收渠道，两全其美。其次是参加合作组织。明月村成立了乡村旅游专业合作社，吸纳部分村民成为社员，这些社员会对明月村的文旅产业进行一定投资，而最终收益也是由社员们按照入股多少进行分配。最后是政府号召兴业创业。明月村依托良好的生态环境和地理条件，有着近万亩雷竹及茶园资源，基于此，明月村修建起雷竹核心示范园，在这个示范园中，有着村民自主承包经营的陶艺社、茶社等文旅项目，使得群众的参与感和幸福感稳步提升。

（4）提供优质服务，实现文化创新

文化服务是文旅产业的关键所在。文化服务不仅能够持续性地进行文化输出，还能在文旅产业发展中突出其自身的差异性。但文化服务绝不能止步于自身民俗文化的表面，而是要纵横向延伸服务链，发展特色文化服务项目，明确每个服务项目的赢利点，全力打造精品文化服务项目，用特色和服务吸引游客。据此，明月村充分秉持了人民群众当家做主的理念，广泛吸取群众意见，根据他们的意见，政府再选择最受关注的事项，推出相关政策措施，真正做到“取之于民、用之于民”，从总体上提升群众文化品位和层次。

具体而言，首先是实施公共文化精确化服务。明月村政府将需要购买的文化服务纳入囊中，并号召社会公益组织积极参与，先后引进“3+2”读书荟、夏寂书院等社会公益组织，建立“明月书馆”“明月画室”“明月讲堂”等平台，依托平台开展公益文化活动，并依据不同年龄群体的需要，依次推出为老人诵读书目、为留守儿童送欢乐志愿服务、阅读分享交流会等公益文化服务。其次是聚焦于原住村民职业发展需求。启动村民上岗培训，为村民量身定制适合他们自身的职业发展培训，例如导游服务、餐饮服务、旧房改造等培训，目前已开展多期专题培训，邀请国内外具有影响的乡村文创研究者、实践者分享经验和案例。最后是搭建新老村民交流平台。新村民通过此前开放的文化服务平台，定时定点驻扎于此，为明月村的青少年进行陶艺、篆刻、花艺等公益类课程培训，从而在潜移默化中提升原住村民的文化品位和文艺素养，延续了明月村的文化艺术氛围。

（5）发展民俗文化，营造浓厚氛围

以村民艺术普及活动为核心，大力发展民俗文化。民俗文化作为独特性、差异化文化资源是文旅融合的重要依托资源，可以说，搞好了民俗文化这一关，就基本搞定了文旅融合这一难题。当地政府从县级到乡镇再到乡村构建了一线三点的艺术普及站点，民俗文化能够通过这一条线纵向传递，从上级集中决策再到下级践行开展，民俗文化能够在最大限度内得到传播，影响的不仅是游客，也有村民本身。此外，在不同层级的文化服务中心内，都要因地制宜地制定艺术普及规范，明确民俗文化普及的主客体，以及传播渠道，逐步提升村民的民俗文化意识。另外，当地政府还积极主导开展乡村艺术知识、艺术活动等方面的普及培训活动，打造有态度、有温度、有深度的文化氛围。通过对明月村的历史沿革进行系统梳理，将不同历史时段的感人事迹、文化名人分别标记编号，建立文化案例数据库，并将事迹与名人融入乡村文旅发展中，营造相对真实、感人的文化环境，提升本村民俗文化的影响力和传播力。

文化兴则国运兴，乡村兴则国家兴。我们要永远秉持一颗以文化惠民、以文化悦民的初心，积极担当乡村文化振兴的使命，并在此过程推动乡村文化与旅游产业的深度融合，实现乡村物质条件的改善和乡村精神文明的繁荣，合力谱写一首气势恢宏的文化自觉、文化自信、文化自强的时代赞歌，让农民群众有更多实实在在的获得感、幸福感。

二、文旅融合提升乡村建设质量

（一）武隆犀牛古寨：乡建研学新场所，文旅融合保生态

1. 基本情况介绍

犀牛古寨地处武隆区土地乡天生村，毗邻多个知名景点，在世界自然遗产地、国家 5A 级旅游景区天生三桥、仙女山附近，距天生三桥（印象武隆剧场）约 14 公里，距县城 45 公里。区域内有奇山、秀水、古村落、峡谷、溶洞、天生桥等景点，被誉为"世外桃源犀牛寨 · 中国醉美古村落"。而犀牛古寨的发展思路，则是立足于土家族民俗文化而展开。

2. 发展模式：民风民俗加持，打造特色生态

（1）突出打造土家族民俗景观

犀牛寨面积不大，全寨最大的特色就在于土家族民俗景观的保护。在建筑风格上以保护为主，修复为辅。总共二十多栋吊脚楼散布在山坡上，四周群山环绕，苍莽葱郁。吊脚楼建筑风貌为渝东南穿斗民居，建筑以木结构为主，配搭当地石材、夯土、竹子修建而成，建筑大部分的修建都来自当地人的手艺。可以说，这是一座由本地人亲手搭建出来的记忆中的土家风情寨。吊脚楼之间有石头小径相连，而田地与树木相杂其中，木质的篱笆伴随石头小径蜿蜒起伏，构成一幅完美的田园画卷。这也是犀牛古寨的发展优势。目前，犀牛古寨是当地保存最完整的土家族传统古村落。

除了在建筑上保留土家族的建筑特色，在民风民俗上，犀牛寨也重视土家文化氛围的营造。喝土家进寨酒、跳竹竿舞、摆手舞、打糍粑、篝火晚会、结发礼、戴花礼、叩首礼……都是当地人为游客准备的具有民族特色的文化体验活动。而这也是犀牛古寨的发展内核，为游客提供一个原生态的、完整的土家族群生活状态。

（2）结合溶洞和其他景点发掘多元文化

犀牛古寨的发展特点之二就在于虽立足土家族，但并不是只有土家民俗。全寨更致力于开发更加多元的景点来招揽游客。在自然资源上独占优势的犀牛古寨，海拔 600～1200 米，号称"溶洞上的古村落"。地下蕴藏着百里溶洞，地上盘旋着千年古寨，而这也是犀牛寨的"小心思"所在。

近 10 平方公里的村落内有各类溶洞（寨洞、犀牛洞、无底洞、泉口洞、黑漆洞），当地便抓住了这个优势，在打造古寨的同时，也加强了溶洞旅游的建设，让犀牛古寨的文化特色更加多样，而不是仅限于土家民俗的展现。

开发自有资源是不够的，犀牛古寨还利用了自己毗邻多个旅游景点的优势，形成

了地理文化景点群像，连点成面，集休闲养生、旅游度假、户外运动、探险娱乐多项功能于一身，建成土家山乡·秘境生活实践区，被誉为“世外桃源犀牛寨、溶洞上的古村落”。

（3）拍摄和教研基地的塑造

出于持续发展的考量，犀牛古寨也明白关键在于如何营造生生不息的文化氛围。因此，当地利用其保存完整的土家族古村落建筑群，打造了完备的适宜拍摄的基础设施建设，通过外人参与发掘犀牛古寨的魅力来扩大影响和宣传，形成融手作、摄影、影视拍摄等功能于一体的中国乡村旅游创客示范基地。前后组织开展了首届重庆市新乡土论坛、犀牛寨夏令营、犀牛寨传统古村落摄影创作采风等系列活动。开通了“武隆县土地乡网站”“犀牛寨微信公众号”“武隆土地”微博等多种自媒体营销平台，重点宣传推介乡村旅游和特色产业。2015 年，央视 2 套拍摄并播出了宣传片《溶洞上的犀牛寨靠山靠水赚钱忙》，助推了犀牛古寨的宣传。

同时，当地还注重对土家族民风民俗的传承保护，不定期接待一些学校的学习团，塑造文化教育基地。以土家族文化为内涵，发挥古寨文化体验特色，依托沿沧河、溶洞群的地质科普功能，寓教于乐，打造重庆市研学旅游基地。

3. 经济效益

目前，犀牛古寨共依赖六种业态维持经济效益，分别为餐饮类、休闲娱乐类、宾馆客栈类、旅游商品类、演艺活动类、服务配套类。同时，为了保证犀牛古寨的可持续发展，自 2016 年 5 月开寨以来，当地还利用旅游业年收入修缮保护古建筑、保留传统古村落民俗文化，实现文化促进旅游，旅游滋养文化的良性循环。在保证不破坏古建筑的同时，又满足游客的各项需求。

而文物传承保护和乡村旅游融合发展也是犀牛寨一直以来的发展战略。在实现经济效益增长的过程中，政府的支持也是不可忽视的。近年来，犀牛寨所在地的乡政府，按照民族文化传承保护、乡村旅游融合发展的要求，为犀牛古寨的建设投资了 350 万元，用来完成犀牛寨农房修缮、风貌规范和民俗广场、土家戏楼的重建等工作。

纵观犀牛古寨的发展模式可以发现，当地先是完善了犀牛古寨的基础设施，改善人居环境；再按照旅游市场新趋势规划村庄内项目和业态，营造“形态更休闲、体验更深度、服务更智慧、主体更多元”的古寨生活；最后申报更高级别的国家项目，寻求资金投入以打造可持续发展的路径。从乡建到生活方式营建，以旅游为纽带，实现犀牛古寨乡村价值重塑与社区复兴。

当前，个性化休闲时代到来，乡村旅游产品进入创意化、精致化发展新阶段。重庆乡村旅游的发展虽然基础较好，发展趋势也较明朗。但也会存在特色不特、品牌不亮、规模不大、配套不全等问题制约着乡村旅游产业进一步发展壮大。但是只要能结合当地文化特色，打造具有鲜明性格的品牌或者地方名片，同时考虑长足发展的措施和路径，就能够在经济市场谋取一分福利，用一方水土造福一方人。

（二）曲阜葫芦套村：打造本土特色文化，文旅融合现新形

1. 基本情况介绍

在乡村振兴的政策下，曲阜市通过深入挖掘传统村落文化，企图将文化优势转化为产业优势，让富有历史文化特色的乡村在保留文化根脉的同时，培育出让村民致富、让乡村可持续发展的特色产业，于是以历史文化资源为主动脉，“文化+旅游”的行动随之出炉。文旅产业能够丰富乡村内涵，打造生态旅游乡村，而葫芦套村就是其中极具代表性的民俗旅游村。

葫芦套民俗村坐落于风景秀丽的“龙山”南麓，该村三面环山、一面临水，村内植被十分茂密，生态自然资源丰富多样，因地形外小内大、高空俯瞰形似葫芦得名。近年来，葫芦套村借助国家重视生态建设的有利时机，迅速明确了“旅游+”发展方向目标，将旅游与文化、生态、人文等深度融合，在这样的政策目标下，重新对属地区域内的老旧房屋、糟糕生态等进行重新设计改造，并融入了葫芦文化、儒家文化以及红色文化等要素，着力打造以文旅为主、农旅为辅的旅游产业，这也是强烈呼应了当下文化兴国、文化强国的号召。葫芦村将文化与乡村振兴结合起来，为全国的乡村做出了示范。除此以外，当地政府还推出了建设精品景区的发展思路，例如田园景区、果园景区等，他们的对标游客非常明确，游客们也能根据自己的需要选择不同的游览景观，既方便游客，又方便景区管理，加速了葫芦套村的乡村旅游开发建设。

2. 发展模式：特色花卉种植产业，营造独特风貌

（1）以乡村生态为依托，发展特色产业

从 2008 年开始，村民们从试点葫芦种植实施“优宿”建设项目，发展农家乐。按照村庄发展定位，对葫芦套村内 75 个农家院落进行了保护性集中修复；栽植各类绿化树木几万株，还培植像波斯菊之类的特色花卉；同时对本村的石路进行了修缮，实现了村内路面石板化；还基于原本就存在的跑马岭原始森林、九仙天池等自然风光，再次设计，打造经典风景区；对于没人居住的空闲房屋，当地政府与开发商进行合作，将这类房屋改建为特色民宿，以此活化老村庄，再次唤醒村庄的活力和生机，也为游客提供了住宿的选择，供游客们能够长时间驻足于此；有了文旅等各种项目，也有了特色民宿，特色餐饮等，当地政府便在此基础上引入了绿色的概念，例如开办农家乐，售卖有机绿色蔬菜，以健康绿色增加卖点，吸引游客。至此，葫芦套村的乡村旅游度

假模式逐渐成形，村民们也享受到了“福禄”文化带来的福利，增加了收入。

（2）深挖人文底蕴，弘扬传统民俗

软硬资源兼顾是该村发展的准则。利用传统民俗传承保留下来的优势，村庄充分将文化软资源运用到日常运作中，争取用生态留住游客身，文化留住游客心。

首先，葫芦套村为了游客们的舒适体验，着力打造建设了乐和家园、老八路故居、煎饼坊、儒学讲堂等6处特色民俗体验小院；其次，将儒家文化与葫芦结合起来，建设了葫芦画舍、十二生肖园、景观亭等景区；基于当地厚重的历史文化积淀，充分开发了孔子石、碧霞祠、芦斗寺等地，将“儒、释、道”三教的思想观念融入风景区中，让游客们在游览时就能深入体验到不同教派的思想；再次，结合了史书上记载的重要历史事件，如以曹刿论战的长勺战场为依托，恢复建设这样宏大的历史现场，将景点通过史书上记载的历史故事、民间传说等方式展示出来，将游人带入历史的卷轴中；最后，成立了“葫芦套民俗表演队”，吸纳当地村民报名，用当地特色音乐来表演节目，进行传统迎亲娶妻等表演活动，让游人亲自体验传统文化的乐趣，以人文留住游客。

（3）利用田园生态风光，吸纳城镇群体

葫芦套村利用本地生态优势，将山清水秀、鸟语花香的景观构建为生态宜居的田园风光，这对生活在现代城市中的人们无疑有着莫大的吸引力。当今的城市，高楼建筑早已司空见惯，生活在城里的人们每天面对着高楼大厦也有了些许疲劳，而葫芦套村的生态风光更好地还原了他们心目中向往的田园景观，罕见的乡村与久待的城镇的强烈对比，更吸引他们前来游玩，而除了实实在在看得到的风光，悠久历史、浓浓古韵弥漫着人文情怀的儒韵乡风，又给他们带来精神上的温暖安宁。在葫芦套村的发展中，十分注重传承和弘扬优秀传统文化中尊重自然、保护环境的思想理念，尊重自然规律，他们在探寻经济发展和环境保护相统一的有效路径，秉持人与自然和谐共生的理念，让葫芦套村不负“福、禄、寿”之名。

（4）多方助力旅游发展，促进文旅联动

首先，葫芦套村依托本村优秀的红色文化资源，如八路军115师司令部旧址、鲁南人民抗日英雄纪念碑等，打造红色教育基地，普及教育当代青年，传递好红色革命精神，契合时代的发展需求；其次，葫芦套村还借了体育赛事这阵风，通过梅花山山地自行车公开赛，大力发展健身游，呼吁骑行爱好者来此体验，而在骑行的过程中，就不经意间宣传了本村的文旅特色，从而形成一传十十传百的传播覆盖面；再次，葫芦套村还进行了农旅联合。将农业产地变旅游目的地是葫芦套村发展特色旅游产业的又一政策，通过政策扶持、项目支持等方式，将农活发展为耕种体验、休闲采摘等农业特色项目，吸引久在城区里的游客们回归自然、体验淳朴，让自然资源在农业和旅游发展中得到优化整合。最后，葫芦套村进行商旅联动。葫芦套村利用葫芦特色，号召食品生产商加大研发力度，从包装、口味到种类，无不一一体现出葫芦套村的特色，例如小袋地瓜枣、真空包装杂粮等旅游商品，在辖区内的景区设立展销点，产品销售火爆。

（5）村民参与文旅发展，实现利益最大化

在村庄的发展历程中，十分鼓励村民自主创业，发展农家乐、民宿餐饮等业态。当地的特色农家乐就是由村民们自主经营的，村民们既当老板，又当服务员，告别了传统的做农活赚钱的方式，采用这种全新的方式挣钱，既轻松，又能促进家乡的振兴。还有当地企业免费为村民建设了摊位，组织村民对游客进行土特产售卖，还通过扶贫超市由公司代销农副产品，村民们的年均收入有很大的提高，形成企业与村民联合经营项目，实现双方共赢。

传统文化只有与现代文明相结合，从文化振兴里挖掘出产业振兴的元素，乡村才能更好地振兴起来。文化传承是乡村振兴的根脉，实现乡村振兴，需要结合本地特色，深入挖掘文化元素，实现文化振兴与产业振兴的深度融合，让一个个乡村在保留文化根脉的同时，重新焕发出生机与活力。

理论篇

理论篇从传播学的角度对乡村振兴中的传播主体、传播媒介、传播内容做一些总结和探讨。分别是多元主体合力助力乡村文化振兴、多种模式创新推动乡村文化振兴、多样文化交融丰富乡村文化振兴。

一、多元主体合力助力乡村文化振兴

乡村文化振兴中，建设主体多元，既有党政部门的领导者和策划者，也有乡村文化精英和社会精英等支持者，更有生活在乡村、与乡村相伴相生的农民工以及留守人员。这些主体是乡村文化振兴的坚实力量和人力基础。

（一）乡村精英：乡村文化振兴的引领者

乡村精英指的是有一定职位、有一定的文化素养和特长、在村民中具有权威的人，通常分为政治精英、经济精英和文化精英。他们凭借其经济或文化资本成为乡村文化振兴的重要引领者，因此在不少乡村的文化振兴中，明显存在着“精英依赖”的现象。[1]

[1] 张敏．乡村文化建设中的精英依赖与效用评估［J］．中国市场，2016（47）：214-216.

乡村政治精英是凭借行政权力以及影响力作用于乡村文化传播的人，是“体制内”的乡村精英，主要包括乡村干部为代表的本土政治精英和返乡政治精英。他们的共同特点是，拥有一定的行政权力和资源支配能力，并在此基础上形成对乡村文化的权威性和影响力，影响乡村文化传播的走向和效果。更为深远的影响在于其强大的社会动员能力，并在短期之内改变一个乡村的文化面貌。

经济精英分为三种主要类型，第一类是回归故土，受本地文化的规约和道义要求、带领农民共同致富的富裕群体；第二类是纯粹以投资者的身份进入乡村的企业家，通过和地方政府合作，有可能无偿使用了乡村景观及生态和文化；第三类是就任村干部的企业家，转型后往往可以利用自己的经济、政治和文化资源对乡村社会发挥重要的作用。[1] 第一、第三类对于乡村社会文化建设具有重要的带动作用，第二类通过政府的引导和合作可以有效地进行建设。经济精英还包括农村私营企业主、乡镇集体企业管理者、农业专业大户、农村个体工商大户。经济精英直接的贡献在于对于乡村文化硬件设施的改造和产业化改造，推动了家族文化和敬老文化的传承和发展，形成乡村共同体。

在乡村文化建设中，将凭借自身文化特长和专业素质在乡村文化生活中具有一定影响的人，称之为乡村文化建设中的文化精英。这类人数量众多，类型多样，分散于乡村社会中，一直以来影响着乡村文化生活状态。乡村文化精英可以分为体制内的乡村文化工作者和体制外的乡村文化积极分子。文化工作者是体制内的负责乡村文化建设和文化宣传的工作人员；文化积极分子是因为文化特长和专业素质在乡村文化传播中积极推动并具有一定的影响力的农民。他们是文化动员、联络、组织、策划者，将各路文化人才团结汇聚，形成文化合力。

从调查看来，大凡是乡村振兴效果好的地方，都会积极整合各类乡村精英力量，容易形成文化合力以及文化影响力。

（二）农民工：乡村文化振兴的主体

农民工是有农村户籍，以从事非农业生产为主要收入来源的群体，进城务工是最常见的劳动方式。他们是乡村文化振兴的主体，原因有二：从年龄段来看，他们年富力强，是家庭的支柱，同时也是乡村的有生力量；从资源创造来看，他们通过外出务工源源不断地创造着经济资源和社会资源。

返乡农民工是乡村文化振兴的深度参与者。他们在数量上最多，尤其是在 40 岁以上的农民工当中比较普遍。这类农民工大多数人从事建筑、纺织、服务等行业。他们

---

[1] 赵月枝，沙垚．被争议的与被遮蔽的：重新发现乡村振兴的主体［J］．江淮论坛，2018（6）：34-40.

夫妻一方或双方常年在外面打拼，通过农忙和春节周期性回家与家人团聚，真正是离土不离乡的状态。外出打工的目的是挣钱，返乡翻修新房、娶妻生子，改善生活。如果我们将乡村文化看作是一种生活方式的话，这类农民工在乡村生活中扮演了很重要的示范作用。

首先，“离土不离乡”的身份和乡村保持联系，是乡村文化传播的积极参与者和推动者。农民工参与乡村生活的方式有多种，大致可以分为直接的参与和间接参与。第一种是农民工以身体在场的方式参与到乡村社会之中，主要是以农业生产和节假日为重要节点的“周期性返乡”，以直接的方式参与到乡村生活之中。第二种是通过电话、手机等网络终端和家里保持密切联系，实现主体的技术化在场，以间接的方式参与到乡村生活之中。

其次，农民工也是乡村外部思想文化、生活方式的积极引进者，在很大程度上影响着乡村的生活方式。农民工长期的城市生活经验使得其视野较为开阔，他们凭着专业技能模仿城市生活，并通过熟人圈子在乡村中迅速扩散。比如家用电器的大量使用使得村民能从繁重的家务劳动中解放出来参与休闲娱乐活动，而传播媒介的引进和普及让他们接触外界世界成为可能，通过电视、影碟、电脑、手机学习文化、技艺蔚然成风。

可以说，农民工群体因其和乡村的相互依赖性而成为乡村文化振兴的主体和中坚力量。

（三）妇女、老人、儿童：乡村文化振兴的积极践行者

留守老人、妇女和儿童三类群体的主体性通常被遮蔽，但他们是乡村的主人，是乡村文化振兴积极的践行者，其身上的正能量和价值感需要被重新发现。❶ 首先，乡村老人是社区记忆的建构和非物质文化的传承。他们是乡村红白喜事等人生仪式的重要主持者，也是乡村节日仪式中技艺的拥有者，重要的参与者。同时，老年人是乡村历史的见证者和乡村历史事件的亲历者，通过他们的口头表述将这段历史记录下来，为乡村共同体贡献力量。

当下乡村的留守妇女总量达到4700万。但留守妇女的主体性一直被研究者遮蔽和忽略，这和传统社会中妇女地位相关联，同时包含着性别的社会建构。打工潮出现之后，随着男性劳动力的外出，女性在家庭地位、乡村生活中的话语权逐渐得到提升，“女人说了算”成为乡村社会另外一种趋势，“依附性支配”在乡村家庭开始凸显。“依附性支配”指农村妇女在经济上依附于男性却具有家庭支配权的悖论性现象。

---

❶ 赵月枝，沙垚．被争议的与被遮蔽的：重新发现乡村振兴的主体［J］．江淮论坛，2018（6）：34-40.

传统文化使得孩子穿梭于家庭和社会之间，天然地担当乡村文化的传播者，成功地将个体、家庭和整个乡村连接在一起。费孝通认为“孩子给大人提供了二次重生的机会”。[1] 孩子的成功意味着一个家庭的荣耀，这些成功包括考上好大学、找到好工作这样的人生大事，也包括日常生活中的多才多艺、机智聪明。而乡村文化活动——全村人都参与的活动为孩子提供了表现的舞台，同时激发了全家人的热情，“要孩子就是要大人”成为乡村社会的常识。而这种热情和动力在密集的血亲和姻亲的熟人社会中被加强和放大，关于“孩子”的讨论永远是乡村社会的永恒主题。

调查发现，一旦将乡村振兴中有效调动各类主体的主动性，文化振兴效果斐然。一旦各类主体相互分离，文化振兴面临较多困难。

二、多种模式创新推动乡村文化振兴

从传播学的角度来看，乡村文化传播形式可以概括为以下三种：政府主导的行政式乡村文化传播、村民自发组织的乡村文化传播、市场主导的乡村文化传播等模式。总体而言，各类模式的效果不尽相同。总体而言，政府主导的建设方式形式多样，受众面广。自发组织的传播方式形式单一，村民的参与程度较高。由于缺乏统一的领导和组织，因而表现出建设的偶然性和非连续性。市场主导的传播方式大多为年轻人所接受，但缺乏统一的管理和协调，质量良莠不齐。

（一）政府主导的行政式文化传播形式

政府主导的行政模式形式多样，受众面广，硬件设施改善立竿见影，主要通过县、乡、村三级实施。该种模式是各地最主流的文化传播模式，最大的特点是政府主导、总体安排，各地因地制宜，取得了一定的成果。

县一级的传播渠道主要有如下三种：一是指导和统筹建设乡村文化广场、购置图书、实施电影进村工程、配置设备等硬件设施的保障和推进；二是组织一年一度的文化下乡、文化进校园等活动；三是派遣文化人员进入乡镇和村庄，组织村民进行文化活动的学习和培训。就第一种渠道而言，其效果是立竿见影的，只要获得立项，硬件方面的建设进展较快，这为乡村文化的开展提供了文化空间。就第二种渠道而言，县级主管部门同演艺公司合作，将包含有一定主题思想的文化活动带到乡村，一般是在乡镇政府所在地举行，吸引大量农民现场观看，在很大程度上满足了村民的文化需求。另外，通过美化乡村、墙面广告等形式宣传社会主义核心价值观、美丽乡村、青山绿水理念、传统道德文化等内容，对一些乡村整体规划和美化。

---

[1] 费孝通．生育制度［M］．北京：商务印书馆，1999：152-155.

乡镇一级的文化建设方式也有两种：一是通过文化站工作人员对各乡村的文化实践进行评估和指导，进而活跃乡村文化，这也是文化站设置的重要目的；二是组织文化活动，激励村民参与。但目前有两个问题，一是基层编制紧张，文化站工作人员配备不够，而且仅有的工作人员会被随时分配去做其他的事情，比如拆迁补偿、扶贫攻坚、上访安抚等；二是在乡镇层面，文化建设的重视程度有待进一步提升。

村组织一级的乡村文化建设主要有两种渠道：一是在村委会名义下挂牌的"综合性文化服务中心"，根据需要设立的项目有农家书屋、文艺活动室、书报阅览室、儒家学堂等，都是根据上面的要求进行设置的；二是通过村支书、文化专员、妇女主任号召宣传、组织乡村集体文化活动。这两种方式都是按照上级的要求，以对标对表地完成任务为导向的。

（二）村民自发组织的乡村文化传播形式

村民是乡村文化振兴的内生性力量，是否发动村民的文化主体性是乡村文化振兴的关键。就当下的文化传播模式而言，村民自发组织成为重要模式之一，有效地活跃着乡村社会。

无论在传统社会还是现代社会，村民自发组织的乡村文化总有一席之地，而且举足轻重。甚至在乡村文化集体活动中，少数村民可以决定一个乡村的文化面貌和状态，这也是研究者指出的乡村精英主导的乡村文化传播形式。在调查中发现，少数村民在乡村文化建设中起到引领、组织、动员的作用，他们通过自发组织，带动村民集体参与，效果往往很好。

此类文化建设主要通过以下两种形式具体展开：一是由本村的文化精英、政治精英或社会精英为主体展开。乡村精英往往具有雄厚的经济基础，热心于乡村文化公益活动，有良好的社会资本，在乡村社会和乡村事务中具有话语权。如果是村内的精英，他们往往因为在乡村文化中具有明显的特长或掌握公共资源的配置而受到村民的尊重，如果是村外的精英，往往因为创业成功积攒了较为丰富的社会资本，回馈乡村，从而影响乡村文化建设实践。我们在调查某村的乡村春晚时发现，表演当天吸引了来自附近各村的村民，广场周围停满了私家车和摩托车。之后从正月初一到初七，舞台都是开放的状态，村民们每天都会在舞台上表演，场下也聚集了本村的村民前来观看。二是"趣缘"关系形成的文化自组织的推动。因为文化方面的兴趣爱好自发形成的小团体，他们在日常生活中表现为一个"具有共同信仰的"自组织，他们通过参与舞蹈、演唱、乐器、戏曲等文化活动来表达一种社会性的存在，也成为他们的生活方式。这个小群体满足了乡村社会的文化需求，通过影响家人，影响周边的人，带动村民观看、参与其中，从而实现了乡村文化建设的效果。

上述两种文化传播形式效果较好，主要体现在村民的主动性、参与性和热情度上。这种自发组织的方式正是从村民自己的实际需求出发，契合了乡村社会的生产生活实际，引发村民的集体认同和参与。虽然村民以“锻炼身体”“参加了高兴”为由表达参与的原因，但细究之后发现，表演和参与活动和村民的自我形象构建、自我价值实现联系在一起，这是对传统社会单纯以农业生产技能实现认同的一种突破。[1]

（三）市场主导的乡村文化传播形式

在乡村文化建设中，市场的因素往往是积极、灵活的，它们会随着乡村社会文化需求随时做出调整，在一定程度上，影响是深远的。市场因素通过以下四种形式发挥作用：一是通过提供乡村文化建设的硬件设备的形式，以刺激和满足乡村文化需求。如各地影像店根据技术的发展，推销各类视频播放器（DVD、VCD等）、音箱设备、戏曲和舞蹈影碟（秦腔、吕剧、广场健身舞等）、表演服装和道具等，为乡村文化的日常化提供了技术保障。二是婚庆公司通过广告宣传的形式，对乡村结婚仪式和观念的影响。乡村内部到处都看到各类大型墙体广告，有一个重要内容是婚纱和婚庆广告。而拍摄婚纱和邀请婚庆公司主持婚礼成为很多年轻人的首选，时尚大气、轻松方便的一条龙服务很受年轻人的欢迎。有些村民为了让自己婚礼办得体面一些，一种形式是邀请婚庆公司的人在家里布置婚礼现场举办结婚仪式，花费不菲。另一种形式是在县城酒店举办婚礼，宴请宾朋，越来越受到年轻人的热捧，因为这种方式“简单省事”。三是通过演艺公司和文化宣传部门合作的形式，宣讲主流意识形态。有些地方的文化下乡活动都是通过演艺公司的合作完成的。宣传部门负责内容把关，是主办方；演艺公司负责节目的编排和表演，是承办方。其实，采取这种形式，演艺公司并没有赚太多钱，他们往往将这样的表演机会看作是证明自己公司资质和市场推广的一种手段。四是市场因素与自媒体相结合和渗透的形式。一种形式是媒介公司通过本地化信息的传播满足村民对于信息的需求。一方面是学习，另一方面是传播。手机是乡村社会的新宠，只要有智能手机在手，很多村民一有时间便沉迷其中，成为乡村社会的“低头族”。一方面从网络上寻求促进本地文化建设的资源，将手机作为重要的学习工具。另一方面，通过注册抖音和微信群将自己的文化活动传送到网上，甚至通过直播的形式“让别人了解我们的文化”。在商业因素的刺激下，村民的文化主体性得到进一步提升。另一种形式是以自制媒体为载体的文化交流。自制媒体是村民以自己的日常生活为主要内容制作的影碟或拍摄的视频作品，这也成为村民文化建设的重要方式。在西方有“参与式影像”的理论和流程探讨，主要是通过影像的方式实现对社会结构的改变，改

[1] 谢太平. 内生性与传播赋权：乡村文化建设再思考［J］. 青年记者，2021（6）：33-34.

善自身状况，通过交流和对话实现自我赋权的目的。[1] 而自制影像更多的是一种娱乐功能，赋权也局限在文化、经济、心理等范围，与政治赋权相关性不大。在智能手机普及之前主要是将日常生活、民俗文化、文化表演等制作成影碟在村民中传播，因为村民能看到自己的形象而兴奋不已。[2]

三、多样文化交融丰富乡村文化振兴

在乡村文化振兴实践中，表现出百花齐放的特点。既有传统文化又有流行文化，既有本土文化也有外来文化，而有效连接各类文化的媒介有传统媒介和现代媒介。多样文化的交融丰富着乡村文化振兴，成为乡村文化振兴的重要保证。

（一）现代媒介与传统媒介的融合

随着各类媒介在日常生活中的传播，媒介在乡村文化振兴中发挥的作用越来越重要，成为传递各类文化信息的关键中介。乡村文化振兴的媒介可以分为现代媒介和传统媒介，现代媒介包括电视、广播、智能手机、电脑等，传统媒介为现代媒介产生之前或现代媒介之外的、在乡村社会中传递信息和提供娱乐、将现实关系相互关联的平台，包括饭市、庙会、广场舞、唱大戏、自制媒介、戏曲、乡村广播、社火、乡村春晚等形式，是“根植于当地的文化形态之中，成为那些无法接触到大众媒介、不愿意使用大众媒介或无法在大众媒介上发声的群体可利用的一种信息传递和娱乐的工具。”[3]

传统媒介的重要功能在于能有效地团结着乡村社会，是塑造乡村共同体的“团结媒介”，不间断地传递着乡村共识。团结媒介是指被现代大众传播所忽略和边缘化，但又深深扎根于劳动人民生产生活与文化娱乐的实践中，具有团结精神和集体主义倾向的媒介，绳索、鞭炮、戏剧等都是代表。这里的团结更像是关系意义上的媒介，借由这种媒介，将村民聚集在一起，维持和重塑了乡村社会关系，并在此过程中维护和发展了乡村文化，价值观念、世道人心植入人心中。具体而言，团结媒介具有如下特点：首先，团结媒介的传播内容由集体完成，以与参与者生产、生活相关的“本土化知识”为主；其次，团结媒介的传播过程由村民共同参与，而不是某个人的自娱自乐；最后，团结媒介的传播内容和传播过程，是集体长期参与传播的过程和结果，是重要的联系平台，由最初的物理空间的聚集，逐渐成为感情的共享、休闲娱乐、社会教化、接收信息的重要平台。

---

[1] 袁一民．少数民族乡村参与式影像的文化赋权与社会认同研究［J］．艺术探索，2019，33（4）：96-102.

[2] 谢太平．乡村影像的“自—他式传播”与乡村文化建设路径创新：基于西北村庄的田野考察［J］．西南政法大学学报，2017，19（5）：120-127.

[3] 卜卫．重构性别——媒介研究：从本土妇女媒介使用经验出发［N］．中国社会科学报，2012-03-07（A-08）.

现代媒介是乡村内外信息交流的桥梁，较为普遍的现代媒介是电视和智能手机。

电视在乡村社会的意义在于乡村干部的文化赋权和普通村民的文化娱乐。村干部是国家政策的重要代理人，是乡村社会的重要组织者，在乡村文化建设中起到重要的内外连接，上下沟通的作用。他们连接上下的主要信息来自大众传播媒介，一方面接受大众媒介所传递的“正能量”，一方面通过开会、讲话、组织活动将之传达给普通村民，在此过程中增长了对世界的理解，提升了自我信心。与村干部主动接收新闻信息的行为不同，普通农民花的时间最长的依然是娱乐信息的接收，以满足其娱乐需求，如日常娱乐、学习模仿、交流联系等日常使用。

智能手机的使用内容集中表现在微信、快手、抖音和广场舞等应用上。微信的使用在两个方面，一个是视频聊天，另一个是组建各类群共享信息、及时沟通。同时微信群成为联系家庭、兴趣组、乡村成员的重要媒介，成为信息交流、日常娱乐和人际关系的维护和发展的平台。快手和抖音是乡村社会使用最多的娱乐 App，成为当下乡村社会媒介化的一道独特的风景线，凡是有智能手机的地方都会发现这两个软件的使用。对于老年人来说，刷视频成为他们闲暇时重要的休闲方式，他们沉迷于各类算法推送的娱乐信息中。对于年轻人而言，大多都有相应的账号，可以通过上传视频或直播的形式使用短视频软件。这些内容显然成为传播乡村文化的重要手段和方式，也成为自我形象塑造的重要方式。

广场舞的参与者和爱好者几乎都将 App 作为学习的重要工具，以实现表演内容的随时更新和表演动作的标准化。一类是年纪偏大的妇女，她们经历过农业合作期间的文艺表演，后来随着国家政权撤出乡村、分田到户后，大部分精力和时间都放在了农业生产上，乡村集体表演出现了中断。当智能手机普及后，她们的文化热情再次被唤醒，自觉加入乡村文化传播中。另一类是年轻人，她们大多有外出经验，感受到了城市文化生活的丰富性，因各种原因留守乡村后，她们自觉使用媒介改变单调的文化生活状态。另外，智能手机在育儿和烹饪技巧的功能使用比较广泛，改变着乡村的日常生活。

（二）传统文化与流行文化的融合

与传统文化相关的传播内容，是乡村社会普遍存在的孝亲文化、婚葬、戏剧、民歌等。孝亲文化被认为是传统文化的价值核心，钱穆因此直接说中国的文化就是孝文化。既然“孝”作为一种文化，就不应只局限在家庭内部，而是会延展到社会广泛的领域。在孝亲文化的符号形式上，主要体现在对联、影像、短视频等方面；而在孝亲文化的实践上，体现在修建敬老院、登门拜年、推送孝亲信息等方面。在乡村社会，婚葬是最重要的仪式活动之一。从某种程度上来说，在团结型村庄中，“过事”不仅仅是主家人的事情，也是帮工和乡村的事情。它弥散到村庄的各个个体，渗透到村庄生活的各个层面，使得仪式成为一个发散的体系。这种仪式活动往往将个体人生仪式与乡村的历史连接起来。这种传播内容在一定程度上表达着乡村社会对于人生大事的基本价值观、社会交往规则的认识，因为社区在自身时空结构中的发展和变迁与社区成员的成长历程“同构共生”。

与当下的流行文化相关的传播活动主要是短视频、微信、直播等内容，以及各类新的、流行的媒介形态。流行文化的娱乐表达中，最常见的内容是日常生活，包括衣、食、住、行等。农民和农村社会正式通过这些“媒介瞬间”，人们得以重新凝视自己的生活中和别人生活中一些原本可能不具有意义的瞬间。在这一过程中，“意义”的界定不再由国家或是市场完成，而是交予了完完全全独立的个人。在一个个“媒介瞬间”中，个体得以重新审视自己的日常生活，并且通过这种凝视，赋予了这些瞬间以意义。可以分为两类，第一类是乡村的文化精英，他们喜欢使用各类手机 App 展示才华，呈现的主要内容是唱歌、跳舞、民俗表演等内容。除了部分是通过手机学习的内容外，有部分内容是原创作品。这些原创作品形式和内容都体现了强烈的本地化，接受者也以本地人为主，表现出了乡村传播中强烈的“与我相关性”的特点。第二类是普通农民的娱乐表达。除了文化精英的个体文化表达，普通农民更多地偏向于对日常生活的呈现，通过上传拍摄作品或浏览视频表达娱乐，如生产劳动、自然风光、奇闻逸事、乡村政策等内容。

乡村文化振兴作为国家战略，是一个系统工程，需要各方主体合作、各类媒介并用、多种文化交融。各地正在积极探讨不同的振兴路径，丰富着乡村文化振兴的理论和实践。

第五章　生态振兴促进文旅融合

政策篇

一、生态振兴促进文旅融合的政策沿革

我国生态振兴促进文旅融合的政策呈现从 2005 年时任浙江省委书记的习近平提出“绿水青山就是金山银山”的发展理念，到 2018 年 2 月中共中央、国务院发布的《关于实施乡村振兴战略的意见》，以及近年来我国大力倡导发展生态旅游业的总体态势。纵观我国所有与生态振兴促进文旅融合的相关政策，我们可以大致将其政策沿革划分为三个时期，即：第一个时期是倡导顺应生态文明发展理念，实现生态文明建设的“绿水青山就是金山银山”时期；第二个时期是承接生态扶贫成果，生态振兴提上日程的时期；第三个时期是近年来积极推进生态振兴促文旅融合，大力发展生态旅游业的生态旅游时期。我们可以清晰地看到，政策是随着国家发展目标和我国国情不断发展变化的，经历了生态文明建设的三个时期，政策的沿革也显示着不同时期的变化，它们相互联系、相互融合、不断革新。

（一）顺应生态文明发展理念，进行生态文明建设

在“绿水青山就是金山银山”时期，我国的相关政策明显聚焦于生态文明的初步建设，国家开始重视生态资源的重要性和必要性，不断颁布政策保护、修复各地的生态资源，生态文明发展理念不断普及，生态文明建设的重要性也开始凸显。早在 2005 年，时任浙江省委书记的习近平同志在浙江安吉县余村考察调研时就首次提出了“绿水青山就是金山银山”的重要论述。

2012 年 11 月，党的十八大从新的历史起点出发，做出“大力推进生态文明建设”的战略决策并详细规划，从 10 个不同的方面绘出生态文明建设的宏伟蓝图。十八大报告不仅在第一、第二、第三部分分别论述了生态文明建设的重大成就、重要地位、重要目标，而且在第八部分用整整一部分的宏大篇幅，全面深刻论述了生态文明建设的

各方面内容，从而完整描绘了今后相当长一个时期我国生态文明建设的宏伟蓝图。

2015 年 5 月，《中共中央 国务院关于加快推进生态文明建设的意见》（以下简称《意见》）发布。在《意见》中，再次强调了党中央、国务院对生态文明建设的高度重视。同时，明确了生态文明建设的总体要求、基本原则和主要目标。

2015 年 10 月，随着十八届五中全会的召开，增强生态文明建设首度被写入国家五年规划。

2017 年 10 月 18 日，习近平总书记在党的十九大报告中指出，坚持人与自然和谐共生。建设生态文明是中华民族永续发展的千年大计。必须树立和践行绿水青山就是金山银山的理念，坚持节约资源和保护环境的基本国策，像对待生命一样对待生态环境，统筹山水林田湖草系统治理，实行最严格的生态环境保护制度，形成绿色发展方式和生活方式，坚定走生产发展、生活富裕、生态良好的文明发展道路，建设美丽中国，为人民创造良好生产生活环境，为全球生态安全做出贡献。[1]

在“绿水青山就是金山银山”的时期，国家对生态文明建设的重要性、紧迫性、可行性等多个方面都做出了科学、前瞻的论断和规划。以浙江省为代表，各省市区县积极践行“绿水青山就是金山银山”的发展理念，积极推进生态文明建设，进行环境治理和生态修复工作，为文旅产业的后续绿色转型奠定了思想基础和环境保障，重塑了绿水青山的美丽景象。

在此时期，生态文明的建设开始提上日程，绿色发展的理念开始普及。追溯至今，我们发现新时代中国特色社会主义是靠着生态文明作为战略导向来进行结构调整的，顺着这样的发展路径，和生态文明最能直接结合的是习近平总书记提出的“统筹山水林田湖草沙系统治理”，这体现着我们要实现生态资源的价值化。简而言之，就是要实现生态产业化、产业生态化，最终达成生态资本深化。而这个过程的完成，依靠的就是乡村振兴。

（二）承接生态扶贫成果，生态振兴提上日程

在这个时期，我国的生态文明建设初有成效，生态扶贫接近尾声，《乡村振兴战略规划（2018—2022 年）》的提出明确了生态振兴作为五大振兴中的重要地位，当下的政策重心则是要做好生态扶贫成果的承接工作，把生态振兴提上日程。

2017 年 10 月，在党的十九大报告中，习近平总书记首次提出了乡村振兴战略。十九大报告指出，农业农村农民问题是关系国计民生的根本性问题，必须始终把解决好

[1] 习近平．决胜全面建成小康社会 夺取新时代中国特色社会主义伟大胜利——在中国共产党第十九次全国代表大会上的报告［M］．北京：人民出版社，2017：66.

"三农"问题作为全党工作的重中之重，实施乡村振兴战略。

2018年2月中共中央、国务院发布《关于实施乡村振兴战略的意见》（以下简称《意见》），《意见》特别强调了要"推进乡村绿色发展，打造人与自然和谐共生发展新格局"。具体要求包括统筹山水林田湖草系统治理、加强农村突出环境问题综合治理、建立市场化多元化生态补偿机制、增加农业生态产品和服务供给等四个方面，分别从生态环境治理、绿色农业发展、生态补偿机制等方面进行了规划。特别注意的是，《意见》还提出要"加快绿色发展步伐"，不仅要强化农村地区环境的综合治理工作，还要创建市场化多元化生态补偿体系，此外，更要提高农产品生态性产品的服务供给。[1] 可以看出，生态文明建设在乡村振兴中占据了重要地位，尽管政策还没有详尽制定，但生态振兴的概念已经初现雏形。

2018年9月中共中央、国务院印发了《乡村振兴战略规划（2018—2022年）》（以下简称《规划》），在《规划》的第六篇"建设生态宜居的美丽乡村"中，明确从推进农业绿色发展、持续改善农村人居环境、加强乡村生态保护与修复三大方面详尽规划了生态方面的振兴举措。《规划》强调牢固树立和践行绿水青山就是金山银山的理念，坚持尊重自然、顺应自然、保护自然，统筹山水林田湖草系统治理，加快转变生产生活方式，推动乡村生态振兴，建设生活环境整洁优美、生态系统稳定健康、人与自然和谐共生的生态宜居美丽乡村。

2021年4月29日，十三届全国人大常委会第二十八次会议表决通过《中华人民共和国乡村振兴促进法》，明确提出了"生态振兴"的概念。实现乡村全面振兴应当按照产业兴旺、生态宜居、乡风文明、治理有效、生活富裕的总要求，统筹推进农村经济建设、政治建设、文化建设、社会建设、生态文明建设。

生态振兴实际上与生态扶贫有着深刻的联系。党的十九大报告提出"打赢脱贫攻坚战""实施乡村振兴战略"，强调生态环保在脱贫攻坚和乡村振兴中的重要作用。2021年，《中共中央 国务院关于实现巩固拓展脱贫攻坚成果同乡村振兴有效衔接的意见》（以下简称《意见》）发布，《意见》指出："脱贫地区要根据形势变化，厘清工作思路，做好过渡期各项工作的有效衔接，从集中资源支持脱贫攻坚转向巩固拓展脱贫攻坚成果和全面推进乡村振兴"。

生态扶贫是脱贫攻坚战中不可缺少的必要一役，它是指通过实施重大生态工程建设、加大生态补偿力度、大力发展生态产业等措施，推动贫困地区扶贫开发与生态保护相协调、脱贫致富与可持续发展相促进，使贫困人口从生态保护与修复中得到更多实惠，实现脱贫攻坚与生态文明建设"双赢"。实践证明，生态扶贫起着生态修复、生

[1] 丁波莉.《关于实施乡村振兴战略的意见》解读［J］. 现代营销（经营版），2018（10）：54-55.

态产业发展奠基、生态环保意识唤醒等方面的作用。

“乡村振兴，生态宜居是关键”，生态振兴是乡村振兴不可或缺的支撑点。生态扶贫侧重生态保护与扶贫开发的有机结合，生态振兴则强调生态保护与乡村振兴的有机结合，二者的有效衔接是乡村振兴的重要内容之一。

2021 年 2 月 25 日，全国脱贫攻坚总结表彰大会在京隆重举行，习近平庄严宣告：我国脱贫攻坚战取得了全面胜利。至此，我国生态文明建设的历史进程开始从生态扶贫的完美落幕，加速到如何顺利衔接生态扶贫成果、推进生态振兴上来。

不管是《乡村振兴战略规划（2018—2022 年）》，还是《中华人民共和国乡村振兴促进法》等政策法规，其中对于生态振兴的实施都给予了建设性的指导意见，大致可以总结为以下五个方面的内容。

一是必须坚持绿色生态导向，以发展生态产业为抓手，选择与生态保护紧密结合、市场相对稳定的生态旅游、特色种养、林业经济等特色产业，将资源优势有效转化为可持续的产业优势、经济优势，促进生态和经济良性循环。

二是要加强退耕退牧还林还草、石漠化治理、湿地恢复等重大生态工程建设，统筹山水林田湖草系统治理，加强贫困地区生态保护与修复，涵养绿色发展的生态基础。

三是做好生态功能区转移支付、完善生态保护补偿补助奖励政策，扩大贫困地区和贫困人口生态补偿受益程度，提高生态保护积极性。

四是稳妥推进生态脆弱地区易地扶贫搬迁，统筹后续产业发展、就业安排、迁出区生态保护修复，让搬迁移民搬得出、留得住、能致富。

五是通过“规划”，进行“绿化”“美化”，以优化农村人居环境和完善农村公共基础设施为重点，持续攻坚农村环境污染防治，加快转变绿色发展方式和生活方式，建设生活环境整洁优美、生态系统稳定健康、人与自然和谐共生的生态宜居的美丽乡村。

总而言之，实现文化旅游产业与生态农业融合对于推动经济结构调整、实现产业转型升级、助力乡村经济发展等诸多方面都具有重要意义。在这一时期，乡村振兴战略的提出，对解决“三农”问题提出了进一步的要求，同时也为文化旅游产业和生态农业融合提供了政策支持。其中“生态旅游”“绿色农业”等理念的大力普及和实施，也为文旅产业进行绿色转型提供了理论支持和思想基础。

（三）生态振兴促文旅融合，大力发展生态旅游业

乡村振兴有着明确的五大目标，即产业振兴、人才振兴、文化振兴、生态振兴、组织振兴。其中，乡村振兴、产业振兴是重点，人才振兴是基石，文化振兴是铸魂，组织振兴是“主心骨”，生态振兴在其中就是起着基础性的作用。

乡村振兴，生态宜居是关键，要着力建设宜业宜居的美丽生态家园。良好生态环境是农村最大优势和宝贵财富。要坚持人与自然和谐共生，走乡村绿色发展之路。

如何实现生态振兴？

习近平总书记指出："要推动乡村生态振兴，坚持绿色发展，加强农村突出环境问题综合治理，扎实实施农村人居环境整治三年行动计划，推进农村'厕所革命'，完善农村生活设施，打造农民安居乐业的美丽家园，让良好生态成为乡村振兴支撑点。"

在现阶段，要主动加快推动城镇基础设施向农村延伸，通过"绿化""美化""规划"等措施，以优化农村人居环境和完善农村公共基础设施为重点，把乡村建设成为生态宜居、富裕繁荣、和谐发展的美丽家园，让乡亲们都能生活在蓝天白云、青山绿水的舒适环境中。

推动乡村生态振兴，就是要以绿色发展为引领，严守生态保护红线，推进农业农村绿色发展，加快农村人居环境整治，让良好生态成为乡村振兴支撑点，打造农民安居乐业的美丽家园。

只有生态环境好了，才能通过资源产业化大力发展生态农业，实现文旅产业绿色转型，让乡村人吃上生态福利，真正践行"绿水青山就是金山银山"的理念。可以说在乡村振兴背景下，文化旅游产业与生态农业的融合，并不是两大产业简单意义上的叠加，而是两大产业系统各要素之间互相作用、互相影响的过程。在乡村振兴背景下，实现文化旅游产业与生态农业的融合发展，其本质是实现两者在产品、技术、市场层面的融合与互动，即由产业分立逐步向新产业形态转化。

我国当下的政策正是在生态振兴的路径下，进行文旅融合的探索和建设。目前，我国还没有针对生态旅游的基本法，只有一部相关的《中华人民共和国旅游法》。不过在生态旅游的政策方面，国家发展改革委、国家旅游局在 2016 年 8 月就发布了《全国生态旅游发展规划（2016—2025 年）》（以下简称《规划》）。该《规划》确定了全国生态旅游发展的指导思想、基本原则、发展目标、总体布局、重点任务，提出了六个方面的配套体系建设任务，并就实施保障做了具体安排，是未来十年全国生态旅游发展的重要指导性文件。

总的来说，生态振兴要促进文旅融合，大力发展生态旅游业是其中举足轻重的发展路径。未来政策的发布和制定将更多立足区域特色，把重点放在打造文化旅游与生态农业一体化、协同化的发展格局上，以生态农业优势带动文化旅游开展，以文化旅游发展激活生态农业活力，真正让二者实现深度融合。

二、生态振兴促进文旅融合的政策逻辑

2019 年 1 月中共中央、国务院印发《中共中央 国务院关于坚持农业农村优先发展

做好“三农”工作的若干意见》（以下简称《意见》），该《意见》明确提出要把农村人居环境整治工作与发展乡村休闲旅游等任务有机结合，2018 年《关于促进乡村旅游可持续发展的指导意见》指出，改善旅游环境，加快旅游与文化融合发展，提升乡村旅游的可进入性，这在一定程度上预示着生态振兴对于乡村文化旅游的发展提速。

（一）目的的统一性：推动乡村文化与旅游的发展

文化和旅游融合战略是以“适当时融合，可融合时融合”的原则，来完成“以文促旅、以旅彰文”的战略目标，继而推动城市以及乡村的文化与旅游的融合发展。生态振兴战略是促进生态健康发展的重要战略举措，它的总体目标是实现农村生态系统健康发展，推动农业资源高效利用，完成农业环境污染治理以及改善农村居住环境。2019 年中共中央、国务院发布的《关于坚持农业农村优先发展做好“三农”工作的若干意见》[1] 指出，要建设全面小康社会就必须实现乡村美丽和农民富裕，因此需要发展具有乡村特色的产业，实现“一村一品”，创新发展具有鲜明的民族特色的旅游服务业。[2] 2021 年中共中央办公厅、国务院办公厅发布的《关于推动城乡建设绿色发展的意见》指出，打造绿色生态宜居的美丽乡村必须按照产业兴旺、生态宜居、乡风文明、治理有效、生活富裕的总要求，以持续改善农村人居环境为目标，探索县域乡村发展路径，培育乡村文化、旅游、休闲、民宿、健康养老、传统手工艺等新业态。

综上可以看出，文旅融合战略中明确提出了要将乡村的文化发展和旅游行业的发展相交融。同样地，在政府发布的关于乡村振兴战略的相关文件中，也指出要通过发展乡村文化和旅游业以及乡村文化手工业的方式，来实现乡村的产业升级。从两者的战略实施对象来看，具有统一性，即乡村的文化与旅游，战略实施的目标具有一致性，即致力于乡村文化和旅游的发展。

（二）理念的一致性：绿水青山就是金山银山

文旅融合与乡村生态振兴具有共同的理念追求，即坚守“绿水青山就是金山银山”。乡村生态振兴战略实施的过程中要坚持可持续发展的原则，既要守得住绿水青山，还需要充分认识到绿水青山就是金山银山，没有绿水青山作为保障，就很难实现人与自然的和谐相处。在具体的实施过程中，要求我们根据因地制宜的原则，去推进美丽乡村的建设，并且依托原本的生态山水和民风民情，来对农村的生态环境进行系

---

[1] 中共中央 国务院关于坚持农业农村优先发展做好“三农”工作的若干意见［EB/OL］.（2019-02-19）［2022-05-19］. 中国政府网. http://www.gov.cn/zhengce/2019-02/19/content_5366917.htm.

[2] 关于推动城乡建设绿色发展的意见［EB/OL］.（2021-10-21）［2022-05-19］. 中国政府网. http://www.gov.cn/zhengce/2021-10/21/content_5644083.htm.

统的改造，建设一批具有田园特色的生态区。

同样地，文旅融合战略的实施也需要遵循人与自然和谐共生的理念，努力做到将“绿水青山”变为“金山银山”。这主要是通过打造一批具有乡村地域特色的文旅项目的方式实现，以此保留少数民族文化和地方风土人情等历史文化资源。

（三）功能的互补性：互促互进、相辅相成

文旅融合战略与生态振兴战略在功能上具有互补性，两者之间互促互进、相辅相成。一方面，文旅融合战略不仅可以通过带动乡村文化手工业和旅游服务行业的发展，推进生态环境建设、基础设施建设和环境保护，而且在乡村文化的保护和传承方面有利于非遗文化的传承和乡村文创空间的建设等。可以看出，文旅融合战略的相关政策为生态振兴的实现提供了路径支持。

在生态振兴战略的政策中，明确要求农村人居生活环境得到改善、农业绿色发展以及生态环境得到保护和修复。在经过政府和人民的不懈努力后，农村生态环境得到了明显的改善，乡村文化建设活动也取得了显著的成效，乡村的风貌发生了巨大的改变，这些改变同样都有利于乡村文化旅游工作的开展。

三、生态振兴促进文旅融合的政策要求

（一）生态振兴要注重旅游产业优化与文化保护（以文促旅、以旅彰文，打造有特色的文旅融合）

乡村振兴战略强调需要在产业发展、生态保护、文化修复等方面开发新的发展方向。在 2018 年的 2 月中共中央、国务院发布的《关于实施乡村振兴战略的意见》里提到，需要正确处理开发与保护的关系，并且运用现代科技和管理手段，将乡村生态优势转化为发展生态经济的优势，提供更多更好的绿色生态产品和服务，促进生态和经济良性循环。同时也指出了要加快发展森林草原旅游、河湖湿地观光、冰雪海上运动、野生动物驯养观赏等产业，积极开发观光农业、游憩休闲、健康养生、生态教育等服务。创建一批特色生态旅游示范村镇和精品线路，打造绿色生态环保的乡村生态旅游产业链。

在文旅融合的过程中不仅需要注重旅游产业的优化升级，也需要注重文化产业的保护与修复，这一点在 2021 年 4 月中共中央办公厅、国务院办公厅发布的《关于建立健全生态产品价值实现机制的意见》里就曾提到，为了通过生态环境的整治而进一步推动文化旅游的发展，就需要依托优美自然风光、历史文化遗存，引进专业设计、运营团队，在最大限度减少人为扰动前提下，打造旅游与康养休闲融合发展的生态旅游

开发模式。加快培育生态产品市场经营开发主体，鼓励盘活废弃矿山、工业遗址、古旧村落等存量资源，推进相关资源权益集中流转经营，通过统筹实施生态环境系统整治和配套设施建设，提升教育文化旅游开发价值。

同时，2021 年 8 月中共中央办公厅、国务院办公厅印发的《关于进一步加强非物质文化遗产保护工作的意见》也提到要将非物质文化遗产及其得以孕育、发展的文化和自然生态环境进行整体保护，突出地域和民族特色，继续推进文化生态保护区建设，落实有关地方政府主体责任。促进文化生态保护区建设与国家文化公园建设有效衔接，提高区域性整体保护水平。挖掘中国民间文化艺术之乡、中国传统村落、中国美丽休闲乡村、全国乡村旅游重点村、历史文化名城名镇名村、全国“一村一品”示范村镇中的非物质文化遗产资源，提升乡土文化内涵，建设非物质文化遗产特色村镇、街区。同时加强新型城镇化建设中的非物质文化遗产保护，全面推进“非遗在社区”工作。

并且城乡之中的遗产遗址的保护也是不可忽视的重要环节之一。2020 年 9 月国务院办公厅转发国家发展改革委《关于促进特色小镇规范健康发展意见的通知》提到的要促进产城人文融合。需要推进特色小镇多元功能聚合，打造宜业宜居宜游的新型空间。叠加现代社区功能，结合教育、医疗、养老整体布局提供优质公共服务，完善社区服务、商业服务和交通站点，建设 15 分钟便捷生活圈。叠加文化功能，挖掘工业文化等产业衍生文化，促进优秀传统文化与现代生活相互交融，建设展示小镇建设整体图景和文化魅力的公共空间。叠加旅游功能，加强遗产遗迹保护，因地制宜开展绿化亮化美化，打造彰显地域特征的特色建筑，保护修复生态环境。2021 年 9 月中共中央办公厅、国务院办公厅印发的《关于在城乡建设中加强历史文化保护传承的意见》同样提到，城乡历史文化保护传承体系是以具有保护意义、承载不同历史时期文化价值的城市、村镇等复合型、活态遗产为主体和依托，保护对象主要包括历史文化名城、名镇、名村（传统村落）、街区和不可移动文物、历史建筑、历史地段，与工业遗产、农业文化遗产、灌溉工程遗产、非物质文化遗产、地名文化遗产等保护传承共同构成的有机整体。建立城乡历史文化保护传承体系的目的是在城乡建设中全面保护好中国古代、近现代历史文化遗产和当代重要建设成果，全方位展现中华民族悠久连续的文明历史、中国近现代历史进程、中国共产党团结带领中国人民不懈奋斗的光辉历程、中华人民共和国成立与发展历程、改革开放和社会主义现代化建设的伟大征程。

而生态文化修复推动文旅融合发展这一点在黄河流域表现突出，在 2021 年 10 月中共中央、国务院印发的《黄河流域生态保护和高质量发展规划纲要》中，提出要推动文化和旅游融合发展，把文化旅游产业打造成为支柱产业。强化区域间资源整合和协作，推进全域旅游发展，建设一批展现黄河文化的标志性旅游目的地。发挥上游自然景观多样、生态风光原始、民族文化多彩、地域特色鲜明优势，加强配套基础设施建设，增加高品质旅游服务供给，支持青海、四川、甘肃毗邻地区共建国家生态旅游示范区。中游依托古都、古城、古迹等丰富人文资源，突出地域文化特点和农耕文化特色，打造世界级历史文化旅游目的地。下游发挥好泰山、孔庙等世界著名文化遗产作用，推动弘扬中华优秀传统文化。加大石窟文化保护力度，打造中国特色历史文化标识和“中国石窟”文化品牌。并依托陕甘宁革命老区、红军长征路线、西路军西征路线、吕梁山革命根据地、南梁革命根据地、沂蒙革命老区等打造红色旅游走廊。实施黄河流域影视、艺术振兴行动，形成一批富有时代特色的精品力作。

（二）生态振兴要有序推进乡村生态产业化

为了有效推进乡村生态的发展，推进乡村生态产业化是必要的。2018 年的 9 月，中共中央、国务院进一步印发了《乡村振兴战略规划（2018—2022 年）》，这是党的十九大提出乡村振兴战略后做出的重要阶段性谋划。该文件指出，要大力发展生态旅游、生态种养等产业，打造乡村生态产业链。进一步盘活森林、草原、湿地等自然资源，允许集体经济组织灵活利用现有生产服务设施用地开展相关经营活动。鼓励各类社会主体参与生态保护修复，对集中连片开展生态修复达到一定规模的经营主体，允许在符合土地管理法律法规和土地利用总体规划、依法办理建设用地审批手续、坚持节约集约用地的前提下，利用 1%～3% 治理面积从事旅游、康养、体育、设施农业等产业开发。深化集体林权制度改革，全面开展森林经营方案编制工作，扩大商品林经营自主权，鼓励多种形式的适度规模经营，支持开展林权收储担保服务。完善生态资源管护机制，设立生态管护员工作岗位，鼓励当地群众参与生态管护和管理服务。进一步健全自然资源有偿使用制度，研究探索生态资源价值评估方法并开展试点。

2020 年 6 月，为贯彻落实党的十九大提出的“打赢精准脱贫攻坚战”“实施乡村振兴战略”，使生态环境保护和生态振兴的重要作用在脱贫攻坚和乡村振兴中得以发挥，各省、自治区、直辖市、新疆生产建设兵团生态环境厅（局）、农业农村厅（局）、扶贫办，提出要有序推进乡村生态产业化。引导乡村生态旅游规范发展，推进生态旅游沿线及周边环境基础设施建设与环境整治，加强生态环境监管与环境质量监测，促进乡村旅游业向资源节约型和环境友好型生态旅游转变。鼓励发掘生态涵养、休闲观光、文化体验、健康养老等生态功能，利用“生态+”等模式，推进生态资源与各大产业相融合，比如旅游、文化、康养等产业。推进建设“绿水青山就是金山银山”实践创新基地，依托乡村所具有的独特的生态资源、农业、人文等优势，探索乡村“两山”转化路径模式，建设一批乡村生态经济发展的示范样板。

2021 年 4 月中共中央办公厅、国务院办公厅印发的《关于建立健全生态产品价值实现机制的意见》指出，拓展生态产品价值实现模式。在严格保护生态环境前提下，鼓励采取多样化模式和路径，科学合理推动生态产品价值实现。依托不同地区独特的自然禀赋，采取人放天养、自繁自养等原生态种养模式，提高生态产品价值。科学运用先进技术实施精深加工，拓展延伸生态产品产业链和价值链。依托洁净水源、清洁空气、适宜气候等自然本底条件，适度发展数字经济、洁净医药、电子元器件等环境敏感型产业，推动生态优势转化为产业优势。

（三）生态振兴要做好生态资源与文旅的融合发展（生态+模式）

要促进生态资源与文旅的融合发展，生态环境保护是必不可少的第一环节。只有打好生态环境的根基，才能建起文旅融合的大厦。并且绿色发展、循环发展、低碳发展是生态振兴科学发展的内在要求和迫切需求，是转变发展方式的本质特征，是包括乡村生态振兴在内的生态文明建设的标志性特征，既体现了乡村生态振兴和生态文明建设的基本内涵，也明确了推动乡村生态振兴和生态文明建设的基本途径和方式。推进绿色循环低碳发展，已成为推动乡村生态振兴和加快生态文明建设的重要抓手和有效着力点、落脚点。

2020 年 10 月，党的十九届五中全会通过《中共中央关于制定国民经济和社会发展第十四个五年规划和二〇三五年远景目标的建议》（以下简称《建议》），将“十四五”规划与 2035 年远景目标统筹考虑，为我国下一阶段的建设发展擘画了宏伟蓝图。其中，“优先发展农业农村，全面推进乡村振兴”“推动文化和旅游融合发展”是“十四五”时期的重点任务。与此同时，该《建议》指出坚持“绿水青山就是金山银山”理念，坚持尊重自然、顺应自然、保护自然，坚持节约优先、保护优先、自然恢复为主，守住自然生态安全边界。深入实施可持续发展战略，完善生态文明领域统筹协调机制，构建生态文明体系，促进经济社会发展全面绿色转型，建设人与自然和谐共生的现代化。这也提示了我们，在生态振兴促进文旅融合的过程中，生态环境保护与发展是需要突破的一大关卡。

习近平总书记在中国共产党第十九次全国代表大会上提出要加大生态系统保护力度。实施重要生态系统保护和修复重大工程，优化生态安全屏障体系，构建生态廊道和生物多样性保护网络，提升生态系统质量和稳定性。完成生态保护红线、永久基本农田、城镇开发边界三条控制线划定工作。开展国土绿化行动，推进荒漠化、石漠化、水土流失综合治理，强化湿地保护和恢复，加强地质灾害防治。完善天然林保护制度，扩大退耕还林还草。严格保护耕地，扩大轮作休耕试点，健全耕地草原森林河流湖泊休养生息制度，建立市场化、多元化生态补偿机制。

2018 年 2 月，党的十九届三中全会通过了新一轮国家机构改革方案，决定组建生态环境部和自然资源部，为生态修复转向山水林田湖草全要素系统修复建立了体制支撑。2020 年的 5 月，我国出台了第一个生态修复综合规划《全国重要生态系统保护和修复重大工程总体规划（2021—2035 年）》，要求遵循生态系统内在机理，以生态本底和自然禀赋为基础，推进一体化生态保护和修复。一是构建青藏高原生态屏障区、黄河重点生态区、长江重点生态区、东北森林带和北方防沙带“三区两带”为骨架的国家生态安全屏障，保护国家重要生态空间的原真性、完整性和生态功能的可持续性。二是实施乡村重要生态系统保护和修复工程，稳定扩大退耕还林还草实施范围，推进草原防灾减灾、病虫害防治和沙化草原治理工程，开展农村水生态修复，推进退田还湖还湿，建设生态清洁小流域和绿色小水电。实施农村土地综合整治，对低效用地实行复垦或还绿，对废弃矿山、损毁山体实施生态修复，整体提升田水路林村风貌，促进乡村形态与自然生态环境融为一体、相得益彰。

在保护生态环境的基础之上，生态资源与文旅融合发展，需要新的模式来共同促进。2020 年 6 月 9 日，为贯彻落实党的十九大提出的“打赢精准脱贫攻坚战”“实施乡村振兴战略”，进一步发挥生态环境保护和生态振兴在脱贫攻坚和乡村振兴中的重要作用，各省、自治区、直辖市、新疆生产建设兵团生态环境厅（局）、农业农村厅（局）、扶贫办，提出要利用“生态+”等模式，推进生态资源与各大产业相融合，比如旅游、文化、康养等产业。推进“绿水青山就是金山银山”实践创新基地建设，依托乡村所具有的独特的生态资源、农业、人文优势，探索乡村“两山”转化路径模式，建设一批乡村生态经济发展的示范样板。

习近平总书记曾提到，在乡村振兴战略落实过程中要坚持可持续发展原则，要守得住绿水青山，要充分认识到绿水青山就是金山银山，没有绿水青山作为保障，就难以实现人与自然的和谐相处。因地制宜推进美丽乡村建设，依托原有的山水田园和民情民风，对农村的生态环境进行系统改造，打造具有田园特色的生态区。文旅产业融合亦如此，坚持人与自然和谐共生的理念，通过对企业与市场及自然环境之间关系进行必要调整和优化，坚持保留少数民族文化、传统特色村落、地方风土人情等历史文化资源，以乡村地域文化为核心进行特色化的文旅项目打造，以此留住“乡愁”、守护“根脉”。简而言之，要有效利用已有生态资源，积极保护生态环境，以本地特色的文化资源为重点，以此推进文旅产业的建设与发展。

实践篇

一、推动农业绿色发展，推动文旅产业绿色转型

中共中央、国务院于2018年9月印发了《乡村振兴战略规划（2018—2022年）》（以下简称《规划》），在《规划》的第六篇“建设生态宜居的美丽乡村”中，明确提出从推进农业绿色发展、持续改善农村人居环境、加强乡村生态保护与修复三大方面详尽规划了生态方面的振兴举措。其中把“推进农业绿色发展”放在了首要篇幅，细分为“强化资源保护与节约利用”“推进农业清洁生产”“集中治理农业环境突出问题”三个方面对推进农业绿色发展行动进行了政策指导。在经历了“绿水青山就是金山银山”生态文明理念提出阶段、大力推进生态文明建设的生态扶贫阶段，随着我国经济的迅速发展，到当下我们要承接好生态扶贫和生态振兴的衔接工作，做好生态资源产业化，推动文旅产业绿色转型。可以说，生态振兴与文旅融合的最佳发展路径，就是生态旅游。

生态旅游不仅是一种概念上的宣传口号，一种发展理念，也是一种切实的绿色消费方式，“生态旅游”是世界自然保护联盟于1983年首次提出的，自提出后，“生态旅游”的概念迅速普及全球。20世纪90年代，我国开始实施可持续发展战略，正是在这个时期，生态旅游的概念被正式引入中国。如今，经过30多年的发展，生态旅游已成为一种增进环保、崇尚绿色、倡导人与自然和谐共生的旅游方式，并初步形成了以自然保护区、风景名胜区、森林公园、地质公园及湿地公园、沙漠公园、水利风景区等为主要载体的生态旅游目的地体系，基本涵盖了山地、森林、草原、湿地、海洋、荒漠以及人文生态等七大类型。除此之外，生态旅游的产品也在生态旅游的逐渐推进和发展中变得日趋多样，其中深层次、体验式、有特色的产品更加受到游客们的青睐。生态旅游方式倡导社区参与、共建共享，在一定程度上带动了当地的发展，也为当地居民经济收入的提高进行了助力，因此也就越来越得到社区居民的支持。在发展和推进生态旅游的过程中，人们的生态保护意识明显提高，到如今“绿水青山就是金山银山”的发展理念已逐步成为共识。

纵观目前我国生态旅游的相关政策和法律法规，可以从实践层面将全国生态旅游的发展模式大致分为以下三种路径。

（一）挖掘乡村绿色资源，打造休闲农业和乡村旅游精品工程

乡村不缺丰富的生态资源，但如何挖掘、盘活这些生态资源，实现资源利用的最大化、实现经济效益与生态效益平衡的最优解，破题之道就是要进行资源革命。究其根本，什么是资源革命？即盘活生态旅游资源，也就是要推动旅游资源流程再造革命，促进生态与旅游的深度融合，着力促使“资源、资色、资本”华丽转变。从资源到资色，把一流的旅游资源打造成一流的旅游资色（景观、景点、景区），培育旅游经济、现代农业、健康体育、养老养生、休闲度假、特色文化等新兴产业，积极探索旅游与新型城镇化深度“产城融合”特色发展路径，助力乡村振兴，推动县域经济高质量发展。

此外，要培育优质文旅融合发展项目。从顶层设计的层面提供政策支持，具体而言要出台文旅奖励扶持政策，引进“有实力、有经验、有激情”的战略投资者，有序引导民俗、餐饮、温泉、游乐等各类旅游项目进驻。

习近平总书记指出，“旅游是传播文明、交流文化、增进友谊的桥梁，是人民生活水平提高的一个重要指标”。要实施旅游精品战略，将山水旅游资源和地域特色、民族特点融合，建成精品旅游景区，推出精品旅游线路。把景区旅游与农业休闲观光旅游结合起来，满足游客的多元需求。换而言之，要挖掘乡村绿色资源，实施休闲农业和乡村旅游精品工程。

2022 年 3 月 7 日，全国人大代表黄细花提出建议，加快打造一批旅游特色村，发动互联网新媒体支持乡村振兴战略实施。文化和旅游部答复，将研究制定乡村旅游高质量发展政策措施，与网络传播平台开展深度合作促进乡村文旅资源传播。黄细花代表建议，在全国创建一批旅游特色村庄，开发与现代农业和新农村建设相结合的乡村旅游产品，大力发展农业观光园、乡村民宿等，加快打造一批旅游特色村、亲子教育和自然教育基地、乡村旅游精品线路等，示范带动全国乡村旅游建设。她还提出建议，由国家发改委牵头，加大对乡村振兴所在村旅游公路、停车场、厕所等公共服务设施建设的支持力度，并对乡村旅游经营户实施整治周边环境等项目进行资金补助支持。鼓励支持有条件的地区建立乡村振兴学院和文化旅游职业院校，加大各类乡村人才的培训力度。此外，还要积极发动社会力量，特别借助互联网新媒体的力量，形成合力。文化和旅游部对此做出回复，将深入贯彻落实“十四五”规划中发展乡村旅游的明确要求，从旅游规划、基础设施、人才培养、产品升级、社会参与等 5 个层面着手，聚焦解决瓶颈问题，研究制定乡村旅游、乡村民宿高质量发展政策措施，推出一批特色鲜明、优势突出的乡村旅游品牌。

近年来，浙江省金华市立足美丽乡村风景线、精品村建设和历史文化村落保护成

果，加快构建美丽经济产业平台，乡村旅游业成为一个新的经济增长点。目前，已经建成全国休闲农业与乡村旅游示范县 2 个、示范点 1 个、省级旅游风情小镇 4 个，省级休闲农业与乡村旅游示范县 3 个、示范乡镇 4 个、示范点 13 个，省级果蔬采摘基地等乡村产业融合基地 50 余家。已创建 1045 个 A 级景区村庄，占全市行政村总数的 37%，其中 3A 级景区村庄 110 个；各类农家乐经营主体 2200 多家，其中三星级及以上 602 家，市级以上农家乐村 72 个。近年来，以优美的生态环境资源为依托，金华乡村民宿、农家乐风生水起，众多农家乐村、点、户散布在风景区周边，吸引了大量上海、无锡、苏州、杭州等地游客。在景区游玩，到农家乐、民宿吃住已成为金华乡村休闲旅游的一大特色。

（二）增强绿色优质农产品供给，打造乡土品牌

除了发展观光旅游，加工特色农产品、打造乡村本土特色品牌，也是生态振兴与文旅融合的又一发展路径。

浙江省金华市就立足于“大力促宜品牌”的绿色发展理念，充分利用“金农好好”这一金华区域农产品公共品牌，扩大“金农好好”授权范围或创建子品牌用于休闲农业，制定一体化的发展政策，实施发展品牌形象一体化、政策一体化、宣传促销一体化、资源利用一体化、市场经营一体化，从而提升金华乡村旅游价值。同时金华市还利用上海旅交会、上海、杭州、苏州（专题）推介活动等平台，深度宣传推广全市乡村旅游产品；借助金华发布、金华农业农村微信公众号等媒体资源把各类乡村旅游项目打包推向市场，为市内外游客提供乡村旅游攻略。

金农好好是金华市农产品区域公用品牌，于 2019 年 11 月 17 日正式揭牌启用。金华市农民合作经济组织联合会为品牌管理机构，由金华市供销社下属全资企业金华市农合联农业发展有限公司具体负责创建与运营工作。

此外，在打造乡土品牌，增加绿色农产品供给时，许多乡村也在创新发展模式，大力提升乡村旅游电子商务运作水平，满足游客网上消费需求，推动旅游信息互联、资源互通、游客互流。推动产区变景区、田园变公园、农房变客房、产品变商品。

成县就是其中的一个代表，成县地处甘肃陇南市，在政府的支持和推动下，成县同样成立了电子商务协会，主打产品有核桃、土蜂蜜等地方特产，依托在淘宝网店进行销售。

2020 年 8 月 24 日，“融‘核’农电旅·引领新消费”为主题的“2020·甘肃陇南成县核桃节”在成县电商孵化园盛大开幕。在展销活动现场，展台上的核桃、香菇、黑木耳、羊肚菌、土蜂蜜、艾草制品等特色农产品琳琅满目。在展会现场，不少公司通过直播带货销售公司生产的农产品，同谷家裕公司更是邀请到了全国人大代表梁倩

娟利用快手平台直播带货。2019 年，梁倩娟在快手售出的农特产品超过 10 万斤。她借助陇南农村电商快速发展的契机，挖掘农产品资源，将家乡土特产销往全国各地，成为带动周边群众脱贫致富的中坚力量，真正实现了增强绿色优质农产品供给，打造乡土品牌，实现了生态振兴与文旅融合的互利发展。

（三）依托生态旅游资源，打造国家生态旅游示范区

国家发展改革委、国家旅游局在 2016 年 8 月发布的《全国生态旅游发展规划（2016—2025 年）》明确表示按照全国自然地理和生态环境特征，依据《全国主体功能区规划》《全国海洋主体功能区规划》《全国生态功能区划（修编版）》《全国重要江河湖泊水功能区划（2011—2030 年）》《全国生态保护与建设规划（2013—2020 年）》等相关规划，结合各地生态旅游资源特色，将全国生态旅游发展划分为八个片区。不同片区依托自身优势，明确重点方向，实施差别化措施，逐步形成各具特色、主题鲜明的生态旅游发展总体布局。

这八个生态旅游片区分别是东北平原漫岗生态旅游片区、黄河中下游生态旅游片区、北方荒漠与草原生态旅游片区、青藏高原生态旅游片区、长江上中游生态旅游片区、东部平原丘陵生态旅游片区、珠江流域生态旅游片区以及海洋海岛生态旅游片区。

此外，相关规划还依据生态旅游资源、交通干线和节点城市分布，在八大生态旅游片区基础上，以重要生态功能区为单元，培育 20 个生态旅游协作区，遴选一批有代表性的生态旅游目的地，通过提升基础设施和公共服务水平，建设 200 个重点生态旅游目的地，按照生态要素的线性分布和旅游线路组织的基本原则，形成 50 条跨省和省域精品生态旅游线路，适应日益兴起的自驾车和房车旅游，结合国家整体路网布局，打造 25 条国家生态风景道，形成点线面相结合、适应多样化需求的生态旅游发展格局。

长白山图们江生态旅游协作区就是这批生态旅游协作区中的一个代表。长白山是一座巨型复合式盾状休眠火山，为我国东北地区第一高峰，具有丰富完整的生物资源、典型的植被垂直分布带谱、美丽奇特的自然风光、深远厚重的历史文化，以其雄奇壮美、原始荒古跻身于“中华十大名山”“中国十大最美森林”之列，2007 年被列为“国家 AAAA 级旅游景区”。

根据长白山独特的地形地貌，长白山图们江生态旅游协作区的生态旅游则将重点放在了发展边境生态观光、山地度假、森林生态旅游、冰雪旅游、温泉养生和朝鲜族民俗体验等产品，形成鸭绿江—长白山—图们江边境生态旅游带，推进与周边国家旅游合作，实现东北亚地区生态旅游联动发展。

依托于国家旅游政策的支持和景区生态环境的优势，长白山景区旅游市场在近些年来迅速发展，不仅景区的接待人数每年增长，同时旅游收入也在保持每年快速增长。在2006年至2015年的十年期间，长白山旅游景区年到访游客量从70万人增长到216万人，年平均增长率为17.53%；年旅游收入从1.32亿元增长至5.92亿元，年均增长26.49%。从总体数据分析来看，长白山生态旅游产业发展势头强劲，个别年份虽有波动，但总体保持快速增长。（见表5-1）

表5-1 长白山景区旅游人数与收入表

年份	景区旅游人数（万人）	景区人数增长率	景区旅游收入（亿元）	景区收入增长率
2006	70.0	24.0%	1.32	68.0%
2007	89.0	27.3%	1.95	50.0%
2008	88.0	-1.1%	1.75	-10.3%
2009	105.0	19.3%	2.50	44.0%
2010	88.0	-16.2%	2.10	-16.0%
2011	142.0	61.7%	3.70	76.2%
2012	167.0	17.6%	4.80	29.7%
2013	157.3	-5.8%	4.50	-6.3%
2014	193.4	22.9%	5.30	17.8%
2015	216.0	25.6%	5.92	11.7%

二、持续改善农村人居环境，打造文旅融合新生力

实施乡村生态振兴战略，一个重要任务就是持续改善农村人居环境、建设美丽宜居乡村。2019年1月，中共中央、国务院正式发布《中共中央 国务院关于坚持农业农村优先发展做好“三农”工作的若干意见》（以下简称《意见》），《意见》明确提出要加快补齐农村人居环境和公共服务短板，抓好人居环境三年整治行动，鼓励社会力量积极参与，将农村人居环境整治与发展乡村休闲旅游等有机结合❶。2018年，文化和旅游部等17部门联合印发的《关于促进乡村旅游可持续发展的指导意见》指出要改善旅游环境，加快旅游与文化融合发展，提升乡村旅游的可进入性，这在一定程度上预示着生态振兴对于乡村文化旅游发展的促进作用。

❶ 中共中央 国务院关于坚持农业农村优先发展做好“三农”工作的若干意见［EB/OL］.（2019-02-19）［2022-05-19］. 中国政府网. http://www.gov.cn/gongbao/content/2019/content_5370837.htm.

（一）健全人居环境整治长效机制，为文旅发展保驾护航

近年来，中国实施生态振兴战略，坚持规划先行，农业农村部和文化和旅游部出台一系列政策文件，落实人居环境整治情况，为文旅产业的发展提供基础保障。

“厕所革命”是我国农村人居环境整治的一项重要任务，也是国家推动乡村振兴战略和生态文明建设的主要抓手，为了确保这项民生工程的顺利实施，中央和有关部门相继出台了一系列政策和标准，为我国人居生活环境改善保驾护航。通过对农业农村部的官方网站进行搜索，笔者整理了2018—2021年我国人居环境整治行动和农村厕所革命相关政策文件，如表5-2所示。

表5-2　2018—2021年农村人居环境整治行动和农村厕所革命相关政策

文件名称	发布日期	发文机关	主要内容及意义
农村人居环境整治三年行动方案	2018. 2. 5	中共中央办公厅、国务院办公厅	农村人居环境整治三年行动总纲领
关于进一步推进农村户厕建设的通知	2018. 5. 14	全国爱卫会办公室	制定农村户厕建设规范，培育健康文明的厕所文化
关于推进农村“厕所革命”专项行动的指导意见	2018. 12. 25	中央农办、农业农村部、国家卫生健康委、住房和城乡建设部、文化和旅游部、国家发展改革委、财政部、生态环境部	提出了科学编制改厕方案、合理选择改厕标准和模式等7个方面的重点任务，以小厕所促进社会文明大进步
关于开展农村“厕所革命”整村推进财政奖补工作的通知	2019. 4. 3	财政部、农业农村部	中央财政安排资金，用5年左右时间，以奖补方式支持和引导各地推动有条件的农村普及卫生厕所
关于切实提高农村改厕工作质量的通知	2019. 7. 15	中央农办、农业农村部、国家卫生健康委、文化和旅游部、国家发展改革委、财政部、生态环境部	切实提高农村改厕质量，明确需要严把的改厕“十关”
全国农村厕所革命典型范例	2019. 10	农业农村部、国家卫生健康委	广泛宣传推介，供各地学习借鉴，发挥示范带动作用
关于扎实有序推进贫困地区农村人居环境整治的通知	2019. 11. 5	农业农村部办公厅、国务院扶贫办综合司、生态环境部办公厅、住房和城乡建设部办公厅、国家卫生健康委办公厅	明确贫困地区要以决战决胜脱贫攻坚为中心任务，实现农村人居环境干净整洁的基本目标
关于进一步提高农村改厕工作实效的通知	2020. 6. 18	农业农村部、国家卫生健康委、国家市场监管总局	针对2019年国务院农村人居环境大检查，进一步明确工作推进中需要注意的问题

续表

文件名称	发布日期	发文机关	主要内容及意义
关于印发《农村厕所粪污无害化处理与资源化利用指南》和《农村厕所粪污处理及资源化利用典型模式》的通知	2020. 7. 14	农业农村部办公厅、国家卫生健康委办公厅、生态环境部办公厅	遴选出9种农村厕所粪污处理及资源化利用典型模式，促进农村厕所粪污无害化处理和利用
关于推动农村人居环境标准体系建设的指导意见	2020. 12. 31	市场监管总局、生态环境部、住房和城乡建设部、水利部、农业农村部、国家卫生健康委、林草局	建设农村人居环境标准体系
中共中央 国务院关于全面推进乡村振兴加快农业农村现代化的意见	2021. 1. 4	中共中央办公厅、国务院办公厅	实施农村人居环境整治提升五年计划，有序推进厕所革命，加强中西部地区农村户用厕所改造
《社会资本投资农业农村指引（2021年）》	2021. 4. 22	农业农村部办公厅、国家乡村振兴局综合司	支持社会资本参与农村人居环境整治提升五年计划，参与厕所革命项目建设运营

一系列人居环境整治机制的建立，在政策层面上为乡村生态振兴保驾护航。这不仅改善了我国农村“脏乱差”的生活环境，同时，也为我国文旅产业的发展提供更优美、更优质的生态环境，使文化旅游产业提质升级，给公众提供更好的旅游产品服务。

（二）开展农村人居环境整治行动，留住鸟语花香田园风光

2018年9月，中共中央、国务院印发的《国家乡村振兴战略规划（2018—2022年）》提出，“厕所革命”对农村生活方式的改革也具有重要意义。同年，中央农办、农业农村部等18部门联合印发《农村人居环境整治村庄清洁行动方案》，自2019年起，计划在全国范围内组织集中清理活动，改善农村生活环境，推动和推进村容整治。中央财政计划安排70亿元资金支持农村“厕所革命”，将在全国3万个村庄改造1000万个左右的农户厕所。

建设旅游厕所是“厕所革命”中不可或缺的一部分，同时也是提升旅游产品的品质，促进文旅融合的关键一步。“小厕所”彰显“大民生”。党的十八大以来，习近平总书记多次强调，厕所问题不是小事情，是城乡文明建设的重要方面，要把这项工作作为乡村振兴战略的一项具体工作来推进，努力补齐这块影响群众生活品质的短板❶。

---

❶ 关于推动农村“厕所革命”专项行动的指导意见［EB/OL］.（2019-01-08）［2022-05-19］. 中国政府网. http://www.moa.gov.cn/gk/tzgg_1/tz/201901/t20190108_6166292.htm.

2018 年 3 月，《国务院办公厅关于促进全域旅游发展的指导意见》（以下简称《意见》）正式发布，《意见》明确提出我们需要“扎实推进‘厕所革命’，在重要旅游活动场所设置第三卫生间，做到主要旅游景区、旅游线路以及客运列车、车站等场所厕所数量充足、干净卫生、实用免费、管理有效”❶。

1. 农村“厕所革命”总体情况

2021 年是“十三五计划”的最后一年，也是村庄环境整治完成重建的一年，回望过去三年农村“厕所革命”的成果，有助于帮助我们更好地推动文旅产业的发展。

2019 年 1 月，中央农办、农业农村部等 8 部门联合印发了《关于推进农村“厕所革命”专项行动的指导意见》，提出了发展目标：到 2020 年，东部地区、中西部城市近郊区等有基础、有条件的地区，基本完成农村户用厕所无害化改造；中西部有较好基础、基本具备条件的地区，卫生厕所的普及率达到 85% 左右；地处偏远、经济欠发达等地区，卫生厕所普及率逐步提高。

随着“厕所革命”的推进，厕所的利用率也随之提高。据我国农业农村部统计，截至 2020 年年底，全国农村卫生厕所普及率已达到 68% 以上，2018 年以来累计改造农村户厕 4000 多万户，每年提高约 5 个百分点❷。

旅游厕所是公共服务基础设施的重要组成部分，是满足旅游产品需求的重要场所，因此，建设满足生活需要的旅游厕所，将会提高乡村旅游发展的综合服务能力。在“十三五”时期，旅游行业大力推动旅游“厕所革命”，从小处、实处着手，提升游客体验。按照《全国旅游厕所建设管理新三年行动方案（2018—2020）》，截至 2020 年 6 月，全国共建旅游厕所 11.88 万座，全国约有 14.1 万座旅游厕所在手机地图 App 上进行位置标注，标注率达到 95%，游客对厕所满意度明显上升❸。

2. 地区人居环境改善情况

一座城市文化旅游公共服务体系，以及地区生态环境建设，直接关系到游客在旅游过程中的体验感和满意度，也体现一个地区旅游业的发展水平。

近年来，全国各省市乡村振兴局以及文化与旅游系统认真学习贯彻落实乡村振兴相关文件以及习近平总书记关于“厕所革命”重要指示批示精神，依据各省市自身情况，制定相关政策文件，着力推动地区生态环境和人居生活环境的改善，促进文化与

❶ 国务院办公厅关于促进全域旅游发展的指导意见［EB/OL］.（2018-03-22）［2022-05-19］. 中国政府网. http://www.gov.cn/zhengce/content/2018-03/22/content_5276447.htm?trs=1.

❷ 广阔天地 大有可为 2021 年乡村振兴这么干！［EB/OL］.（2021-03-07）［2022-05-19］. 新华网. http://www.xinhuanet.com/video/sjxw/2021-03/07/c_1211054663.htm.

❸ 加强创新驱动 聚力高质量发展——“十三五”旅游发展描绘“诗与远方”［EB/OL］.（2021-02-03）［2022-05-19］. 中国文化报. https://www.mct.gov.cn/whzx/whyw/202102/t20210203_921238.htm.

旅游业发展。

（1）高位推动，认真贯彻落实中央重要指示

文化旅游将提高乡村旅游的质量，2018 年文化和旅游部等 13 个部门联合发布《促进乡村旅游发展提质升级行动方案（2018 年—2020 年）》，为乡村旅游发展中存在的问题提供方案指导。全国各省市也贯彻落实习近平总书记关于“厕所革命”的一系列重要指示精神，认清“小厕所、大民生”的重大意义，结合各省具体情况，制定相关政策文件，高效推动人居环境的改善工作和旅游厕所的建设。

2017 年，根据《全国旅游厕所建设管理新三年行动计划（2018—2020）》提出的新目标、任务和保障措施，广东省计划在 2018 年至 2020 年期间，新建和改建旅游厕所 2708 座，其中新建 1518 座，改扩建 1190 座❶。该计划目的在于健全管理体制，推广科技应用，提高旅游厕所的建设质量，以此提升城乡文明水平，实现“数量充足、分布合理、管理有效、服务到位、卫生环保、如厕文明”的新三年目标，并且以期成为全社会“厕所革命”的行业标杆❷。

据文化和旅游部“全国旅游厕所管理系统”统计，截至 2019 年 12 月 31 日，广东省共完成新建和改扩建旅游厕所 5641 座。其中，2019 年新建和改扩建旅游厕所 1039 座，超额完成 927 座的年度目标任务；新三年计划完成率达 81%，百度地图标注厕所 5341 座，标注率近 95%❸。广东省旅游厕所建设和管理工作走在全国前列。

（2）攻坚克难，重点支持基础薄弱地区建设

习近平总书记指出：“脱贫攻坚，发展乡村旅游是一个重要渠道”❶。旅游扶贫不仅可以直接增加群众收入、带动就业，还可以改善农村人居生活环境和生态环境。

秦巴山区作为我国深度贫困地区和国家重点生态功能区之一，自然和文化遗存较为完善，生态环境良好，可以依托当地独特的生态资源和文化资源发展旅游业，这不仅改善了当地山区的人居生活环境，而且能够带动贫困人口脱贫增收。

在 2019—2020 年，文化和旅游部协同国家发展改革委，通过文化旅游提升工程实施方案中央预算内投资，支持陕西省旅游基础设施建设项目资金达 3.9 亿元，改善了当地旅游基础设施和公共服务设施项目，有效补齐秦巴山区旅游基础设施短板。

---

❶ 国家旅游局：坚决贯彻落实习近平总书记关于“厕所革命”重要指示精神 坚持不懈推进“厕所革命”真抓实干推动旅游业大发展［EB/OL］.（2017-11-28）［2022-05-19］. 人民网. http://travel.people.com.cn/n1/2017/1128/c41570-29673167.html.

❷ 新三年计划出台 广东力促高质量建管［EB/OL］.（2018-05-14）［2022-05-19］. 中国旅游报. https://www.mct.gov.cn/whzx/qgwhxxlb/gd/201805/t20180514_832642.htm.

❸ 广东扎实推进旅游“厕所革命”民生实事［EB/OL］.（2020-03-16）［2022-05-19］. 广东省文化和旅游厅. https://www.mct.gov.cn/whzx/qgwhxxlb/gd/202003/t20200316_851887.htm.

❶ 把资源变资产，实践好绿水青山就是金山银山的理念——吃上旅游饭 脱贫门路宽［EB/OL］.（2020-07-28）［2022-05-19］. 人民网. http://politics.people.com.cn/n1/2020/0728/c1001-31799807.html?form=rect.

为支持秦巴山区旅游厕所的提质升级，2020 年，文化和旅游部安排旅游发展基金 2767 万元，支持陕西省旅游发展，使厕所“脏乱差”现象得到明显改善。

文化和旅游部着力提升旅游软硬件环境，鼓励向秦巴山区等内地深度贫困地区，积极推进生态旅游、乡村旅游、休闲度假等多业态产品建设，努力将资源优势转化为地区经济发展优势。

（3）创新形式，让厕所成为宣传窗口

文化旅游业的发展，离不开基础公共设施的建设。在旅游厕所的建设和管理中，需要创新形式，积极融入文化元素。比如，云南野象谷景区的旅游厕所就具有浓重的热带雨林风，茶马古道景区的旅游厕所具有古滇古道的气息，这些独具匠心的建设风格，充分体现了地方特色、民族风情、城市品质和文化品位，不仅让旅游厕所成为有特色、有品位的地区景观，还能够使游客在如厕过程中加深对云南地方特色文化的认识，将旅游厕所转变为宣传云南的窗口[1]。

除此之外，顺应“科技创新助推厕所革命”的理念，相关省市大力推动厕所新技术、新材料的推广应用，深圳市“深圳公厕 App 查询系统”，珠海市建设推广 3D 设计可移动厕所等成果获第一届全国厕所技术创新大赛优秀理念奖。

全国各省市通过丰富改厕形式，让更多公众积极参与其中，这不仅有助于形成新的旅游名片，还能推动厕所技术的发展，让民众享受更高质量的旅游服务。

（三）推进美丽乡村建设，激发文旅融合新动能

改善农村人居环境质量，建设生态宜居美丽乡村，是实施生态振兴战略的重要任务。绿水青山就是金山银山，农村最大的优势和宝贵的财富就是良好的生态环境。文化和旅游部积极推动乡村旅游与乡村振兴、美丽乡村建设相结合，培育了一批生态美、生产美、生活美的乡村旅游目的地[2]。数据显示，2019 年全国乡村旅游总人次为 30.9 亿次，占国内旅游人次的一半，乡村旅游总收入为 1.81 万亿元[3]。2020 年第二季度乡村旅游环比增长达 148.8%[4]。文化和旅游部联合国家发展改革委将北京古北口村、贵州云舍村、浙江余村在内的 320 个乡村确定为第一批全国乡村旅游重点村。

---

[1] 云南：大力推进旅游厕所革命 [EB/OL]．（2021-02-18）[2022-05-19]．云南省文化和旅游厅．https://www.mct.gov.cn/whzx/qgwhxxlb/yn/202102/t20210218_921602.htm.

[2] 乡村旅游托起富裕富足金饭碗　塑造宜居宜业新形象 [EB/OL]．（2021-09-17）[2022-05-19]．江西省文化和旅游厅．http://www.jiangxi.gov.cn/art/2021/9/17/art_5296_3591824.html?xxgkhide=1.

[3] 何燊炜．乡村振兴战略背景下乡村旅游业发展问题及对策探究 [J]．农村经济与科技，2019，30（16）：32，34.

[4] 为什么越来越多的人喜欢到乡村旅游？[EB/OL]．（2020-09-14）[2022-05-19]．搜狐网．https://www.sohu.com/a/418319031_100171523.

1. “乡村旅游+”，激发文旅新动能

美丽的乡村建设不仅可以促进旅游业的发展，而且可以帮助农民脱贫致富，只有将脏乱差的农村环境改造成为“绿水青山”，人民才有底气，政府才有动力，继而将“绿水青山”变为“金山银山”，探索出一条具有地方特色的文旅发展之路。

（1）“乡村旅游+非遗”

文旅融合战略的目标是实现“以文促旅、以旅彰文”，将非遗传承和旅游服务进行融合发展，会产生出 1+1>2 的效果。不仅如此，在改善村容村貌、更新基础的公共设施以及帮助农民增收等方面，同样具有巨大的作用，是乡村振兴的助燃剂。

山东省黄河沿岸有丰富的非物质文化遗产，促进了黄河文化的发展，山东省政府持续开展黄河流域非遗资源调查，完善非遗保护制度，将美丽乡村建设与乡村非遗旅游相结合。

山东省临沂市充分利用其具有地域特色的民俗文化、农耕文化和非遗文化等优势，发展乡村旅游，形成“乡村旅游+非遗”的融合发展模式，并且成功地培育出了沂南竹泉村、马泉创意休闲园、压油沟等 30 个田园综合体。

（2）“乡村旅游+红色”

在文旅融合战略的大背景下，“乡村旅游+红色”是推动乡村生态振兴发展不可或缺的重要努力方向。各地政府部门充分开展红色旅游资源的开发利用和修缮保护，在改善生态的基础上，修建一批公共基础设施，这对于当地旅游业的发展和经济社会的发展起到一定的促进作用。

中国共产党在 1929 年确立了“思想建党、政治建军”原则，这就是著名的“古田会议”❶。近年来，龙岩市政府积极探索“红色旅游+”的发展路径，希望通过发展红色旅游带动当地经济社会的发展。在 2019 年，龙岩市委确立了“全域旅游、全域精品”的城市发展理念，现已设立古田梅花山文旅康养试验区，并且重点修缮保护包括古田会议旧址等项目共 22 个。截至 2020 年年初，试验区已累计接待游客 183. 81 万人次，带动旅游综合收入 10. 18 亿元❷。

（3）“乡村旅游+扶贫”

2021 年，在国务院新闻办公室举行的“文化和旅游赋能全面小康”新闻发布会上，文化和旅游部部长胡和平指出，“正是乡村旅游，让许多农民不离土、不离乡，走

❶ 百年共产党人精神谱系　两次古田会议的里程碑意义［EB/OL］.（2021-06-09）［2022-05-19］. 澎湃新闻. https://www. thepaper. cn/newsDetail_forward_13062840.

❷ 福建古田：探索“红色旅游+”　创造美好新生活［EB/OL］.（2021-02-23）［2022-05-19］. 中国旅游报. https://www. mct. gov. cn/whzx/qgwhxxlb/fj/202102/t20210223_921754. htm.

上脱贫致富路。"❶ 乡村旅游扶贫工程是近年来文化和旅游部同国家发展改革委等 11 家单位联合发布，通过"景区带村"的工作模式，现已帮助 2.26 万个建档立卡贫困村脱贫摘帽。例如，贵州花茂村、江西神山村、湖南十八洞村等，均从曾经的贫困村发展成为全国乡村旅游重点村。

贵州省作为我国脱贫攻坚的重要省份，省政府探索出一条生态扶贫之路，利用独特的文化景观和自然环境，依托地方特色产业，实现"乡村旅游+扶贫"产业的纵向延伸和横向发展。贵州省政府在传统农家乐和乡村休闲旅游的基础上，通过大力发展康养度假游、自助自驾游和生态文化游等乡村旅游扶贫项目，打造了一批康养度假精品、乡村酒店和民宿以及农家休闲等精品。除此之外，还推动农旅融合，将特色农产品、民族工艺品变为乡村旅游商品。

截至 2020 年，贵州省的休闲农业和乡村旅游的经营主体共有 10552 个，相比于 2019 年同期增长了 503 家；实际营业收入为 120.4 亿元，同比增长了 10.3%；实际利润为 31.4 亿元。在计划实施中，休闲农业的经营主体从业人数达到了 25.5 万人次，其中农民的就业人数达到 23 万人，从事相关行业的人员的年均工资为 2.51 万元，带动农户 22.5 万户❷。

（4）"乡村旅游+产业"

乡村旅游是农民的收入来源之一，是促进区域经济社会发展的重要因素。2021 年 5 月，国务院办公厅发布《西藏和平解放与繁荣发展》白皮书。该白皮书指出，西藏依据自身地域位置的特殊性，应重点发展旅游业，创新升级"藏文化体验馆"，打造"最美 318"、推出"冬游西藏"等一些符合地域特色的文化旅游产业。截至 2020 年，西藏农牧民通过直接或间接方式参与乡村旅游就业 8.6 万人（次），年人均增收 4300 余元❸。即使在 2020 年全国各行业遭受新冠肺炎疫情的冲击，西藏旅游业仍可以保持高速的增长，接待国内外游客 3505 余万人次❹。

促进乡村旅游的提质升级和可持续发展，需要加强农村突出环境问题的综合治理，建立健全人居环境整治的长效机制，推进农村"厕所革命"，完善农村公共服务基础设施的建设，留住鸟语花香田园风光，打造一个能够将"生态价值"转变为"经济价值"的美丽乡村。

---

❶ 《中国旅游报》：以高品质旅游赋能小康社会美好生活［EB/OL］.（2021-09-21）［2022-05-19］. 浙江旅游职业学院宣传部. https://www.tourzj.edu.cn/a/2021921/9873.shtml.

❷ 贵州：把乡村旅游产业建在农民利益链上［EB/OL］.（2021-04-10）［2022-05-19］. 新华网. http://www.gz.xinhuanet.com/2021-04/10/c_1127314460.htm.

❸❹ 西藏和平解放与繁荣发展［EB/OL］.（2021-05-21）［2022-05-19］. 国务院新闻办公室. http://news.yunnan.cn/system/2021/05/21/031464030.shtml.

2. 学习典型模范，建设美丽乡村

2018年《中央农办、农业农村部、国家发展改革委关于深入学习浙江“千村示范、万村整治”工程经验扎实推进农村人居环境整治工作的报告》❶发布，要求各省市自治区学好浙江经验，切实改善农村人居环境，关键要不等不靠、作风过硬、苦干实干。全国各省市积极贯彻落实中央重要文件精神，深入学习浙江成功经验，根据省份自身条件情况，推进美丽乡村建设。

湖北省政府在学习浙江成功经验的同时，探索出一条具有地域特色的美丽乡村建设之路。2019年4月，中共湖北省委、湖北省人民政府发布《关于全面学习浙江“千万工程”经验扎实推进美丽乡村建设的决定》（鄂发〔2019〕5号）❷，启动实施《湖北省美丽乡村建设2019年度实施计划》，与党中央高度重视生态文明建设、高度重视农村人居环境改善的指示精神保持一致。❸

2019年湖北省的城镇化率为61%，高于全国平均水平，但是仍有2311.53万农村人口，占人口总数的39%，农村地区拥有较大的市场优势和内需潜力。湖北省政府在这样的人口环境下，坚持规划引领，出台了一系列“美丽乡村建设”的政策文件。2019年发布《湖北省美丽乡村建设五年推进规划（2019—2023年）》，要求按照“产业兴旺、生态宜居、乡风文明、治理有效、生活富裕”的总要求科学推进湖北美丽乡村建设❹。同年，发布《湖北省美丽乡村建设2019年度实施计划》，创造性地提出“3+1”规划体系，即以县为单位编制村庄布局规划，以村庄为单位编制生产、生活、生态空间规划和“多规合一”务实管用的建设规划。

据统计，2016—2019年，湖北省累计建设1084个省级层面的美丽乡村，按照全省2.3万个村（社区）来计算，四年期间建设的美丽乡村数约占全省的4.7%。2016年至2021年湖北省政府持续推动美丽乡村试点示范村建设情况，如表5-3所示。

---

❶ 农村人居环境整治“浙江经验”七大要点．[EB/OL]．（2019-03-11）[2022-05-19]．公选王遴选网．https://www.sohu.com/a/300439354_120051065.

❷ 关于印发十堰市美丽乡村建设五年推进规划（2019—2023年）的通知 [EB/OL]．（2019-12-06）[2022-05-19]．十堰市美丽乡村建设协调小组．http://nyj.shiyan.gov.cn/snyj/sfgwgkml/ghjh_1105/201912/t2019 1206_1914712.shtml.

❸ 整治农村人居环境，让农村更美更宜居 [EB/OL]．（2019-02-22）[2022-05-19]．新华网．http://www.xinhuanet.com/2019-02/22/c_1124152283.htm.

❹ 湖北举行“实施乡村振兴战略 推进美丽乡村建设”新闻发布会 [EB/OL]．（2019-10-16）[2022-05-19]．国务院新闻办公室．http://www.scio.gov.cn/xwfbh/gssxwfbh/xwfbh/hubei/document/1666403/1666403.htm.

表 5-3　2016—2021 年湖北省美丽乡村试点示范村建设情况

年份	个数
2016	199
2017	261
2018	285
2019	339
2020	336
2021	255

数据来源：湖北省政府官方网站。

湖北省美丽村庄建设过程中也出现了典型模范村庄。比如，湖北宜昌石柱土家族村就结合村镇发展，改善农村生活环境，积极推进建设乡村旅游示范村，[1] 在 2017 年上榜“中国少数民族特色村寨”，2019 年入选第二批国家森林乡村。不仅改善了农村的人居生活环境，还通过培育文旅产业，为农民增收致富，石柱土家族村的圣天庄园就被评为中国乡村旅游金牌农家乐。

三、加强生态保护与修复，促进文旅融合向好发展

（一）以搞好生态环境为基础，促进文旅融合优发展

中华文明历史悠久，堪称世界奇迹，正如习近平同志曾指出的，要把历史文化与现代文明融入旅游经济发展之中，使旅游成为宣传灿烂文明和现代化建设成就的窗口，成为传播科学知识和先进文化的重要阵地。而生态旅游是人们环境保护意识逐渐增强的产物，是实现旅游业可持续发展的重要方式。近年来，生态旅游作为可持续发展战略在旅游业的实践，正日益受到各国旅游学界和生态学界的重视。

要想发展好生态文化旅游，首先是要把生态环境搞好（见表 5-4），生态环境是生态文化旅游发展的基础，需要从多方面进行考察。伴随着旅游大众化时代的到来和生态文明建设步伐的加快，我国在生态文明建设方面取得了一些成就。如浙江省率先实施“五水共治”，从“治污水、防洪水、排涝水、保供水、抓节水”五个方面实现了优化环境、惠及百姓的目标。这一举措为浙江省旅游业提供了良好的发展环境，树立了绿色、健康的旅游目的地形象，为当地的文旅融合发展提供了广阔的新空间和新舞台。

[1] 美丽乡村建设是乡村振兴工作的重要抓手 [EB/OL]. (2021-10-12) [2022-05-19]. 九派新闻. https://baijiahao.baidu.com/s?id=1713384779808401974&wfr=spider&for=pc.

表 5-4 生态环境评价指标

1	森林覆盖率［建成区人均绿地面积（平方米/人）］
2	空气质量优良天数（天）
3	河湖水质［人均用水量（吨/人）］
4	单位 GDP 工业二氧化硫排放量（千克/万元）
5	生活垃圾无害化处理率（%）

数据来源：中国生态城市建设发展报告（2019）❶。

黄河口生态旅游区文旅开发和生态保护融合的实践也显现出了生态环境保护的重要性。持续开发黄河口生态旅游区丰富的自然和文化资源，对优化当地的旅游产业结构、促进当地经济发展、创建一个独特的并且具有强大的影响力的黄河文化旅游带、推动黄河流域高质量发展具有重要的现实意义。但文旅开发又无法避免地会对自然环境造成影响，进而影响旅游资源的可持续性。因此，文旅开发中对自然生态环境的保护就显得十分重要。在文旅开发与生态保护中，既要深挖黄河文化价值，还要坚定生态优先、绿色发展的理念，让黄河成为哺育世代中华儿女的母亲河❷。

以上实践都表明，要促进文旅产业的优发展，生态环境的基础必须要打牢。坚持保护我们的生态环境其实在根本上就是保护生产力，改善当下的生态环境其实就是在发展生产力，推进生态保护修复，提高生态环境质量，推进生态环境治理，要护好绿水青山、做大金山银山。在良好的生态环境基础之上，才能更好促进文旅融合发展。

（二）推动生态文明建设发展，搭建文旅融合新舞台

1. 生态文明建设的重要性

生态文明建设，不是简单地保护生态环境免遭破坏，也不是一味地强调资源保护和限制开发，而是要以促进整个生态系统的有机循环运行为宗旨，调整经济发展结构，优化经济发展方式，最终能够建设一个美丽的中国。早在 2013 年，习近平同志就已指出生态文明建设的重要性，提出了“绿水青山就是金山银山”等一系列理念。此后他在全国各地多次考察时指示，要以生态文明建设为基点，推进文化旅游发展。文化旅游与生态文明建设相得益彰，也受到主管部门的重视，取得了一些成绩。国家政策激励了对开发文化生态旅游的探索，与森林、草原、雪山、湿地、海洋相关的产业规模迅速增长。文化生态旅游的基础是文化内涵和生态资源匹配，旅游活动与自然环境和人文环境相和谐，讲求文化中的生态和生态中的文化，从生态旅游到生态文化旅游的

❶ 刘举科，孙伟平，胡文臻. 中国生态城市建设发展报告（2019）［R］. 北京：社会科学文献出版社，2019.
❷ 司若，陈鹏，陈锐，等. 中国文旅产业发展报告（2020）［R］. 北京：社会科学文献出版社，2020：152-162.

升级势在必行。文化生态旅游业在扶贫、就业等领域发挥了重要作用，游访农家乐、民宿、渔牧聚落、生态景区、文化村落带动了偏远地区的经济发展[1]。

2. 文旅融合的意义

时任文化和旅游部部长雒树刚在2019年全国两会第三场“部长通道”答记者问时提到要“通过文化和旅游的融合发展，实现安全旅游、文明旅游”。文明旅游体现在“吃、住、行、游、购、娱”的各个环节，要通过对文化的保护和传承使之熠熠生辉。旅游在为非物质文化遗产保护带去持续客流和现代社会活力的同时，非物质文化遗产传承人及其作品也为这些旅游空间带去了全新的吸引物。总之，我们的文化和当下的旅游都是推动文明相互交流相互借鉴、传播先进的文化、增进民众友谊的桥梁，是讲好中国故事、传播好中国声音的十分重要的途径。一方面，文旅融合、文化传承和文明传播一脉相连，对促进当下的生态文明建设有着积极意义。另一方面，文明的传播讲究潜移默化，于无形处沉浸、内化。只有切实落脚于游客和当地居民的共同利益，才是真正的文旅融合。

3. 在生态文明建设的基础上推动文旅融合发展

正因如此，我们可以看出生态文明建设与文旅融合是相得益彰的。因此我们才要发展好生态文明，以搭建文旅融合的新舞台。当下，我们已经进入了全面小康社会当中，旅游业已经成为人们追求美好生活的重要组成部分。而文旅产业的融合发展，是近几年文化旅游的发展重点，在这一过程当中，生态文明建设不仅给旅游业的发展提供了一个良好的发展环境，而且也有助于约束在文旅产业的发展过程中有可能产生的环境破坏的问题。

从文旅发展角度来说，文旅融合的发展不仅需要经济层面的投入与产出，而且需要生态环境的保护与发展为其提供一个良好的发展空间。这就说明生态文明建设对文旅融合的发展，起着一个不可或缺的推动作用。绿水青山就是金山银山，保护了绿水青山，就等于有了一个基本的旅游发展点，也符合当下绿色发展的理念。

同样生态文明的建设在强调绿水青山的时候，也同样说明了绿水青山就是金山银山的重要性。生态环境的保护与经济的发展是相辅相成的。习近平总书记指出，发展经济不能对资源和生态环境竭泽而渔，生态环境保护也不是舍弃经济发展而缘木求鱼，要坚持在发展中保护、在保护中发展，实现经济社会发展与人口、资源、环境相协调，使绿水青山产生巨大的生态效益、经济效益和社会效益[2]。

---

[1] 孔蓉，杨晓能. 中国文化旅游发展研究报告（2019~2020）［R］. 北京：社会科学文献出版社，2020：285-305.

[2] 习近平. 在深入推动长江经济带发展座谈会上的讲话［N］. 人民日报，2018-06-14（002）.

这三大效益也就说明了我们的生态文明建设，应寻求生态效益、经济效益和社会效益的最优解，追求协同发展。因此在生态文明建设下推动文旅融合的发展，需要在文化内涵、经济效益和生态资源匹配，旅游活动与自然环境和人文环境相和谐，讲求文化中的生态和生态中的文化，并不能一味地追求经济效益而进行商业化的旅游发展。

安徽黟县的文旅发展，正说明了这一点。黟县立足得天独厚的生态环境和自然风光，大力发展全域旅游，重点培育养生、度假等旅游业态，使黟县成为“回归自然、生态体验”的旅游度假胜地。黟县旅游景点以古村落、古建筑为主，世界文化遗产西递、宏村每年吸引世界各地游客参观，每年有1600多万人次游客前往黟县。旅游业的快速发展给当地生态环境保护带来了机遇和挑战。黟县采取多种措施，具体包括：（1）出台了《西递、宏村世界文化遗产保护管理办法》，设立了遗产保护管理委员会，创立了西递宏村保护基金，每年将20%的门票收入作为全县文物保护基金。（2）采取预警分流措施。按照相关标准，核定景区每日最大承载量，在小长假、黄金周等旅游旺季时，如果景区游客达到一定量，就采取预警分流，通过微博微信、LED显示屏、在交通路口设置指示牌提醒游客，建议大家先游览周边其他景区，从而起到提前预警分流的作用。（3）开展文明旅游宣传活动。近年来，黟县开展了“蓝丝带”行动，倡导游客“系上蓝丝带、把垃圾带出景区”，以及垃圾换水活动、景区垃圾清淤活动等，这些活动产生了非常好的效果，营造了优美的环境。引导游客爱护景区环境，不乱扔垃圾，同时也减轻了环卫工人的压力，保护景区环境。（4）加强对景区民宿、饭店的管理，严禁乱搭乱建，禁止户外烧烤[1]。

因此，借力于生态文明建设，促进文旅融合的发展，如此才可长久，如此才能够从根本上的做到把绿水和青山变为金山与银山，搭建一个新的文旅发展的大舞台。

（三）利用“生态+”的发展模式，助力生态资源与文旅融合模式的创新

在2020年6月，为了从根本上落实中国共产党在十九大上提到的“打赢精准脱贫攻坚战”“实施乡村振兴战略”，进一步把生态环境保护和生态振兴的作用在脱贫攻坚和乡村振兴中得到发挥，各省、自治区、直辖市、新疆生产建设兵团生态环境厅（局）、农业农村厅（局）、扶贫办，提出要利用“生态+”等创新的模式，推进生态资源与各产业相融合，如文化、旅游和康养等。也就是以生态为基础，推动文化旅游产业的发展。

目前，我国的乡村生态+文旅的旅游模式可分为多种不同类型。从文化内容来看，可分为历史文化生态旅游、现代文化生态旅游、民俗文化生态旅游、道德伦理文化生

[1] 范和生．安徽社会发展报告（2019）［R］．北京：社会科学文献出版社，2019：299-317.

态旅游；从旅游景区的地理特征来看，可分为多种类型，如山地、森林、草原、湿地、海洋和人文生态等。常见的文化生态旅游景区包括国家森林公园、国家级自然保护区、国家地质公园、国家湿地公园、国家水利风景区等。当前，在“文旅融合”的大趋势下，有着生态振兴的助力，生态+文旅的发展模式具有较大的发展空间。

黄河地区的生态旅游就是典型的历史文化生态旅游区。河南省积极贯彻落实党中央关于黄河流域生态保护和高质量发展的相关政策，结合河南省省情对黄河流域发展进行战略定位。例如，借助 VR、AR 技术，打造悬河奇观、伟人足迹、治黄壮举、历史典故等，实施黄河文化遗产本体保护工程、黄河文化标识工程、古都古城风貌再现工程、非遗记录工程，黄河寻根和红色之旅，加速黄河流域智慧文旅建设进程。郑州市致力打造 1200 平方公里的黄河流域生态保护和高质量发展核心示范区；洛阳市举办“九曲黄河，非遗魅力”等线上黄河非物质文化遗产大展，展示沿黄九省 3200 余个省级以上非遗项目；开封市以“绿色、科教、休闲”为主题，打造集观光、游乐、健身、休闲、度假、民俗于一体的多功能黄河生态旅游区，打造“生态+”的旅游发展模式，利用已有的生态文化资源，保护好我们的母亲河[1]。习近平总书记于 2019 年 9 月 18 日在河南郑州召开了黄河流域生态保护和高质量发展座谈会，同时总书记发表重要讲话。

在 2018 年全国生态环境保护大会上，习近平总书记指出“生态兴则文明兴，生态衰则文明衰”，体现出文化和生态并重发展的理念。因此“生态+”的文旅发展模式，在未来一段时间内，必然是旅游业发展的重心之一，是具有持久性的发展模式。

个案篇

一、文旅产业与生态农业融合发展

做好生态扶贫和生态振兴的衔接工作，做好生态资源产业化，推动文旅产业绿色转型是当前生态振兴与文旅融合的最佳发展路径。乡村生态农业旅游已成为一种增进环保、崇尚绿色、倡导人与自然和谐共生的旅游方式。

[1] 蔡慧敏. 黄河流域生态文化旅游带发展研究——以黄河流域新乡段为例［J］. 决策探索（中），2021（4）：12-13.

（一）浙江滕头村：绿色发展，生态富民

1. 基本情况介绍

滕头村位于浙江省东部，是一个沿海的城市。它获得了许多国家级、世界级的荣誉称号❶。滕头村经过长期的实践，形成了别具一格的生态旅游区。滕头村发展生态农业，并借助生态农业发展生态农业旅游这一发展思路成为国内生态农业旅游发展的样本，对于当前全国其他地区发展乡村生态农业旅游具有重要的启示意义。长久以来，滕头村一直是乡村振兴发展成功的典型案例之一，新闻界、学界对于其报道和研究已经十分丰富。在当今乡村振兴的时代背景下，回顾滕头村的实践和发展过程，深挖其对于“文旅融合”的意义是十分有必要的。实践证明，其发展模式对于全国乡村振兴发展具有重要意义。

2. 主要做法和成效

（1）突出在地资源优势，开拓农业观光模式。农业观光模式是滕头村率先施行并取得一定成绩的特色发展模式。社会各界在其行业立场上对其发展模式做出了许多方面的梳理和总结。在农业观光方面可以概括为采用高新技术培育农产品旅游、高效农业旅游以及生产工厂化农业旅游几个方面。具体而言，当地引进了采用高新技术培育的农产品，并将成果通过农业旅游的形式呈现出来。这些被赋予“高科技”含义的新品种，成为滕头村主打的高科技农业观光景区的亮点。滕头村在其旅游区内开辟了可以进行实地观赏的花卉苗木观赏区，供游客观赏。这一观赏区的设立在一定程度上得益于滕头村引进高新技术发展农业这一举措。在技术方面，滕头村旅游景区不仅具有三十多年的花卉苗木种植技术经验，当地的滕头园林绿化工程公司也是其高效农业旅游的资源优势。生产工厂化农业旅游指的是将植物培育的动态过程展示给游客。在这里，游客既能够实地观赏植物培育过程中的各个阶段，同时也能够从中感受到农业生产工厂化以及现代化农业生产的发展方向。

（2）切实联系本地实际情况，发展具有田园风光特色的旅游模式。乡村旅游与城市旅游、名胜古迹等最大的区别在于其具有得天独厚的自然资源和农耕、农俗文化资源相结合的优势。基于此，滕头村发展了植物生态旅游、田园风光旅游以及生态环境旅游。在植物生态旅游方面，除了发挥本地植物的优势，滕头村景区还根据当地的实际情况建成了“全国第一条柑橘观赏林”，其品种十分丰富，并对相应的品种信息进行双语标注，便于中外游客理解该品种的产地、科类、品种及用途等。此外，滕头精品

---

❶ 滕头村是国家首批“AAAA”级生态旅游区，曾被联合国评为“全球生态500佳村庄”“世界十佳和谐乡村”等。

盆景园具有上万盆盆景，为游客呈现了物种丰富的植物生态旅游。在打造田园风光旅游方面，滕头村将旅游区划分成不同的特色区域，如黄花梨基地、江南风情园等。游客能够在这些地方休息、观光。游客观光和休息又成为旅游区一道新的风景线。在不同的时季，旅游区还推出相应的瓜果采摘活动，如葡萄、黄花梨等。在生态环境旅游方面，旅游区有着丰富的生态旅游资源。丰富的物种与美丽的田园风光也为滕头村景区发展生态环境旅游注入活力。

（3）挖掘农耕历史文化，发展农俗文化旅游。滕头村位于浙江省东部沿海，当地的农耕历史悠久。滕头村“因史制宜”，深入探索了当地的农耕文化历史源流，发展历史文化旅游。滕头村根据当地农村的实际情况，建造了耕作园。这一耕作园对于当地的农耕文化进行了生动的还原，被称为是具有浙东沿海地区历史文化特色“博物馆”。耕作园中收集了超过 300 多种具有历史文化意义的农村生产、生活用具。以物为媒，向游客展示了浙东沿海地区的农耕文化历史。

除了农耕文化外，农村民俗文化也是值得深入挖掘和探索的一种文化形式。滕头村景区借助当地的特色民俗文化，开展民俗文化旅游。旅游区在不同时段安排了例如舞龙舞狮、中华武术等民俗、文化表演，向游客展示了中华民族传统的民族文化。景区还开展农俗文化旅游，旅游区提供能让游客亲身参与的脚踏水车、手拉水碓、椿稻碾米等一系列活动项目。通过这样一些项目来体验农民的农耕生活。此外，动物竞技表演也是当地旅游区的一大特色。

（二）浙江安吉县：推进农业生态化，激发文旅产业活力

1. 基本情况介绍

安吉县位于浙江省湖州市。近年来，安吉县通过因地制宜、培育特色农业、改善自然环境和人居环境打造美丽乡村，开创了“安吉模式”❶。长久以来，安吉县充分发挥生态环境优势，率先转变发展方式，关闭污染严重的矿山企业；探索绿色发展之路，以竹产业、白茶产业等为代表的生态加工业蓬勃发展，为安吉县发展注入了活力，在保护绿水青山方面取得了显著成绩。

2. 主要做法和成效

（1）加强“绿水青山”保护，建立长效保护机制。绿水青山是地区发展文旅产业的根本。在“绿水青山”保护工作方面安吉县认为，首先是要坚守生态保护底线。由

❶ “安吉模式”是中国美丽乡村建设的一种实践方案，依托于美丽乡村建设政策支持，充分发挥安吉自然资源和农业资源的优势，大力发展以农产品加工为主的第二产业和以旅游业为主的第三产业，变资源为资本，实现一二三产业联合、城乡统筹发展，最终建成环境优美、生态良好、生活富裕的美丽乡村。

此，安吉县深入开展了“六治”❶行动。这一举措体现了安吉县对于生态保护、环境整治力度的加强以及坚守生态保护是底线的决心。其次是要创新完善生态文明体制、机制。得益于浙江省率先创新了基层规划与基层国土联合办公、森林公安与地方公安联动执法、矿产资源统一管理的防控机制，安吉县生态文明工作具有了一定的基础与保障。安吉县在这一基础上，进一步完善了相应的体制和机制。例如，创新实施以“限药、减肥、禁烧”为重点的农业面源污染治理对策，对水源保护地、自然保护区等区域逐步实行彻底封山育林；建立按照“谁受益、谁补偿”原则，探索建立企业环境污染责任风险金、排污指标有偿使用、排污权交易等制度。

（2）特色产业持续发展，带动乡村生态旅游。安吉县依托丰富的竹林资源，通过推广培育竹林栽培技术，建设竹子科技园区，发展“全竹利用”的竹木资源深加工产业，培育竹林旅游与乡村休闲旅游。依托白茶产业基础，通过高标准建设标准化生态茶园，推动白茶深加工企业发展，研发安吉白茶产品推进“机器换人”提升白茶加工水平，推动白茶产业与乡村旅游产业的深度融合发展。2021 年，安吉白茶以 45.17 亿元的品牌价值，连续 12 年跻身中国茶叶区域公用品牌价值十强。❷

（3）农业生态化发展，助推乡村全域旅游。近年来，安吉县全面推动农业高质量发展。农业是乡村的根本，将旅游业与农业融合发展是乡村振兴的必由之路。农业高质量发展则进一步拓展了乡村的发展空间。安吉县现形成了休闲农庄、农业园区、农业产业和农业公园等主要形态。在此基础上，安吉县积极发展休闲观光农业旅游，开展乡村旅游示范村的创建工作。目前，安吉县的乡村农业旅游发展已经具备一定的规模和基础，成功创建 16 个乡村旅游示范村，形成“农家乐”、高科技农业观光园、古镇、古村落以及农业新村等多个类型的乡村旅游项目。

（三）贵州省加车村：探索“传统村落+生态农业+观光旅游”的文旅融合新发展模式

1. 基本情况介绍

贵州省加车村位于贵州省毕节市乐治镇东北面。气候温和，雨量充沛。地处贵州最美稻田加榜梯田之中。2015 年上榜中国最美休闲乡村。根据 2021 年农业农村部对外发布的中国美丽休闲乡村推介和监测结果，2010—2017 年中国美丽休闲乡村监测合格名单中加车村榜上有名。近年来，加车村在各级帮扶单位的大力帮扶下，充分发挥村党支部引领带动作用，探索“传统村落+生态农业+观光旅游”的文旅融合新发展模

❶ “六治”行动指的是治水、治违、治气、治霾、治土、治废行动。

❷ 数据来源于安吉县人民政府新闻办公室下属的微信公众号“安吉发布”。

式，打造“稻鱼鸭共生系统示范园”“加榜梯田”“加榜香”等特色品牌，目前加车村内已经创建多种旅游项目，包括农事体验、传统民宿、休闲养生等。

2. 主要做法和成效

（1）保护传统村落建筑，发挥本土文化特色。贵州省加车村是贵州苗族聚居区，其吊脚楼建筑群保存完好。2013 年 8 月入选住房城乡建设部等部门公布的“中国传统村落名录”。近年来，当地村民在不改农村风貌、保护生态的前提下，集中开展村庄整治，修建了污水收集系统工程、人畜安全饮水工程、垃圾投放处理等基础设施，并通过旧房改建、招商新建等方式建起农家乐、民宿。村中聚集着汉、苗等民族，地域特色十分明显。当地进一步借助梯田农耕文化与少数民族特色文化融合发展文化旅游产业。

（2）发展生态农业，助推文旅融合。加车村的地理位置优越，气候适宜，地处贵州省梯田聚集地区，是加榜梯田最佳景观之一。加车村世代以为农耕为生，具有浓厚的农耕文化底蕴。村中“种植一季稻、放养一批鱼、饲养一批鸭”的“稻鱼鸭共生系统”更是联合国教科文组织挂牌的“稻鱼鸭共生田”样板，是全球重要农业文化遗产，并列入了保护名单进行保护。为丰富旅游活动项目，加车村依托“稻鱼鸭共生系统”，举办了“插秧节”“收割节”“烧鱼节”等活动，提升了梯田农耕文化体验。“传统村落+生态农业+观光旅游”的文旅融合新发展模式为生态振兴促进文旅融合发展提供了新的视角。

二、文旅融合与生态环境协同发展

实施乡村生态振兴战略，一个重要任务就是持续改善农村人居生活环境、建设美丽宜居乡村。改善我国农村“脏乱差”的生活环境的同时也为我国文旅产业的发展提供更优美、更优质的生态环境。文旅融合与生态环境的协同发展激发了乡村生态振兴的内在活力。

（一）成都市“川西林盘保护修复工程”，还原川西“林盘文化”景观

1. 川西林盘保护修复工程

川西林盘❶是四川地区十分具有特色和代表性的乡村景观，有着成都最具代表性的民居形式。川西盘林得益于其地理特点，呈现出“随田散居”的形态。这种集生产、生活和景观于一体的复合型居住模式则被称为川西林盘。其特有的景观、生态、文化

❶ 是指成都平原及丘陵地区农家院落和周边高大乔木、竹林、河流及外围耕地等自然环境有机融合，形成的农村居住环境形态。

等极大地丰富了我国的自然风光和人文特色资源，具有十分重要的价值。在市场经济浪潮、城镇化等社会因素的冲击下，川西农村地区的人地关系也有所调整，川西林盘面临着大量消亡的现实（见表5-5）。

表5-5　2007年、2014年、2018年成都市林盘概况比较

年份	摸底林盘数量（万个）	保护林盘数量（万个）	分布密度（/km^2）	年均递减幅度
2007	14.11	1.03	14.88	—
2014	12.11	1.03	10~15	2%
2018	11.18	0.8619	10	1.98%

数据来源：2020中国城市规划学术季乡村规划与建设学委会学术活动崔珩教授关于《川西平原传统乡村聚落“林盘”的今生与未来》的学术报告。

自2007年起，成都市即着手川西林盘的保护工作。2008年陆续从政策制度条例上推动川西林盘的保护工作。2017年11月成都市在“实施乡村振兴战略推进城乡融合发展大会”上提出了“十大重点工程”，要让其成为乡村振兴战略实施的有力支撑。而“实施川西林盘保护修复工程”便是“十大重点工程”之一。根据计划，2018年到2022年，成都将完成1000个川西林盘的保护修复❶。目前该工程还在持续开展。

2. 主要做法和成效

（1）统筹当地各域乡村振兴战略规划，全面保护修复川西林盘生态环境。首先以“整田”❷、护林❸、理水❹、改院❺为原则，力图通过对川西林盘院落、农耕环境等修护唤起天府“乡愁记忆”，建设“宜居、宜业、宜游”的现代特色林盘。其次是要统筹保护与修复。林盘本身与农田、水系、道路等相互依存，在保护修复林盘的同时，要统一对林盘相依存的林、水、宅、田等要素进行整体性的、协调性的保护修复。即要在总体上统一规划设计，系统性地保护修复。再次以维护川西林盘的原生形态为指导原则，重点保护生态系统形态和建筑聚落形态。最后分区分类施策，因地制宜。通过系统保护和科学的产业建设，分别形成了原生态保护型、农耕博物馆、休闲观光型等特色林盘。

（2）先建设一部分示范特色林盘，由先带后。以三种分类❻为指导，统筹推进川西林盘保护修复利用工作。在推进林盘保护修复工作时，对相应区域的本地资源和特色

❶ 到2022年成都将完成修复1000个川西林盘［EB/OL］.（2018-02-08）［2022-05-19］. 成都商报电子版03版. https://e.chengdu.cn/html/2018-02/08/content_617450.htm.

❷ 即发展现代农业，实施农田规模化、景区化改造。

❸ 即保护林盘生态，实施景观化改造提升。

❹ 即依托都江堰自流灌溉水系，彰显水文化，提升水景观。

❺ 即按照“乡土化、现代化、特色化”的原则改造和建设林盘建筑。

❻ 即“特色镇+林盘+农业园区”“特色镇+林盘+景区”“特色镇+林盘+产业园”。

文化等进行充分调研，尽量保证当地的资源优势充分发挥，特色文化也能够得到最大限度的呈现。即整体思路是，选择部分特色林盘先行试点示范建设。目前已经建成了许多特色示范林盘，如四川明月村、郫县东林艺术村等。其中都江堰川西音乐林盘是其中一个十分典型的案例，既有川西坝子独特风貌，还有新潮的时尚元素。在后续的推进工作中，成都市持续发力，建造出了一个又一个具有当地特色的林盘。川西林盘生态环境有了很大的提升，具备了更好的发展旅游业的基础，川西林盘不仅“盘”出了美景更“盘”活了经济。截至 2020 年 9 月，先后共投入小城镇建设专项资金 3 亿元，完成 350 多个林盘整治，命名了两批“成都市林盘保护利用示范点”共 100 多个，在建筑整治、环境改造、土地整理等方面积累了不少经验，具有显著的示范作用。❶

（3）融合“林盘文化”促进川西林盘文旅产业发展。林盘遍布于四川平坝、集中分布于都江堰灌区。得益于这一地理位置，当地人民在长期的生活生产实践中产生了具有悠久历史的传统农耕文化。在川西地区，其农耕文化的特色具体表现在当地的建筑、农耕器具、饮食习惯等方面，而这些具体的表征之间相互融合后又蕴含在川西农耕文化中。这一独特的地域文化，也有人将其称之为“林盘文化”。川西林盘居民区的人民通过长期的生产生活实践创造了“林盘文化”，反过来，“林盘文化”也影响着林盘居民的日常生活。川西林盘居民的生产、生活都可以依托林盘资源开展。由此，林盘居民形成了以小农经济为主的自给自足的“自养生态系统”。因此，在推进保护修复川西林盘工作时，融合川西传统农耕文化发展文旅产业来促进乡村振兴是因地制宜的良好结果。

（二）湖南宁乡市陈家桥村：创新环境改造方案，建设美丽乡村

1. 基本情况介绍

陈家桥村❷，位于湖南省宁乡市菁华铺乡西南部。2014 年以前的陈家桥村，村庄环境“脏、乱、差”。村内基础设施薄弱，交通闭塞，进出村需要绕道益阳，水利设施落后导致的水源问题时常引发群众冲突和矛盾。村民收入低，村上主打产业为农业，村集体经济收入基本为零。村民普遍不关心外界事物，也不愿意参与村内事务。自 2014 年以来，该村以党建引领带动乡村振兴，大力推动生态文明建设，2020 年成为国务院资环所习近平生态文明思想实践固定调研点。

---

❶ 数据来源于 2020 中国城市规划学术季乡村规划与建设学委会学术活动崔珩教授关于《川西平原传统乡村聚落“林盘”的今生与未来》的学术报告。

❷ 被评为湖南省美丽乡村建设示范村、省级秀美村庄、湖南省幸福村、长沙市市级绿色村庄和两型示范村、长沙市垃圾分类示范村、长沙市美丽乡村示范村、长沙市湿地建设村和宁乡市“五星村党支部”等。

2. 主要做法和成效

（1）全面深化农村经济产业结构化调整。一是全面治理农业面源污染，实现农业绿色生产。在农田污染治理方面，陈家桥村主要集中在减少化肥农药使用量，实现农作物农药使用量负增长。二是利用优势资源，发展绿色产业。陈家桥村利用现有 1000 亩香榧、金丝楠木、红豆杉等珍稀苗木基地，800 亩麝干、玉竹等名贵中草药基地和 3200 亩油菜花田等自然资源，大力发展休闲农业、观光旅游、体验旅游。

（2）创新环境改造方案，深化环境内涵。在人居环境改造方面，陈家桥村制定垃圾精准分类制度、屋场环境评比制度、屋场日常管理制度三个制度，充分利用屋场自治理事会、屋场妇女组织、屋场新时代文明志愿者三个队伍，建立小微水体和生活污水处理、厨余垃圾综合处理、无害化厕所处理三个终端，对齐“房前屋后整洁、农田菜园整洁、渠道水塘整洁”三个标准，实现交通道路硬化、绿化、亮化、美化，农村饮水便利化、安全化，公共场所及设施完善化三个目标。目前，该村已建成 11 个美丽屋场，村级主干道亮化绿化全覆盖。陈家桥村以美丽乡村建设为契机，着力打造集旅游、餐饮、休闲、娱乐、居住于一体的都市近郊田园休闲综合体。

我国的大多数村庄与陈家桥村一样，在地理、人文等方面没有特别突出的文化背景和文化特征，因此依托陈家桥村的发展经验，探索相似村庄文旅融合的发展路径具有十分重要的意义。陈家桥村所属的各级组织对当地乡村建设和发展工作十分重视，为其制定了十分详细的发展规划，并提供了大力支持。当地的村民对于村庄的发展则起到了决定性的作用。他们切实实行了各上级组织的指导和规划，并在此基础上进行创新。陈家桥村在发展过程中首先是学习和模仿了其他地区的发展模式，从生产、生活入手。在农业生产方面，利用当地自然资源的特点，种植适宜当地生产的植物；在乡村生态环境建设方面，根据村庄实际情况，制定特色垃圾分类制度，学习“河湖长制”，创新打造湿地景观等实践行为让其走出了一条乡村生态振兴促进文旅发展的新路径。

（三）湖南浏阳：有“含金量”更有“含绿量”的生态文明发展之路

1. 基本情况介绍

浏阳隶属长沙市，位于湖南东部偏北，东临江西省，因县城位于浏水之北（阳面）而得名。当地的旅游资源丰富，自然景观和人文景观都享誉盛名。例如位于浏阳市东北的大围山镇境内的大围山国家森林公园、位于社港镇境内的周洛大峡谷，中外驰名的佛教圣地的道吾山，以及位于大围山西南侧的浏阳湖等。浏阳具有得天独厚的自然资源优势，并坚持因地制宜的原则。经过全方位、多层次的努力，2021 年 10 月，浏阳被国家生态环境部授予“绿水青山就是金山银山”实践创新基地称号。浏阳在实践创新基地创建中，尽全力打造具有浏阳特色的实践创新基地。向全国展示“浏阳方案”，即以点带面、整体推进的建设思想统筹发展。在乡村振兴背景下，全市力量统筹规划，形成了具有浏阳特色的“一轴四区，三核一心”❶ 的全新格局。

2. 主要做法和成效

（1）强化水治理，实现“涵养一河碧水到湘江”。浏阳市境内淡水资源丰富，主要有浏阳河、捞刀河、南川河三大水系。2017 年，浏阳市率先在湖南省全面启动河长制工作。长久以来，全市十分重视对浏阳河的保护。经全市统筹发展，对浏阳河的保护工作多管齐下、综合施策，其水环境质量得到不断改善。2021 年，浏阳河双江口段岸边根据其地理优势和特色，建成了一个依山傍水、青山绿水的主题文化公园。浏阳全市开展了长时间、多层次、多方面的治理工作。例如在全市范围内开展“浏水斩污”等专项行动、建立生态奖惩机制等。系列举措强化了各级各部分乃至市民的护水意识，激发了各级各部门的护水积极性，形成强大的治水合力。2021 年 1 至 11 月，浏阳河、捞刀河、南川河三大干流水质均值保持在Ⅲ类以上，其中浏阳河金牌村出境断面水质稳定达到Ⅱ类。浏阳市的水治理工作取得了良好的成效。

（2）持续污染防治，提升空气质量。提升大气环境质量是近年来浏阳市环保方面的重要工作。总体以“强化面上治理、注重源头治理”为实践指导。把工作做在群众关切的餐饮油烟、秸秆焚烧、工地扬尘、工业废气等突出问题上。此外，还深入开展巡查管控和铁腕执法等工作，是推进空气治理环保工作的重要方式。目前已经修建了相应的监测站点❷，这些站点切实提升了生态质量监测水平。

（3）大力发扬生态文化，促进文旅融合发展。生态文化是良好生态环境的文化内涵。良好的生态文化是文旅融合与生态环境协同发展的关键。浏阳一直坚持生态优先，以绿色理念引领高质量发展。通过发展生态旅游，浏阳的文旅产业发展成效显著。2021 年 10 月 15 日，2021 年湖南省（秋季）乡村文化旅游节在浏阳田溪村开幕，让更多的人看到了浏阳的生态成果。2020 年，浏阳田溪村乡村旅游门票和项目收入达 1100 万元，辐射带动第二、三产业增收 2000 多万元。全村人均收入从 2015 年的 4700 元增加到 26000 元，212 户建档立卡贫困户全部实现脱贫，村集体经济收入达 20 万元。❸

---

❶ 即以浏阳河为轴打造浏阳河生态山水风光带；以“生态+乡村旅游”为核心打造大围山生态经济旅游开发；以“生态+红色文化”为核心打造湘赣边区域合作乡村振兴示范区；以“生态+绿色园区”为核心打造工业新城战略发展区；同时加强“绿心”保护，打造长株潭一体化绿心保护试验区。

❷ 浏阳市设立 2 个环境空气自动站、10 个空气质量小微站、12 个水质自动监测站和 3 个水质国控断面自动站等。

❸ 数据来源于《湖南日报》，刊载于《湖南日报》2021 年 12 月 3 日 06 版。

三、文旅融合与生态资源良性互动

乡村拥有丰富的生态资源，这是乡村发展文化旅游产业的独特优势。乡村立足自身的资源优势发展文化旅游产业，一方面促进了文旅融合在乡村的发展；另一方面乡村自身的生态资源得到了更大程度地保护与修复，同时也为乡村振兴增添活力。文旅融合与生态资源的良性互动是生态振兴促进文旅融合发展的应有之义。

（一）辽宁省丹东市獐岛村乡村旅游区：立足海岛优势，生态强岛

1. 基本情况介绍

东港市獐岛村[1]位于辽宁省丹东市西南部黄海之中。獐岛村在村两委班子的带领下，在各级政府的支持下，凭借得天独厚的自然资源优势和建设开发海岛的发展理念，通过规划建设，开展乡村旅游，集体经济得到快速发展。村庄基础设施不断完善，目前是以发展休闲农业为主要特色的海岛乡村旅游示范村。

2. 主要做法和成效

（1）积极保护生态环境，发挥资源优势。该村以生态采摘、赶海垂钓和乡村海岛时尚休闲游为旅游区主导产业，大力推进村庄绿化、美化人居环境，景区的植物覆盖率达 65% 以上。獐岛周围近 7 万亩滩涂浅海，盛产纯天然野生海鲜，同时也为游客度假休闲垂钓、赶海、拾贝提供了广阔的天地。海岛野菜采摘成为游客来岛春游的必选项目。独具特色的海岛休闲渔业开发和利用已成规模产业。“吃渔家饭、住渔家屋、干渔家活、观渔家景”成为景区的特色“渔家乐”旅游活动。这些活动具有十分鲜明的海洋特色和浓厚的渔家文化，能够给游客带来十分新奇的旅游体验。游客通过欣赏海岛风景，品尝渔家特色餐食，住宿在渔家的大火炕，以及和渔民一起赶海、垂钓、拾贝等活动实地体验“渔家乐”。此外，渔村民间活动（民间丹东獐岛大秧歌、渔家号子、渔家祭海等）以及原汁原味的“正月渔家乐”“渔家赶海”“做渔家人”等系列活动也是当地的特色。

（2）加强旅游基础设施建设，大力发展休闲旅游。随着丹东市政府打造大旅游产业格局，獐岛村作为滨海旅游产品的中心地位将进一步显现，其对外辐射功能及对丹东周边地区经济拉动起到重要作用。近年来，獐岛村旅游基础设施不断完善、配套设施日益齐全，旅游环境极大改善，旅游服务能力显著提升。

（3）注重乡村环境管理，整治环境污染。严格执行国家各项卫生法律法规，不使

---

[1] 獐岛村现为国家 4A 级风景区，并荣获全国最美休闲村、全国五星级休闲农业与乡村旅游示范村、中国美丽乡村、全国生态文化村等。

用对环境造成污染的餐具，残渣废料必须专门集中收集储藏和处理，不随意排放或丢弃。兴建垃圾焚烧场和污水处理厂，进行垃圾分类。

（二）四川雅安市：创新生态文化旅游融合发展路径

1. 基本情况介绍

四川省雅安市位于川藏、川滇公路交会处。从自然地理特点来看，雅安是四川盆地与青藏高原的结合过渡地带、现代中心城市与原始自然生态区的结合过渡地带。从人文的角度看，雅安也是汉文化与民族文化结合过渡地带。雅安成为新兴的旅游城市与它得天独厚的自然资源密不可分，雅安被誉为“山水胜境”，海拔 515. 97~5793 米形成了变化明显的地形地貌，且立体分布特征突出。[1] 此外，大熊猫也是雅安市的一个名片。雅安市是世界上第一只大熊猫的科学发现地，同时也是四川大熊猫栖息地核心区。

丰富的自然资源为雅安生态文化旅游的发展奠定了坚实的物质基础。2021 年 10 月 12 日，生态环境部发布公告，对第五批国家生态文明建设示范区名单进行公示，雅安市天全县榜上有名。同时，生态环境部还对第五批“绿水青山就是金山银山”实践创新基地名单进行公示，雅安市荥经县上榜。

2. 主要做法和成效

（1）明确发展定位，致力生态保护和修复。“美丽雅安 · 生态强市”是近年来雅安市生态保护工作的基本定位。雅安市全区牢固树立了“全域旅游”的发展理念，不断生发出新的旅游业态，乡村旅游亮点突出。一直以来，雅安市持续开展生态保护修复工作，强化生物多样性保护和监督执法力度。相关工作坚持把生态优先、绿色发展作为工作原则。目前，雅安市已建成国家级生态乡镇 1 个，省级生态乡镇 13 个，通过省级生态乡镇技术核查的 14 个，建成省级生态村 28 个。[2] 建设成为绿色发展示范市，打造绿色发展的“雅安样本”。[3]

（2）深入推进生态文明体制改革，建立长效保护机制。近年来，雅安市致力于深化推进生态文明体制改革，以期建立长效的生态保护机制。具体而言，雅安市从以下四个方面入手。首先，实施生态环境分区管控，全面落实环评审批与监督执法“两个正面清单”。这一举措致力于构建科学合理的产业空间布局，以符合与生态环境相适应的要求。其次，雅安市认真落实各项有利于生态环境保护的各项措施。积极倡导生产、生活绿色发展的理念；同时进行推动生产、生活绿色发展社会实践。再次，在生态文

---

[1] 资料来源于雅安市人民政府网。
[2] 数据来源于雅安市人民政府网。
[3] 数据来源于雅安市人民政府网。

明建设工作方面，由市政府进行统筹规划，全市各级各部门相互协作，争取建立起适宜雅安市的长效保护机制。最后，雅安市持续推进环保督察、“绿盾”、信访等各类反馈问题整改落实，健全督导机制，加快健全党政领导干部生态环境损害责任追究等生态文明建设的制度保障。

（3）生态文化与地域特色融合发展，为文旅产业注入活力。雅安市既具有生态资源优势，同时也致力于打造当地特色文化。雅安以大熊猫文化为核心，突出生态文化旅游融合发展，同时也发展茶文化，打造茶品牌。总体上突出生态文化旅游融合发展的特点。

（三）江苏省苏州市旺山村：绿水青山变金山银山

1. 基本情况介绍

旺山村位于江苏苏州。其地理位置十分优越，东面是京杭大运河，西面是具有丰富生态资源的七子山，南面是东太湖，北面是名胜古迹上方山。它地处于苏州的西南部，是苏州市的南大门。旺山拥有得天独厚的生态环境、丰富的自然资源和悠久的历史人文景观。旺山村是一处复合型的旅游休闲景区，其山林资源丰富、生态环境宜居，此外还具有田园村落风情和历史古迹，并获评许多荣誉称号❶。

2. 主要做法和成效

（1）立足优势，因地制宜发展乡村生态旅游。旺山村通过大规模实施封山育林、山体覆绿和宕口整治，再现青山绿水的自然风貌。旺山村森林植被覆盖率达 78%，是天然的“绿肺”和“氧吧”。因此，旺山村牢牢把握这个核心要素，致力打造“生态、健康、休闲”的乡村旅游品牌。

（2）补齐短板，改善乡村环境。旺山村利用好自身的有利条件，优美的自然风光以及区位优势进行科学规划。在整体上进行布局调整，将发展方向定位在乡村特色旅游。具体的措施包括改造民居，以典型苏式风格为主要改造方向，对生态园区内的民居进行集中整治和开发；改水排污，铺设污水管网，重建桥梁，实现区域零排放；道路建设，新建生态道路 20 公里；同时实现了电力、通信、电视、网络等线路全部入地，既保证了效用又实现了视觉美观。同时，积极推进农业产业结构的调整，着重发展经济型茶园、果园、花卉园、蔬菜园、养殖园，打造特色高效农业生产基地。整个景区形成五大板块，即钱家坞农家乐餐饮住宿区、耕岛农事参与体验区、上山塘农业观光游览区、叆叇岭农业观光游览区、环秀晓筑温泉养生区。

---

❶ 案例资料来源于国家发展和改革委员会网站。

（3）融合传统农家文化，发展特色乡村游。目前旺山引进了“王森巧克力工厂”“天棚美术馆”“儒林居”“隐君子陶瓷”“正道书院”等文化创意客商。从生态农庄集聚的新农村逐步走向乐居、乐业、乐活的旅游休闲度假美丽乡村。发展乡村旅游，关键在于围绕民俗展风情。当地的特色农俗、民俗是当地乡村旅游发展的原生活力，也是乡村发展旅游的契机。乡村要尽可能呈现当地原生文化，突出农家特征。农耕文化越突出、越典型，越符合大众对于美好田园生活的向往，乡村旅游才会越有发展潜力。

理论篇

一、生态振兴奠定乡村文旅融合发展基础

良好的生态环境既是乡村生态振兴的目标，又是乡村文旅融合发展的基础。乡村振兴实践逐渐形成了“生态振兴+文旅融合”的协同发展模式，两者相辅相成，共同推进乡村振兴可持续发展进程。部分农村以生态振兴为抓手，在保护生态先行的前提下开发旅游业，不断调整产业结构，走出了一条绿色发展的可持续道路。

《乡村振兴战略规划（2018—2022 年）》着重强调了建设乡村生态文明的三个重要举措：推进农业绿色发展、持续改善农村人居环境、加强乡村生态保护与修复。以上三方面的要求已成为依靠农村生态资源开发文旅产业的首要考虑因素。

（一）发展生态农业，补充乡村文旅资源

农业是国民经济建设和发展的基础性产业，在乡村振兴发展新环境下，农业与旅游业的融合发展，成为农村经济的增长点。[1] 乡村振兴、乡村旅游和生态农业三者之间具有紧密的联系（见图 5-1）。以生态振兴为导向的文旅融合助推生态农业的转型与发展，逐渐衍生出绿色农业、休闲农业和观光农业及一系列配套旅游服务设施。与此同时，生态农业的发展也是对乡村文旅资源的多样性和丰富性的有力补充。

[1] 马亚楠. 十八大以来中国共产党农业发展问题研究［D］. 济南：山东大学，2018.

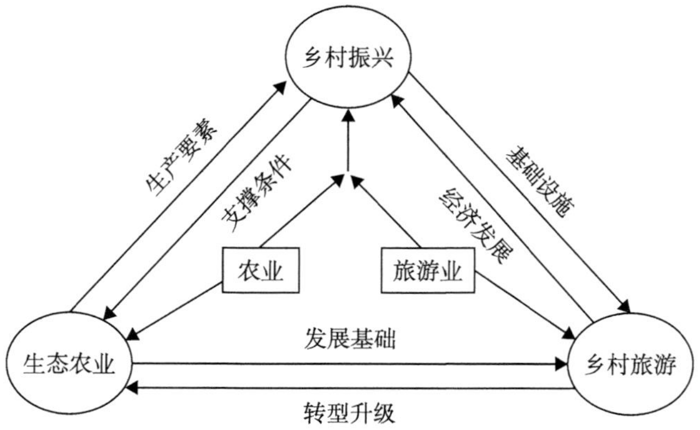

图 5-1　生态农业、乡村振兴和乡村旅游关系❶

农业绿色发展是现代农业发展观念的一次重大转变，也是引领乡村生态振兴的主要着力点。生态农业有助于建立生态宜居的美好环境，建设美丽乡村，这是乡村文旅融合的应有之义。首先，生态农业的发展促进了农村产业结构调整，改善了因不当发展工业造成的环境污染情况。20 世纪 90 年代，浙江省安吉县高家堂村因缺乏污水治理，村落环境一度被严重污染。随后，在安吉县委、县政府的治理下，安吉县实现了产业转型，大力发展以竹业为主的生态农业。据当地的工作报告，安吉县充分利用当地的竹林资源，打通林道，建立竹用林经营示范区，与现代科技园区连成一体，可见安吉县生态竹林业良好的发展态势。❷ 目前，高家堂村已形成竹产业生态、生态观光型高效竹林基地。据有关资料记载，2017 年高家堂村接待游客达 38 万人次，旅游收入 900 余万元。❸

其次，生态农业本身形成的自然景观，可为农村文旅融合提供新的探索方向和开发对象。目前，将生态农业开发成为景区，变资源为资本的实践较多体现在观光农业的发展上。观光农业是传统农业和旅游业交叉形成的新兴产业，不仅具有依托农业景观的观赏性，并且还具有一定的参与性。一方面，当地村民可通过农作物种植等形式参与观光农业的建设；另一方面，游客也可以通过采摘蔬菜水果、体验播种农耕等农事体验活动参与其中。因此，观光农业不仅是农村旅游项目的补充，也是农村传统文化与生态文化的表现载体。如宁波滕头村在打造生态村的过程中，以生态农业为基础，引入社会资本打造休闲农业观光景区。其中包括鲜花水果采摘区、农耕活动区等旅游

---

❶ 郭显鹏，黄应绘．生态农业、乡村旅游和乡村振兴协调性研究——以重庆市为例［J］．湖北农业科学，2022，61（2）：29-34．

❷ 竹海之船　打造生态美村：浙江省高家堂村美丽乡村创建工作纪实［J］．农村工作通讯，2015（13）：58-59．

❸ 黄平．浙江安吉高家堂村：认准“生态路”山村变景区［EB/OL］．（2021-12-02）［2022-05-19］．中国经济网．http://www.ce.cn/xwzx/gnsz/gdxw/201812/02/t20181202_30920163.shtml．

项目，吸引了众多游客参观游玩。

（二）完善人居环境改造，优化乡村文旅基础

“改善农村人居环境，是以习近平同志为核心的党中央从战略和全局高度做出的重大决策部署，是实施乡村振兴战略的重点任务，事关广大农民根本福祉，事关农民群众健康，事关美丽中国建设。”❶ 改善人居环境作为建设“生态宜居的美丽乡村”的重要举措，决定了农村村容村貌的良好程度和基础设施的完备程度，也是乡村文化旅游发展的关键基础。

针对农村人居环境存在的垃圾、污水等遗留问题，有关部门先后在关于推动乡村旅游发展的文件中强调了完善人居环境改造的重要性。例如，国家发展改革委等 12 个部门在 2018 年共同制定了《促进乡村旅游发展提质升级行动方案（2018 年—2020 年）》，其中的第二点“推进垃圾和污水治理等农村人居环境整治”便提出了改善农村人居环境的相关举措，包括厕所革命、垃圾无害化处理、生活污水处理等。

整治人居环境利于盘活乡村资源，打造农村文旅产业，推动农村产业结构调整。乡村旅游的基础是农村的自然风光、生态资源、传统建筑和民俗民风，与农村人居环境整治有着很强的耦合关系，两者互相影响，互相支撑。❷ 目前我国已有一部分地区凭借改造人居环境走上文旅开发的道路，例如拉萨市达东村自 2016 年启动的村容村貌整治和旅游扶贫开发项目。该项目参照乡村旅游建设标准，重新规划达东村的建筑布局，完善乡村厕所等基建体系，改造和整治遗留的危房旧房。达东村的村貌整治工作为其实施旅游扶贫提供了可持续发展的条件，使达东村从原来的贫困村摇身一变跃升为复合型的旅游村。乡村定位的改变也扩大了该村在旅游业的影响范围，也增加了当地的收益。2018 年，随着达东村文旅特色产业的丰富和项目知名度、美誉度不断提高，接待游客量达 40 万人次，旅游收入 607 万元。❸

需要指出的是，我国农村人居环境状况区域差异很大，针对不同的环境问题需要因地施策。总体来看，我国农村人居环境问题最突出的是垃圾、污水乱放乱排带来的环境污染问题；但在区域层面，由于地理方位、气候特点等原因，不同区域的具体情况不尽相同。同时要注意到，目前我国农村人居环境改善实践中存在着一些问题。譬

---

❶ 农村人居环境整治提升五年行动方案（2021—2025 年）［EB/OL］.（2021-12-05）［2022-05-19］. 中国政府网. http://www.gov.cn/zhengce/2021-12/05/content_5655984.htm.

❷ 温莹蕾. 乡村振兴战略指导下农村人居环境与乡村旅游协同发展策略研究［J］. 安徽农业科学，2021，49（24）：243-245.

❸ 打造乡村旅游扶贫标杆——西藏自治区拉萨市达东村［EB/OL］.（2020-08-26）［2022-05-19］. 国家发展和改革委员会. https://www.ndrc.gov.cn/xwdt/ztzl/qgxclydxal/lyfpczx/202004/t20200423_1226444.html?code=&state=123.

如绿色发展的导向不明确、环境整治机制的创新广度和深度不够、环境整治规划的系统性不足、乡村建设中农民主体性及参与性被忽视等。[1] 因此，农村人居环境的改造应结合当地实际情况，因村施策，针对个案特点有侧重地打造自然生态型、人文传统型、田园风光型等不同类型的人居环境。同时，要创新农村人居环境改造的机制，坚持可持续性的科学发展，明确乡村“生态先行”的发展导向。

（三）加强乡村生态保护与修复，实现文旅融合长效发展

良好的乡村生态环境不仅是乡村绿色发展不可或缺的基本保障，更是发展农村生态旅游、彰显农村生态文化的必要前提。只有着力解决乡村生态环境恶化的问题，恢复乡村的绿水青山，才能使乡村发挥其优良的生态功能，变成长效发展的“金山银山”。

乡村拥有先天的生态资源优势，这为文化和旅游融合提供了绿色发展的保障。要实现乡村振兴的文旅融合，首先就要解决文旅资源的保护和发展的关系把握问题，需要找到两者之间相互平衡的中心点。乡村旅游的开发要以保护丰富的自然资源为重，坚持“生态保护先行”的原则，这是乡村文旅融合的根本方向。

保护乡村生态有助于打造优美的乡村景观，为吸引游客打下良好基础。部分乡村由于工业废料的不当处理、恶劣的自然条件等问题，导致周围生态环境恶化，处于亟待修复的状态。乡村可通过生态保护，打造出良好的生态环境，因地制宜开发生态文化旅游景区。要向游客树立一个“绿色健康、生态宜居”的美丽乡村形象，首先就要加大乡村生态环境的治理力度。山西省右玉县生态修复治理的实践为其他地区提供了典型的借鉴案例。地处沙漠边缘的右玉县常年气候干燥，全年温差大，导致当地生态环境不断恶化。右玉县人民始终将“绿水青山就是金山银山”作为生态文明建设的指导思想，经过20世纪50年代至今的不断努力，已构建出一套比较完整的生态体系：首先，生态安全体系以山、水、林等系统治理为主，充分彰显了当地的生态治理能力；其次，生态文化体系以“塞上绿洲”为特色，丰富了当地旅游开发的文化蕴含。右玉县的生态环境从之前的黄土高坡、沙尘漫天的景象转变成了绿水青山、绿植林立的优美风景。依托优美的生态环境，右玉县大力培育森林旅游、森林康养等森林文化旅游产业，建成了森林公园为主的一批生态观光旅游景区。2020年，全县旅游接待人数达

---

[1] 卞素萍．美丽乡村建设背景下农村人居环境整治现状及创新研究——基于江浙地区的美丽乡村建设实践［J］．南京工业大学学报（社会科学版），2020，19（6）：62-72，112.

425 万人次，旅游总收入 26.43 亿元。[1]

保护乡村生态有助于完善乡村文化体系，助推乡村生态文化传播与发展。乡村生态环境是乡村文化的载体，包含了丰富的农村生态文化、农业产业文化、具有地域特色的乡村文化。在为游客提供旅游场所的同时，农村生态在农村文化的传播与发展上起到了助推作用。2017 年，成都市宣布将开展包括“川西林盘保护修复工程”在内的乡村振兴“十大重点工程”。川西林盘分布于成都市境内平原和丘陵地区，由农家院落和周边自然生态环境构成，发源于遥远的古蜀文明时期，具有丰富的生态美学价值。并且，川西林盘承载着四川省独有的天府文化和平原农耕文化，川西原住民搭建的农家建筑更是川西文化的鲜明载体。可以说，保护川西林盘就是保护成都当地基于独特历史和地理优势发展出的传统文化和生态文化。为进行川西林盘保护修复工作，成都市制定了多套建设方案，其中“特色镇+林盘+景区”方案打出生态修复和文旅融合的组合拳，合理利用生态优势和文化积累打造旅游景点。届时川西林盘将成为成都市推广天府文化、农耕文化、川西文化的重要宣传对象，促进当地文旅特色融合。

二、生态振兴丰富乡村文旅融合发展形势

随着人们经济水平和生活质量的提高，人们开始向往乡村“田园牧歌”式的世外桃源生活，试图在乡村寻找短暂逃避都市生活的“乌托邦”。人们对乡村生活和自然风光的向往成为发展乡村旅游的主要动力。在开发乡村文旅项目的过程中，生态振兴为其提供了多样的发展形式。农村拥有丰富的自然资源和得天独厚的天然景观，为乡村文旅融合提供了新的发展形式。一方面，乡村生态蕴含的乡土传统文化与自然生态文化丰富了乡村文旅融合的内涵；另一方面，与乡村生态紧密联系的绿色产业与旅游产业的结合，萌生出新型的乡村旅游形式和文旅融合模式。

（一）深挖乡村传统文化，丰富乡村文旅融合发展内涵

旅游产业始终与文化内涵相勾连，文化特色是旅游开发的核心所在。乡村独有的传统人文环境、自然环境、生活习俗等传统文化丰富了文旅融合的内涵。乡村文旅融合发展与乡村传统文化具有紧密联系，如果乡村传统文化得不到保护与传承，乡村文旅融合就会失去独特性和生命力。

“乡土传统文化是本地区独有的地方感和鲜明的文化特色，承载着本地区的历史记

[1] 中国生态修复典型案例：右玉县荒漠化防治［EB/OL］.（2021-10-17）［2022-05-19］. 中国自然资源部. https://mp.weixin.qq.com/s?__biz=MzA4MDU2MjQzMg==&mid=2654075520&idx=3&sn=fed8c6705f8fc5faffa483697c9f8897&chksm=84670aefb31083f9e9072a1983df993aeac35beb61adcb28bfa20fd384cb9378c4ef4e564cb2&scene=21#wechat_redirect.

忆和文化脉络，保存着本地区的乡土气息和民俗风情。”❶ 对农村的商业化开发要建立在深挖当地乡村传统文化的基础上，防止外来文化和社会资本注入造成乡土文化消解。同时，乡村旅游经营者不仅要展现乡村的自然之美，更要突出乡村的地方、民俗和民族特色，丰富乡村文旅融合的内涵。

乡村传统文化保护反映到乡村生态振兴的实操层面，主要是对传统村落中乡村人居环境等基础设施的把握问题。乡村人居环境是乡村传统人文的直接体现，承载着淳朴的民风民俗。传统村落“讲究整体布局，利用山水资源，背山面水，依靠自然河流和人工沟渠，保证村内外水自然循环，将生态文化与建筑文化有机结合。”❷ 强调人居环境和生态环境的协调性，蕴含着丰富的文化旅游资源。同时，传统村落不仅是民风民俗等非物质文化遗产的承载体，更保留着直观反映古代人民智慧的建筑风貌等物质文化遗产。因此，需要深入挖掘传统村落丰富的文化资源内涵，加大对传统村落各类文化的研究，推动乡村文旅经济高质量发展。

对传统村落的文旅开发要建立“生态—文化—经济”三位一体发展模式。部分村落在开发时忽略了当地的承载能力范围，破坏了生态原貌；或是没有结合当地文化和习俗特色，具有极强的路径依赖，最终造成了“千村一面”的开发同质化现象。从乡村生态振兴的角度出发，传统村落的开发要以实现生态价值为基础，在保护乡村生态的前提下寻求“文—旅—居”融合模式，多元化传承乡村传统文化。同时，要利用农村人居环境和绿色农业呈现乡村传统文化，突出品牌优势。如通过展览馆、农家庄、田园综合体等形式充分展示村落的生态与文化特色。

（二）强化乡村生态文化，发挥乡村资源优势

乡村是具有丰富自然生态资源的功能区，不同地域的乡村涵盖着形式、内涵各异的生态文化。有学者指出，广义的农村生态文化是农民在当地特定的生存环境下形成的生态价值观，它反映了人类与自然和谐相处的新的生活方式。❸ 乡村生态文化旅游是文旅产业泛融合趋势下的新业态，也是建设乡村生态文明的新举措。乡村应借助文旅融合的趋势，盘活乡村生态资源，采取措施强化乡村生态文化。

一是治理与保护乡村生态环境，建设绿色生态家园。乡村生态环境可分为自然环境、生产环境和生活环境。保护乡村生态环境即是要做好“推进农业绿色发展、持续

❶ 王庆生，张行发．乡村振兴背景下乡村旅游发展——现实困境与路径［J］．渤海大学学报（哲学社会科学版），2018，40（5）：77-82.

❷ 严晓萍．保护传承传统村落文化推进文旅深度融合［J］．经济论坛，2022（1）：99-105.

❸ 李世书．农村生态文化发展的路径选择与动力机制分析［J］．信阳师范学院学报（哲学社会科学版），2014，34（2）：69-72.

改善农村人居环境、加强乡村生态保护与修复”三个方面的内容。要强化当地的乡村生态文化，重点应对当地的生态进行相应的修复与保护。如上文提到的成都川西林盘修复工程，川西林盘涵盖了形式多样的传统农耕文化，坐落于成都平原与丘陵之间，承载着古蜀文明以来的传统农耕文化。成都市政府将川西林盘的修复工程作为乡村振兴的重点工程之一，提出要依托生态资源建设特色镇和相应的农业园区、产业园和景区，并在传统农耕的基础上引进现代的产业功能，通过“整田、护林、理水、改院”，建设“宜居、宜业、宜游”的现代特色林盘。❶ 此举不仅完成了乡村生态环境的修复，保留人与自然和谐共生的农村自然原貌，更是对当地生态文化的切实保护。

二是将生态理念作为农村旅游发展主线，塑造鲜明的乡村生态文化主题。将乡村生态文化保护回归到文旅融合的层面上，就是要借助乡村生态旅游的形式，传承并发展乡村的原生态文化。依托我国乡村各具特色的山林、溪水等自然资源，保护并改造现存生态人文景观，根据当地生态文化特点打造精品生态旅游线路和旅游项目，促进生态旅游产业开发。

（三）创新商业运作路线，优化乡村生态旅游项目

关于乡村开发旅游产业的问题，国务院 2016 年中央 1 号文件指出乡村要依托农村已有的生态资源和文化资源，大力发展度假、观光、康养、体验等旅游项目，“使之成为繁荣农村、富裕农民的新兴支柱产业。”❷ 可以说，依靠乡村得天独厚的自然生态基础开发农村旅游项目已是大势所趋。近年在众多乡村的振兴实践中，发展出一大批示范性的乡村生态旅游项目。但部分乡村在进行开发时无视实际情况，盲目追随他人经验，某些村落的旅游开发呈现出同质化的倾向。单一化的发展模式缺乏足够的内容载体，不能很好地吸引游客前来观光游玩。这既不利于旅游产业增收，也不利于乡村文化的推广。

乡村旅游开发应结合当地实情，深入挖掘地域文化，优化生态旅游项目形式与内容，实现“一村一品、一村一景、一村一韵”。同时，乡村生态旅游开发应结合市场实情，根据人们的需求推进不同的产业相融合。例如，可以根据群体的需求打造分众化的旅游项目，针对老年群体的健康产业和针对儿童的教育产业便是其中两个代表性的产业。乡村旅游生态应向上述产业寻求融合之道，打造多元化的生态旅游体系，实现乡村生态旅游资源共享。具体措施包括以下两个方面。

---

❶ 到 2022 年成都将完成修复 1000 个川西林盘［EB/OL］.（2018-02-08）［2022-05-19］. 成都商报电子版 03 版. https://e.chengdu.cn/html/2018-02/08/content_617450.htm.

❷ 中共中央 国务院关于落实发展新理念加快农业现代化实现全面小康目标的若干意见［EB/OL］.（2015-12-31）［2022-05-19］. 中国政府网. http://www.gov.cn/zhengce/2016-01/27/content_5036698.htm.

一是突出乡村绿色自然特点，积极发展乡村康养旅游。乡村康养旅游主要针对老年人群，借助生态环境优越的农村，为老年人提供农家乐、民宿等居住地，在居住地周边开展旅游活动。我国乡村生态旅游和健康产业融合已初现成效，完成了初步的融合。部分农村凭借当地森林、湖泊等生态环境基础，打造森林康养中心和养生度假区，开展体验式的慢生活休闲区建设。并且因地制宜推出了养生、疗养等健康旅游项目，满足了不同旅游者的个性化需求。[1] 但农村健康旅游的完整产业链还未形成，乡村康养旅游的形式还较为单一，主要是一些农家乐、自然风光观赏区。发展乡村康养旅游还需进一步考察老龄市场，明确老年游客的需求，完善乡村康养旅游的产业链。

二是借助生态教育、素质教育理念，积极开发乡村研学旅游。随着素质教育理念的革新和乡村旅游形式的转型，乡村应积极考虑投入资本，利用生态环境打造乡土文化的教育基地，开创研学游学项目，发挥研学旅行乡土乡情教育和家国情怀教育功能。

（四）创建典型发展模式，助推文旅融合发展常态化

乡村生态振兴与文旅融合之间合目的性揭示了两者的发展逻辑：以创建“生态宜居的美丽乡村”为目标的乡村生态振兴必然会促进乡村文旅融合的发展，而乡村文旅融合引进的人才与投入又会反促乡村生态得到保护与改善。根据农村一二三产业融合的趋势，以乡村生态为底的文旅融合开发将是一个常态化发展的过程。乡村生态、旅游与文化三者的融合发展既需要切合实际因村施策，又应该适当借鉴已有成功经验提升开发效率，在最短时间内将资源转换为收益。

在推进乡村文旅融合的过程中，各地根据不同的理解，探索出了风格各异的发展模式，其中以浙江省自 2003 年就不断发展完善的“美丽乡村”的建设模式为典型。[2] 下文将以浙江省内几个地区典型的美丽乡村建设经验为例，总结乡村生态振兴与文旅融合实践可借鉴的发展模式。

“安吉模式”——做优绿色农业，发展休闲旅游。浙江省安吉县早期曾经历过严重的工业污染，之后在“千万工程”的指引之下，在县内实施“双十村示范、双百村整治”的“两双工程”，采取多种形式推进乡村环境修复与整治。之后在寻求产业转型的道路上，安吉县着重发展以竹业、茶业为主的绿色农业，并以此为基础打造观光旅游景点和休闲旅游项目，为当地村民创收做出了重大贡献。

“永嘉模式”——改善人居环境，盘活文化资源。浙江省永嘉县主要在整治乡村环境、保护村落原貌和开发生态旅游三个方面开展生态振兴与文旅融合。首先，永嘉县

[1] 金媛媛，王淑芳．乡村振兴战略背景下生态旅游产业与健康产业的融合发展研究［J］．生态经济，2020，36（1）：138-143．

[2] 吴晓琳．美丽乡村的建设模式与路径研究——以浙江省为例［J］．农村经济与科技，2022，33（1）：51-53．

在浙江省“千村示范、万村整治”工程的推进之下，整治因工业污染而持续恶化的农村环境，主要措施包括处理排污物、丰富农村绿化，打造田园风光，着重改善人居环境。其次，永嘉县对境内200多个古村落进行梳理和保护利用，充分挖掘其自然生态和历史文化价值。最后，永嘉县大力发展乡村生态旅游，结合现代农业和养生保健等产业，促进产业结构调整。

“河上模式”——结合生态资源与古镇文化，完善文旅产业链。浙江省萧山区河上镇利用自身天然优势，重点打造凤凰坞村、东山村、众联村等美丽乡村，推进全域旅游产业发展。一方面，河上镇以产城融合为路径打造特色小镇，变田园为景区，变农舍为民宿，形成了一条完整的产业链；另一方面，河上镇发挥资源优势，推进农旅融合、文旅融合，用天然的自然景观和民宿文化活动吸引游客前来参观。

三、文旅融合发展反哺乡村振兴

（一）生态振兴与文旅融合的共生关系

乡村振兴是我国应对新时期社会基本矛盾的重大战略，包含产业兴旺、生态宜居、乡风文明、治理有效、生活富裕等五个方面的要求，其中生态宜居是关键。从生态文明建设和农业农村可持续发展以及人与自然和谐共生的角度来看，“保护生态环境就是保护生产力，改善生态环境就是发展生产力”，乡村生态振兴在乡村振兴中居于基础性地位，也是乡村振兴的应有之义及重要组成部分。

文旅融合是新时代背景下我国践行中国特色社会主义思想的新目标和新使命，其核心在于推动文化和旅游的深度融合和高质量发展。在乡村振兴发展的大背景下，乡村的文旅融合是其发展转型升级和可持续发展的内在要求，也是落实乡村振兴战略、实现乡村繁荣发展的重要内容和重要途径，以文促旅、以旅彰文，已成为推动乡村振兴发展的必然选择。[1]

针对乡村生态环境建设，《乡村振兴战略规划（2018—2022年）》[2] 指出，应牢固树立和践行绿水青山就是金山银山的理念，坚持尊重自然、顺应自然、保护自然，统筹山水林田湖草系统治理，加快转变生产生活方式，推动乡村生态振兴，建设生活环境整洁优美、生态系统稳定健康、人与自然和谐共生的生态宜居美丽乡村。同时也指出：应在保护传承的基础上，深入挖掘乡村传统文化，将乡村地域特色融入乡村建设，为增强文化自信提供优质载体；同时需发展乡村特色文化产业，积极推动文化、旅游

---

[1] 刘婷，梁千雨．“乡村振兴+文旅融合”协同发展模式研究［J］．南方农机，2022，53（1）：69-74．

[2] 中共中央 国务院乡村振兴战略规划（2018—2022年）［EB/OL］．（2018-09-26）［2022-05-19］．中国政府网．http://www.gov.cn/zhengce/2018-09/26/content_5325534.htm．

及其他产业深度融合、创新发展。

乡村生态与文旅融合发展要兼顾乡村文化的价值性和延续性、乡村旅游的多样化和品牌化，以生态保护为前提，以文化传承为核心，以乡村特色为主题，以文旅产品为载体，以服务体验为品质，使文化在旅游中保护与传承、旅游在文化中发展与升华。❶

生态振兴既是乡村振兴、乡村文明长足发展的重要一环，更是促进乡村文化、旅游融合发展的关键因素。文旅融合理论在宏观层面提出生态资源是产业融合，特别是文旅融合的基础性资源。❷ 因此乡村生态振兴和文旅融合发展是相辅相成的，只有做好了乡村生态振兴，文旅融合发展在乡村才有发挥的空间，同时文旅融合发展也是乡村振兴的重要方式。

（二）发展乡村文旅产业，促进乡村振兴

在党的十九大报告中，习近平总书记提出“乡村振兴战略”，将乡村发展提升到了新高度。2021 年中央一号文件将“三农”工作重心向全面推进乡村振兴转移，至此乡村振兴成为目前国家的重要工作之一。然而目前乡村振兴还存在着人才不足、文旅产业联动效果不好等问题。因此，为乡村振兴谋求新出路是社会各界需要形成合力共同解决的重要议题。

“五大振兴”中的文化振兴和产业振兴是乡村振兴战略的重要内容和体现。而乡村文化与旅游经济是驱动乡村振兴的“双重动力”。通过发展基于乡村文化的旅游经济，能有效破解乡村振兴面临的现实困境。❸ 文旅融合作为当前文化和旅游发展的主流趋势，是实现乡村振兴的一个新的路径选择。在乡村振兴背景下，通过挖掘乡村文化、生态等资源优势，推进乡村文化与旅游产业全面融合从而实现乡村振兴是当前语境下的重要方式。

近年来“乡村旅游”在全国范围内广泛兴起，一些地方经过实践和探索，研究出了一些文旅融合发展产业的模式，总结出了许多丰富的经验，对乡村振兴起到了积极推动作用。乡村文旅融合将赋予乡村旅游历史和文化的内涵，则会成为乡村振兴的又一重要增长点。

因此，乡村振兴在推动乡村文旅产业发展的同时，文旅产业对于乡村振兴而言也起到了十分重要的推动作用。而能否正确认识乡村振兴和文旅融合的共生关系，是在未来的乡村振兴实践中取得事半功倍的效果十分关键。

---

❶ 刘婷，梁千雨. “乡村振兴+文旅融合”协同发展模式研究［J］. 南方农机，2022，53（1）：69-74.

❷ 邱文娟. 以“文旅农”融合发展助推乡村振兴［J］. 农家参谋，2022（4）：102-104.

❸ 高凡. 基于乡村文化复兴的旅游经济发展与乡村振兴途径［J］. 农业经济，2021（9）：52-53.

后　　记

党的十九大把乡村振兴战略作为国家战略提到党和政府工作的重要议事日程上来，并对具体的振兴乡村行动明确了目标任务，提出了具体工作要求。出于对乡村振兴这一国家战略的热切参与及以学术推动社会现实进程的渴望、同时亦出于研究者自身的学术兴趣，西南政法大学乡村振兴与社会发展研究中心聚焦于中国乡村振兴战略研究，梳理中国乡村振兴战略进程，拟每两年出版一卷。本书是我们梳理乡村振兴战略实施进程的第一卷，以文旅融合发展为核心来探讨乡村振兴战略的发展。

在整卷蓝皮书的结构上，根据乡村振兴战略的五大振兴——产业振兴、人才振兴、文化振兴、生态振兴、组织振兴——要求，我们也以文旅融合为中心，分别从组织振兴、人才振兴、产业振兴、文化振兴、生态振兴五个方面来探讨乡村振兴战略的发展进程，每一章分别从政策沿革及内容、具体实践情况及现状、有代表性的个案、以及相应的理论总结和思考等四个方面进行研究和梳理。这些梳理和研究限于水平，有诸多不足之处，希望能在后续的蓝皮书出版中进一步提高。

在梳理研究过程中，西南政法大学乡村振兴与社会发展研究中心的同仁及研究生团队围绕蓝皮书的框架设定、相关议题进行了大量的讨论和资料收集。同时，团队成员亦对多地乡村振兴实践及个案进行了实地调研和走访，力图获取第一手资料，在调研中发现了很多有意思的现象，但由于种种原因，有些结果未能进入本书，只能希望在下一本蓝皮书中呈现。同时，我们感到遗憾的是，由于疫情及时间冲突等原因，有很多拟调研的省市未能成行，这也是我们希望在下一卷中改进的地方。

本书是团队合作的结晶。全书由贺艳教授、郭春甫副教授、刘大明副教授、陈丽丹教授、谢太平教授负责讨论选题框架及内容结构，并每人单独负责一章内容，研究中心的研究生团队参与了资料收集和部分内容撰写工作。全书协调、统稿由贺艳教授完成，研究生刘慧、张莉参与了校对。每一章的具体分工如下：

郭春甫副教授负责第一章　组织振兴促进文旅融合

第一节　政策篇　郭春甫、张霖
第二节　实践篇　郭春甫、张霖
第三节　个案篇　郭春甫、陈雯
第四节　理论篇　郭春甫、陈雯
陈丽丹教授负责第二章　人才振兴促进文旅融合
第一节　政策篇　陈丽丹、王小萌、匡婧
第二节　实践篇　陈丽丹、宋芳、蒋科
第三节　个案篇　陈丽丹、谢瑾瑞、姚艺
第四节　理论篇　陈丽丹、王小萌、匡婧、宋芳、蒋科、谢瑾瑞、姚艺
刘大明副教授负责第三章　产业振兴促进文旅融合
第一节　政策篇　刘大明、陈振川
第二节　实践篇　刘大明、龙艳、苟雅婷
第三节　个案篇　刘大明、曹晋渝
第四节　理论篇　刘大明、关雨柔、向荣
谢太平教授负责第四章　文化振兴促进文旅融合
第一节　政策篇　谢太平、田甜
第二节　实践篇　谢太平、王倩、李菲
第三节　个案篇　谢太平、谭儒烨
第四节　理论篇　谢太平、陈海明
贺艳教授负责第五章　生态振兴促进文旅融合
第一节　政策篇　贺艳、司萌慧、胡潇引、汪慧琪
第二节　实践篇　贺艳、司萌慧、胡潇引、汪慧琪
第三节　个案篇　贺艳、刘慧
第四节　理论篇　贺艳、张郁涵

感谢西南政法大学新闻传播学院对本书的支持和关注，同时亦感谢知识产权出版社栾晓航编辑的辛苦工作。我们将持续研究乡村振兴，也希望能在这个领域里持续耕耘，为社会做出学人自己的贡献。

贺　艳
2022 年 7 月于重庆